U0939121

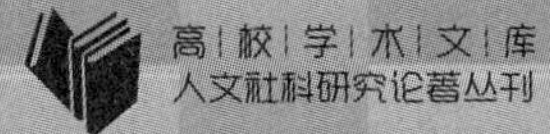

传承与变迁

——互联网时代青少年社会性发展研究

陈彦宏　著

图书在版编目(CIP)数据

传承与变迁 :互联网时代青少年社会性发展研究 /
陈彦宏著.—北京:中国书籍出版社,2018.6
ISBN 978-7-5068-6930-0

Ⅰ.①传… Ⅱ.①陈… Ⅲ.①互联网络-影响-青少年-
社会性-研究-中国 Ⅳ.①D669.5

中国版本图书馆 CIP 数据核字(2018)第 148979 号

传承与变迁 :互联网时代青少年社会性发展研究

陈彦宏 著

丛书策划 谭 鹏 武 斌
责任编辑 成晓春
责任印制 孙马飞 马 芝
封面设计 崔 蕾
出版发行 中国书籍出版社
地　　址 北京市丰台区三路居路 97 号(邮编:100073)
电　　话 (010)52257143(总编室) (010)52257140(发行部)
电子邮箱 chinabp@vip.sina.com
经　　销 全国新华书店
印　　刷 三河市铭浩彩色印装有限公司
开　　本 710 毫米×1000 毫米 1/16
印　　张 16.25
字　　数 225 千字
版　　次 2018 年 10 月第 1 版 2018 年 10 月第 1 次印刷
书　　号 ISBN 978-7-5068-6930-0
定　　价 57.00 元

目　录

第一章　绪论

人是社会性的动物，不能离开社会而孤立地生活。刚刚出生的婴儿懵懂无知，是一个毫无自助能力的有机体，必须经过父母的抚养和他人的帮助与引导，才能转变成一名能够适应一定的社会文化、有效地参与社会生活、为社会所接受的合格人员。也就是说，人必须要经过社会性发展的过程。在人的社会性发展过程中，青少年时期的社会性发展是极为重要的一个阶段，而且当前青少年的社会性发展深受互联网的影响。

第一节　社会性发展概述

人处于社会环境中，就不可避免地与周围的人和社会发生交往，并受其影响，从而具备某些社会化特征。因此，对于任何一个个体来说，社会性发展都是不可避免的。

一、社会性发展的含义

对于社会性发展的含义，不同的心理学者有着不同的界定。国外学者 Rice 认为，社会性发展强调社会化过程、道德发展、与同伴和家庭成员的关系，还涉及婚姻、为人父母、工作、职业角色、就业等。国内学者张文新认为，社会性发展是指儿童在与他人关系中表现出来的行为模式、情感、态度和观念以及这些方面随着年龄而发生的变化。

社会性发展的对象，概括来说包括社会性关系（人际互动）、社会性认知、社会性知识、社会性特质、社会性情感、社会性行为等的发展。

二、社会性发展的重要性

不论对于个体还是社会来说，社会性发展都有着十分重要的意义，具体表现在以下几个方面。

（一）能够促进个体的人格发展

人格是一个人在社会性发展过程中形成的观念、态度、性格和习惯等，也是一个人比较稳定的生理、心理素质和行为特征的总和。人格是人的个性与社会共性的统一体，由需要、动机、兴趣、理想、观念、态度等人对社会环境的态度和行为的积极特征以及能力、气质、性格等人的心理特征这两个方面构成。

人格的形成与发展，与个体的社会性发展有着密切的关系。通过社会性发展，人不仅需要对一些共性特征进行培养，也需要对自己的个性特征进行培养。一般而言，人的个性主要是通过性格、能力、兴趣、气质等方面表现出来。人在社会性发展过程中所形成的个性，是千差万别的。但是，对这些千差万别的个性进行深入分析，又能发现它们的一个共同点，即都是与社会价值标准相符合的。此外，自我是个性最为核心的一项内容，它影响着个体对自己存在以及存在状况的看法，也影响着个体对自己身心状况的认识。不过，自我的形成与发展并非单纯个人的事，它作为客观存在的人类心理状态，是主体与他人在一定的社会文化环境中通过相互作用而形成的。从这一角度来说，自我的形成与发展是个体社会性发展的必然结果。当形成了自我之后，个体便能够对自己的行为进行有效的指导，继而明确自己应该做的事情以及如何来做某件事。如此一来，个体便能对自己的社会性发展进行自主选择。

总之，个体的社会性发展，能够促进其人格的进一步发展，并促使个体形成健康的人格。

(二)能够维护社会的稳定

人的社会性发展过程可以说是极为复杂的,但无论如何复杂,最终都要通过个人对社会角色扮演体现出来。所谓社会角色,简单来说就是在社会平台上具有特定的权责、义务以及规范的人。

对于社会性发展来说,其最终的结果便是要促使社会成员的思想、行为等与社会要求相符合,继而在社会生活中能够承担起与自身角色相符合的责任与义务,并在自身角色允许的范围内有效行使自己的权利。从这一角度来说,人的社会性发展过程便是学习社会角色的过程。此外,个体只有自己的角色学习过程顺利完成后,才能扮演好自己的社会角色,这对于社会的正常运行有着重要的影响。从这一角度来说,社会性发展能够在一定程度上维护社会的稳定。

(三)能够促进社会文化的传递

有不少学者认为,人的社会性发展的过程也是社会文化的传递过程,即人的社会性发展就是要掌握社会的群体行为方式,并将社会文化的主要内容内化于人的内心。从这一角度来说,人的社会性发展的内容就是个人学习和掌握社会文化。

社会文化是纷繁复杂的,并会随着社会的发展而不断完善。因此,个人在社会性发展过程中对社会文化进行内化时,只能是对社会文化的核心内容进行内化。社会文化的核心内容从总体上来看,主要是由两部分构成的,即机制体系和社会规范。其中,价值体系反映了某一民族、某一社会或是某一群体中绝大多数人的共同理想或信仰,是一种持久且稳定的信念。在任何一种社会文化中,价值体系几乎都处于核心的地位,这主要表现为其能够对个体的社会行为产生定向与稳定的作用。社会规范是一种用来对社会秩序进行维护的工具,涵盖的范畴是比较广泛的,有法律规范、道德规范、生活规则等。相比于价值观念来说,社会规范的制约性、强制性等要更强、更明确一些。而要确保社会规范发挥充分的作用，必须要对社会中的个体开展形式多样的教育，并要注意运用舆论的力量来促使社会规范最终内化为人们的信念与行为方式等。

个体在社会性发展过程中对社会文化进行内化，事实上就是继承、传递和保存了社会的文化。在社会心理学看来，社会文化的传递和延续，以及在传递和延续当中必然要出现的变化就是社会发展。从这一角度来说，社会性发展能够促进社会文化的传递与发展。

三、社会性发展的内容

个体的社会性发展所包含的内容是极为广泛的，概括而言主要有以下几个方面。

（一）生活基本技能的社会化

生活自理技能和谋生技能都属于社会生活基本技能。生活自理技能社会化是人的社会性发展中最为基本的内容，一个人对基本生活习惯和知识的掌握，是一个逐步习得的过程。个人通过每天周而复始的生活节律，学习、养成衣、食、住、行的常识和习惯。加强基本生活知识的学习，获得生活上的自理，这是个人发展的基础，也是个人社会性发展的第一项内容。

谋生技能是一个人独立参与社会生活的一项重要能力。在传统社会中，谋生技能社会化主要依靠子承父业式的家庭传授，而在现代社会中，随着科学技术的迅猛发展，社会分工越来越细，社会对其成员生产技能的要求越来越高，这样传统的家庭教育便远远不够了。有组织、有计划的多方面的社会教育，尤其是学校教育承担了人的谋生技能社会化的主要任务。教育的重要性决定了今天社会里任何人只有受到良好的社会教育，才可能成为合格的社会成员，才可能在社会生活中正常生存下去，并按照社会的需要来进一步发展和完善自己。

（二）行为规范社会化

在任何一个社会中，都会形成一套必要的社会规范，要求人们予以遵守。所谓行为规范社会化，就是通过社会各种形式的教育、社会舆论以及使用强制性手段等使人们逐渐形成一种信念、习惯、传统，用以约束自己的社会行为，调整个人、团体、社会三者之间的关系。

在个体行为规范的社会化中，最为基本的是法律规范社会化和道德规范社会化两个方面。法律规范社会化是个体关于法律信仰的形成、法律准则规范的内部化及法律遵从行为等方面问题的社会化过程，使人们能按照法律制度来调节自己的行为，具有明显而强烈的强制性。不同的国家有不同的法律制度，学习法律知识可以更好地使人遵守国家规定的法令。道德是社会调整人们之间以及个人与社会之间关系和行为规范的总和，而道德规范社会化就是指使人按照道德标准来支配自己的行为。在社会中为了维护人们的共同利益，协调彼此的关系，便产生了调节人们行为的标准。个人若遵守这些道德标准，会受到舆论的赞许并感到心安理得，否则会受到舆论的谴责并感到内疚。不过，道德规范并不具有明显的强制性，它靠社会舆论来促使人们遵守。

（三）政治社会化

政治社会化是个体逐步接受与获取被现有政治制度所肯定和实行的政治行为取向与行为模式的发展过程，或者说是个体的政治态度和政治信念形成的过程。在这一过程中，个人逐渐适应现有政治结构采用的规范，认识自己所处社会的政治制度，并决定服从、巩固或变革它。

政治社会化是使自然人变成政治人的过程，其目的是将个人培养和训练成为遵守政府规定、服从国家法律、行使正当权利、承担应尽的义务、促进政治稳定的合格公民。任何一个希望自己能够兴旺发达的社会，都会十分注意对它的成员进行政治社会化，从而使社会成员能够自觉地接受社会的价值标准，承担起对它的责任和义务。

需要指出的一点是，政治社会化的过程并不是单向的，而是双向的。个体在政治社会化的过程中会通过自己的主观能动作用，整合社会的各种政治观点，接受社会的政治改造，同时反作用于社会政治，这也是政治社会的实质所在。

（四）心理素质社会化

人们用健康的心理指导自己的行为过程，便是个体的心理素质社会化，它是人的社会性发展中不容忽视的一个重要方面。

要促进个体心理素质的社会化，可以从五个方面着手：一是获得发育正常的智力；二是形成稳定而快乐的情绪和高尚的情感；三是养成自信、果敢、有恒心、精益求精等优良的意志品质；四是形成健康的性格；五是培养健康的人际关系。此外，心理素质社会化还包括培养与职业相适应的心理素质。总之，心理素质社会化不仅是一个人早期社会化的重要内容，而且在继续社会化过程中同样处于十分重要的地位。

（五）社会角色社会化

社会角色是指社会群体对处于某一特定地位上的个人所规定的一套行为模式。社会角色代表一种社会期望，特定社会（以及组织等）总是期望它的成员按照他的社会地位行事，社会成员也总是要求自己努力表现出符合这种期望的行为。

个体的社会角色社会化应包括三个方面：第一，对社会角色的认知，包括对目前角色的认知和对未来角色的认知，角色认知是否准确决定了个体能否达到良好的社会适应；第二，确定社会角色的期望值，人是社会的人，每一个在一定的社会关系和社会组织中处于特定地位的人都被赋予了按照这个地位的规定行事的要求和期望，过高或过低地估计这一要求和期望都可引起角色差距或混乱；第三，培养角色变化的适应能力，人类社会是纷繁复杂的，特别是现代社会中社会分工带来了角色位置的增多，人与外界的交往面较广及社会流动性大，再加上许多约定俗成的人与人、人与社会之间的关系，使每个人所担任的角色的变化也越来越大。这就要求人们在自己所处的环境、所充当的角色发生变化时，能对自己的行为进行及时的调整，从而使自己与变化后的角色相适应。

此外，在个体的社会角色社会化中，性别角色社会化是一项十分重要的内容。众所周知，男女两性的差异不仅表现为不同的生理特征，而且还表现为不同的社会特征。在不同的社会和文化背景中，人们对不同性别的人有着不同的角色期待，而个人学习自己所属文化所规定的性别角色的过程即为性别角色的社会化。性别角色的社会化，是为了保持某种特定的生活方式所不可缺少的。心理学家们提出以“能动性”和“合群性”来解释性别角色社会化，认为“能动性”和“合群性”这两种基本形式能代表所有的生存形态。“能动性”将有机体描述为一个在自我保护、自作主张和自我扩张中表现自己的个体。“合群性”则指在与更大的集团关系中，在与别人的合作产生的感情中表现自己的单个有机体。“合群性”是女性的特征，“能动性”则成了男性的特征。性别角色的分化就是迫使男孩子培养能动性品质，鼓励女孩子培养合群性品质。当然，这种角色分化不是水火不容的，一个全面发展、成熟的个体应同时具备这两个方面的品质。

四、社会性发展的历程

个体的社会性发展是持续一生的过程，并不会在某个特定的年龄结束。根据人的发展周期以及各个发展阶段的特点，可以把个体的社会性发展大致分为以下几个阶段。

（一）儿童期社会性发展

儿童期社会性发展也被学者们称为“基本社会化”，是指个体在儿童期学习生活知识、语言，培养认知能力、掌握行为规范，建立情感联系，确立道德及价值判断标准的过程。

个体自出生之时起，其社会性发展便已经开始进行。虽然新生儿还未形成完善的心理机能，心理活动也才刚刚萌芽，但是父母在满足他们的基本生物需求的同时，会使得他们产生一些情感需要。新生儿大约在3个月之后，便能对人的面貌进行辨认，并能够对强烈的情感信息接收或是发出。从1岁开始，幼儿会对外部世界投入更多的注意力。与此同时，伴随着不断发展的语言能力以及对符号进行理解的能力，幼儿的自我概念开始有所发展。从此时起，社会性发展会对幼儿产生越来越明显的阶段。自3岁开始，儿童的人格倾向开始形成，同时心理活动的具体性、形象性比较强，且还未形成良好的抽象概括能力。进入学龄期后，儿童的社会性发展便会发生质的改变，而在这一过程中学校教育发挥了极为重要的作用。

（二）青春期社会性发展

对于个体而言，青春期是一个敏感期。处于该阶段的个体，在身体与思想方面都会发生喜剧般的变化，同时他们的社会地位和社会角色也会出现一些新的变化。

这个时期的个体更多受到同辈群体的影响，能够在更大程度上采纳别人的意见，逐渐学会评价自身的人格特点，自我意识也得到进一步发展。不过，这一时期的个体可能会过分关注他人对自己的评价，因而容易在自我中心与自卑之间徘徊。此外，青春期是个体发展抽象思维能力的重要时期，各种思维能力都会得到一定的发展。

（三）青年期社会性发展

青春期和成人期之间的较模糊的一个阶段，便是青年期。处于这一阶段的个体在生理方面已经开始成熟；在心理方面，世界观初步形成，人格发展接近定型，各方面的知识与技能也日趋完善，个体生活的范围更加扩大。

青年期社会性发展是个体开始独立社会生活的重要准备与演习，青年们可能刚刚离开学校开始工作，或者进入大学接受更进一步的工作技能训练。有研究表明，现代社会的青年可能会推迟其在经济上与心理上的独立时间。在传统社会中，16 岁左右的少年人很可能已经结婚并独立从事生产活动，而现代社会中有相当比例的青年还在学校中接受高等教育。

（四）成年期社会性发展

个体在进入成年期后，自我概念已经基本定型，并会不断地尝试、选择、学习各种社会角色，对现行角色进行重新定义与再创造，生活与事业趋于稳定，心理上也更加成熟。

此外，成人期的社会发展比前面三个阶段的社会性发展具有更长的时间跨度，其社会内容可能更加丰富，但成年期社会性发展的方向与进程在很大程度上受到之前社会性发展的影响。

（五）老年期社会性发展

个体在进入老年期后，必须调整自己，以面对声望的降低、身体的衰老以及失败与死亡。此外，这一时期的老年个体必须调适自己与他人的关系、再完善自己的人格、适应新的社会角色，度过生命的最后阶段。

第二节　发展观与理论问题

心理学家在过去的一个世纪中，虽然声称可以对发展的问题进行“科学的”研究，然而他们却有意无意地坚持着不同的发展观。与此同时，心理学家关于发展的理论问题也有着不同的观点。

一、发展观问题

卢文格等人把发展观区分为机械的发展观与有机体的发展观，这种区分虽然比较粗略，但是有一定道理的，能够为我们把握各种不同的心理发展观提供了一个概念框架。

(一)机械的发展观

机械的发展观的隐喻是"人是机器"，它的基本假设有以下几个。

第一，认同洛克的"白板说"，认为人的心理生来犹如一块白板或一张白纸，具有无限的可塑性，其功能在于"准备接受"各种来自外部的刺激。

第二，心理的变化来自观念的联想，或者要素的累加，这种变化取决于外部条件或者强化模式。

第三，人的心理可以用外部刺激单位的总和来描述，应该注意的是这里说的"总和"仅仅是要素的累加，而与包含了结构和关系意义的"整体"这个概念根本不同。

通过上面的基本假设可以知道，对于机械的发展观而言，人的头脑是被动的、机械的。

(二)有机体的发展观

有机体的发展观的隐喻是"人是生物有机体"，它的基本假设有以下几个。

第一，人的心理是有结构的，它是个体认识和适应世界的基础，并在认识和适应的过程中发生变化。

第二，个体不是被动接受外部世界的影响，而是与外部世界保持动态的相互作用关系，个体在选择和改变环境的同时，也被环境塑造着。

第三，心理的变化本质上是结构的变化，这种变化是不可逆的，换而言之，类似于达尔文(C. Darwin，1809～1882)描述的生物进化。

（三）两种发展观的关系

机械的发展观与有机体的发展观是相对立的，它们各自的三条假设也是彼此对立的。这种区分实际上已经“极端化”或者“典型化”了，是对很多理论家的发展观做“两极化”处理的结果。他们中有些人的观点确实属于两种发展观中的一种，如皮亚杰的观点可以作为有机体发展观的典型代表，行为主义的观点是比较典型的机械观。而更多的观点则是居于从“机械的”到“有机体的”这一连续尺度上的某个位置。

二、发展的理论问题

每一种发展观都要回答一系列有关发展的理论问题，如发展的本质、发展的动力、发展的条件、发展的模式等。通常而言，这些问题具有很强的哲学性质，是发展心理学中层次最高的问题。就当前而言，有关发展的理论问题主要有以下几个。

（一）发展是否有阶段性

在心理学中，有关发展的阶段性思想要追溯到美国儿童心理学家鲍德温。他将发展分为三部分：儿童的认知发展、人格的社会发展、行为个体发生与种系发生的关系，从中可见，鲍德温已经把人格和社会性的发展作为心理发展的主要内容之一。不仅如此，他明确提出了发展的阶段思想。1894 年，他在《儿童发展与种族》一书中描述了认知发展的四个阶段序列，即婴儿期为前逻辑阶段，学前期为准逻辑阶段，小学生期为逻辑阶段，青少年与成人期为超逻辑阶段。

鲍德温在自我意识的发展方面，同样坚持了阶段思想。他认为，婴儿处于投射阶段，常把自己的想法与物体的客观存在混淆起来，因此，他们主要应该学会把人同其他物体分开；然后自我意识发展进入主观阶段，这时儿童学会把自己看作许多人当中的一员，但是不能从别人身上观察到特定的感受；当儿童学会把别人看作与自己一样有着独特的感受时，就进入了折射阶段；在青春期，他们已经熟练地根据别人的反应来判断自己的行为，根据自己的感受推测别人的想法。这种发展的阶段论得到很多日常观察的支持。

鲍德温提出了发展的阶段性思想之后，在当时并未引起多大关注，直到皮亚杰进一步对这种思想进行了发展之后才被越来越多的学者所注意。皮亚杰接受了鲍德温的思想并将其发展到极致，他系统的发展阶段理论几乎在每本教科书里都会详尽地介绍。例如，皮亚杰认为儿童的认知发展会依次经历感觉运动阶段、前运算阶段、具体运算阶段和形式运算阶段；道德认知发展会经历他律阶段和自律阶段。同时，皮亚杰的阶段概念有三个基本的特征：一是阶段之间具有不变的序列；二是每个阶段建立在前一个阶段之上，是前一个阶段质变的结果，并为下一个阶段做好准备；三是每个阶段都受一种普遍的内在逻辑结构制约。

在皮亚杰之后，弗拉维尔进一步对阶段的额外含义进行了阐述。在他看来，阶段的含义主要有四种：一是指性质上的变化，如，一个女孩几年前说的笑话想逗人笑，但很少能被人理解，而现在确实能编出搞笑的笑话来，这看上去好像属于一种性质上的变化。注意这个模棱两可的“看上去好像”。或许，她一直在努力提高，只是没有恰好达到令人发笑的程度。二是儿童在很多概念上同时从一个阶段转换到下一个阶段。如果他们在阶段 1 上，在所有的概念上都会表现出阶段 1 的推理；当在阶段 2 上，所有的概念又都表现出阶段 2 的推理。三是变化突然发生，儿童在阶段 1 要持续很长的一段时间，经过一个短暂的转换阶段后，迅速进入了相当长的阶段 2。四是儿童的思维是一个结构化的、一致的组织，而不是由一大堆独立的、无关的思想组成的。

皮亚杰、弗拉维尔所探讨的发展阶段问题虽然都是认知层面的，但是对社会性发展的研究有广泛的影响。比如，科尔伯格的道德发展阶段理论就秉承了皮亚杰的阶段思想，卢文格的自我发展阶段理论同样受到了皮亚杰的深刻影响。

坚持有机体的发展观的大多数思想家都承认社会性的发展有阶段性，然而坚持机械的发展观的大部分思想家认为发展不存在阶段性。比如，经典的行为主义理论、社会学习理论都不认为人的情绪、社会行为发展具有阶段性。

（二）发展的模式

卢文格将发展的模式概括为五种，他的这种观点在当前仍然具有一定的价值。

1. 发展的模式一

发展的速率虽然不同，但是最后达到的发展水平对于每个人来说都是一样的。比如，走路能力的发展，儿童虽然以不同的速率，在不同的年龄学会了走路，但是对于成人而言，走路的能力与学会走路的年龄之间已经没有多大关系。

2. 发展的模式二

随着年龄的增长表现出不同的发展速率，最后的成年状况并非是最高值。比如，卡特尔所谓的“液体智力”往往是先快后慢地发展，到了一定年龄发展水平达到峰值，然后开始以不同速率下降。由于个体间差异和个体内差异的存在，不同人之间在同一个量表上的发展模式，或同一个人的不同方面的发展模式可能更加多样化，表现为很多发展曲线的部分重叠。

3. 发展的模式三

发展的速率和最终水平是不同的，但是达到最终水平的年龄是相同的。例如，由于儿童期智力发展的速率不同，成年期后的智力水平可能依然不同。

4. 发展的模式四

不同人的发展速率是相同的，但是发展的最终年龄不同，而且发展停止的年龄影响着发展的水平。比如，自我意识的发展，假定发展的速率相同，但有的人比别人更早地停止了对自我同一性的探索，因此，会造成自我发展水平的差异。

5.发展的模式五

在这个模式中，假定在矩阵的对角线的区域代表了正常的发展模式，某种心理机能发展的每个阶段是由占支配地位的程序决定的。如果应该向新的区域发展了，却仍固守在旧的区域，或者未成熟就过早进入了新的区域，都会导致发展模式的异常。比如，在艾里克森的心理社会发展模式中，如果某个阶段的任务没有解决好，就可能导致发展的异常。

这五种发展模式是高度抽象的结果，但并不能将所有的发展模式都囊括其中，而且事实上每种心理与行为的发展都有更复杂的模式。因此在今后，有关发展的模式还将得到进一步研究。

(三)发展的影响因素

社会化过程的重要一点是儿童接受社会文化的塑造，形成作为社会成员必需的、为其他成员认可的行为方式和价值观念等。儿童自出生后，就逐渐建立起各种各样的社会关系，最初与母亲，而后与其他抚养者建立起了亲密的依恋关系，进入幼儿园、学校后又与同伴和教师建立起了交往关系，进入社会后又建立起同事关系、工作关系等，除了这些稳定的人际关系外，还存在很多偶发的人际关系(如外出旅游时与其他旅游者建立人际关系)。人际关系本身是社会性的重要表现，也为儿童接受社会文化的影响提供了可能。此外，儿童还从媒体、书本、互联网等多种渠道间接获得了社会经验。从更宏观的视角看，每个儿童从出生后，就被他们所在的社会阶层、民族、宗教等文化背景涂上了社会的色彩。因此，有不少学者认为社会文化是影响个体社会化发展的重要因素。

除此之外，也有不少学者认为遗传也会影响到个体的社会化。比如，有的儿童生来就是比较活跃的，容易和人接近，而有的却是难以抚养的。他们的秉性不同，会影响他们的人际关系的质量和社会性发展的机会。因此，遗传提供了社会性发展的起点，它的影响会与环境的影响发生交互作用，从而被“放大”，当然，反过来的可能性也存在。

第三节　青少年发展的社会背景

认识青少年的发展，不仅需要了解青春期的生物变化以及这些变化对青少年心理发展的影响，同时还必须了解青少年这些变化发生的背景，因为个体心理的发展都是在一定的社会环境中进行的。离开了一定的社会背景，个体的发展也就无从谈起。不少学者认为，人类个体发展的过程在一定意义上就是一种连续不断地在日益复杂的水平上认识和建构其生态环境的过程。个体首先接触的是父母和其他家庭成员，然后进入幼儿园或学校环境，最后进入到广阔的社会中。此外，随着个体由童年期迈入青少年期，其发展的生态环境、青少年与不同生态的关系及相互作用方式与童年期相比都产生了明显的变化。在微系统水平上，家庭、同伴和学校依旧是青少年发展的最重要、最直接的社会背景，但这一时期这些系统的功能以及个体与这些系统之间的相互作用呈现出一些新的特点。具体而言，影响青少年发展的社会背景主要有以下几个。

一、家庭

家庭是个体社会性发展的起点，也是一个极为重要的社会化环境因素。家庭是由家庭全体成员及成员间的互动关系组成的一个动态系统，而且家庭中影响个体社会性发展的因素有很多。青少年发展过程中的家庭功能以及家庭各子系统之间的关系，相比于童年期来说，发生了很大的变化，这具体表现在以下几个方面。

第一，在青少年的发展方面，家庭的支持与指导功能越来越重要，其他的功能如保护、教养等则处于次要的位置。

第二，在青少年与父母的关系方面，两者不再是以父母为中心的单边主义关系，而是日渐趋向于民主与平等。

第三，随着青少年自主性的不断增强，对于父母权威的认识有了很大变化，即认为父母权威并不具有太多的合法性，而且往往出现违背父母权威的情况。由此，青少年与父母之间的冲突逐渐增多。

第四，青少年与父母之间的相处有所减少，与同伴的相处与互动却越来越多，由此可能导致青少年与父母的关系变得日渐生疏。

青少年时期家庭系统的上述变化，既是个体心理发展的结果，也深刻地影响着青少年的发展。

这里需要明确的一点是，在个体社会性发展的初期，家庭虽然发挥着主导性的作用，但是并不是所有的家庭都能促进个体进行有效的社会性发展。原因在于，当前越来越多的父母都有着繁忙的工作，很少有时间或机会与孩子进行面对面的交流，再加上有不少的父母不知如何来促进孩子的社会性发展，由此导致家庭以外的因素在青少年的社会性发展中有着越来越大的影响。

二、学校

学校是有计划、有组织、有目的地向社会成员传授知识、技能、价值标准、社会规范的专门机构。当儿童进入学龄期以后，学校的影响逐渐上升到首要地位，成为最重要的社会性发展因素。由于在青少年期，个体的大部分时间都是在学校中度过的。因此，在青少年的生活中，学校是一个极为重要的场所，同时学校是家庭以外最主要的青少年社会性发展的主体。

学校在青少年的发展中，不仅仅是教会其一定的文化知识，更重要的是能够为青少年的社会交往提供良好的条件。有研究表明，学校以及班级风气等会影响青少年的师生关系、同伴关系，还会影响青少年的学习风气等，因而对青少年的心理发展与成就等产生直接的影响。此外，在课堂中，教师与学生的互动方式、教师对学生的标准和期望对青少年的发展具有重要影响。许多研究发现，温暖、高标准和适度控制等这些在家庭中能够促进青少年心理发展的因素在课堂中同样起很大的作用。

三、同辈群体

同辈群体是指由地位、年龄、兴趣、爱好、价值观等方面大体相同或相近的若干个体所组成的具有参照作用的非正式群体。同辈群体在个体的社会性发展过程中会产生极其重要的影响。特别是自青春期开展，同辈群体个体社会性发展的影响会越来越大。

青春期的个体在身体和心理上都发生着急剧的变化，而且青少年发展最迅猛的社会性需要是受人尊重的需要、友谊的需要和交往的需要。他们的自我意识不断增强，有了想独立行事和摆脱成年人控制和支配的强烈愿望，但是他们又缺乏对社会和人生的实际了解，缺少良好的自我评价能力。他们的情感日益丰富，渴望友谊和理解。他们不再像幼年一样对父母完全表露自己的情感，他们自我意识的发展使他们羞于向父母撒娇耍赖，向家长吐露心声，内心有了封闭性。他们有强烈的自尊心，但是却又害怕遭到外界的拒绝和伤害，他们渴望向他人倾诉，但却欲言又止。这些复杂矛盾的情绪使他们常常会莫名地感到孤独、忧伤。他们的性意识萌发，却又缺乏必要的理智上的准备。他们渴望与异性交往，得到异性的关注，但是又无法理智地面对和承担感情的责任和义务，而且也无法处理感情和学业的矛盾。这些都使得青少年期同辈群体影响的作用大大增强，同伴关系对青少年发展具有无以取代的独特作用和重大的适应价值，这具体表现在以下几个方面。

第一，同辈群体以及同辈群体中形成的同伴关系会影响青少年的情绪情感发展。具体而言，同辈群体以及同辈群体中形成的同伴关系影响着青少年的社交需要能否得到有效满足，而且在一定程度上影响着青少年的安全感、亲密感等能否获得。

第二，同辈群体以及同辈群体中形成的同伴关系能够促进文化的传递，也能促进个体的行为发展。群体社会化理论认为，人类在进行文化传递时，主要是在群体间进行的，即文化传递会经过一个由父母群体——同伴群体——个体的过程。青少年不断创造着属于自己的新文化，并依据自身发展的实际对成人文化进行扬弃，由此形成了自己新的群体文化，并代代传递下去。

第三，同辈群体以及同辈群体中形成的同伴关系具有认知发展功能。皮亚杰认为，只有在平等互惠的同伴关系中，个体才得以检验自己的思想、体验冲突以及协商不同的社会观点。这些同伴互动经历促进了儿童社会认知能力的发展，在引发折中主义和平等互惠的观念中也起着重要作用。此外，他还特别强调了同伴间的讨论和争论对道德判断能力发展的必要性。

通过上面的论述可以知道，青少年期积极的同伴关系是制约其发展的一个重要背景因素。

四、社会文化

社会心理学中所说的文化是一个广义的概念，不仅包括文学、艺术、教育、科学等精神财富，而且包括社会的政治、经济、宗教、风俗、习惯、传统及生产力水平等，它是人们在长期的社会生活中凝聚起来的生活方式和行为方式的总体。

各个社会的文化是社会整体性的产物，它一经产生就陶冶每一个社会成员，渗透在人们的日常生活中，成为社会环境背后的一种深层力量，深刻地影响着该文化模式中的个人和群体，使人们的思想、观念、心理、行为与生活实践自然地符合它的要求与准则。此外，婴儿在出生时，并不具备社会行动所要求的文化价值、信仰和规范，这些需要其在成长过程中，经过不同方式的教与学来具备的。所有这些都表明，在青少年的社会性发展过程中，社会文化也是一个不容忽视的社会背景因素。

五、大众媒体

以报刊、图书、电影、广播、电视和互联网等作为主要载体，面向大众传播信息的各类平台，便是大众媒体。在现代社会，大众传媒在青少年的社会性发展中起到了极其重要的作用。

在大众传媒出现之前，信息传递缓慢，主要靠口头传达。现在的信息，几秒钟之内就传遍了全世界。大众传媒尤其是电视对青少年的社会性发展有着积极作用，如使青少年有效地了解社会，增长知识，开阔视野，丰富了青少年的想象，强化了青少年社会性发展所倡导的价值，提高了青少年辨别是非的能力等。不过，大众媒体在对青少年的社会性发展产生积极影响的同时，也不可避免地带来了一些消极作用，如未成年的青少年容易误解电影、电视中的内容，从而盲目地崇拜和模仿；削弱青少年心目中的权威形象；冲击传统社会性发展的执行者的地位；等等。

此外，在当今这个高度信息化的时代，互联网作为一种特殊的大众传媒，以其特有的方式与丰富的内容向青少年展示出一个全新的虚拟世界，并深刻影响着青少年的社会性发展。互联网对青少年的社会性发展的影响，具体表现在以下几个方面。

第一，青少年可通过网络学习文化知识，掌握生活技能，尤其是网校的开设更加促进了青少年知识技能的提高。

第二，网络所创设的虚拟世界为青少年提供了扮演多种社会角色的实践空间，有助于其对不同角色的领悟与理解。

第三，网络的匿名性提高了青少年接受社会化的自主性，有助于青少年个性的培养以及独立自主意识的提高。

不过，互联网是一把“双刃剑”，它在给青少年的社会性发展带来无数便利的同时，也给青少年的社会性发展带来了无数的隐患，具体表现在以下几个方面。

第一，互联网中充斥着暴力与色情的垃圾信息，会对青少年的社会性发展产生极大威胁。

第二，网络世界的非现实性会让某些青少年沉迷在这个虚拟的世界中，弥补自己在现实生活中的失落而远离了现实世界，造成青少年对现实社会的认同危机。

第三，互联网传播信息的异质性容易导致他们的认知偏差，不利于青少年健康人格的培养。

第四节　中国青少年互联网使用状况

随着社会的发展，互联网已经成为人们生活中的一个重要组成部分。与此同时，随着家庭计算机的普及，青少年接触互联网的机会日益增多，互联网在青少年的生活中发挥的作用也越来越重要。

一、青少年互联网使用情况

自 20 世纪 90 年代以来，中国青少年特别是城市青少年开始接触新媒体技术。1992 年，全国城市青少年（10～15 岁），媒介接触调查表明，13.2%的儿童使用过计算机。2009 年，根据第 25 次“中国互联网络发展状况调查”的数据，10～19 岁以下网民所占比重最大，占 31.8%，这成为当年中国互联网最大的用户群体。到 2017 年底，依据《2016－2017 年中国青少年上网行为研究报告》的统计结果，中国青少年网民的规模达到了 2.87 亿，占整体网民比例的 41.7%。由此可知，我国青少年网民呈现出逐渐增长的趋势，且增长幅度较大。

根据 CNNIC 的分析，青少年网民群体规模的增长主要有两个原因促成：一是教育部自 2000 年开始建设“校校通”工程，这使得全国 90%独立建制的中小学校能够上网，使师生共享网上教育资源；二是互联网的娱乐特性加大了其在青少年人群中的渗透率，网络游戏、网络视频和网络音乐等服务均对互联网在该年龄段人群的普及起到推动作用。

二、青少年互联网使用特点

根据互联网络信息中心发布的报告和一些学者的调查研究表明，青少年在使用互联网时呈现出如下几个鲜明的特点。

第一，青少年使用互联网存在着性别和年级差异，如青少年网民中男生的比例要高于女生；高中生网民的数量要多于初中生网民。

第二，青少年使用互联网的重点逐渐从娱乐转向了社交。应该说，娱乐应用仍然是青少年网络生活的重点，但整体青少年网络娱乐的使用热度已经开始呈现低于社交应用的趋势。

第三，青少年使用互联网的地点逐渐从网吧转移向家庭和学校。

第四，青少年使用互联网存在着较大的城乡差距。这既表现在城乡家庭计算机的拥有率存在较大差距，也表现在城乡青少年在上网场所、上网媒介和网络信息使用等方面存在明显的“鸿沟”。

第五，青少年上网存在很大的盲目性。大部分青少年上网虽然受到父母的管制，但是相对而言，他们上网还是具有很强的盲目性。这主要源于青少年本身的特点，他们对新事物好奇，而网络能满足他们的好奇。他们对计算机网络很好奇，但由于对网络认识的局限性导致他们上网通常只能浏览网页、聊天、玩游戏、看电影，因为这些更能满足他们感官的需求。如果青少年在网络上没有得到正确的引导，他们就不知道如何利用网络去学习、了解和查询更多资讯，很多时候，青少年会失去耐心，会毫无目的地在网络中游玩。

第二章　人类发展理论研究

关于对人类发展的认识，很早以前就已经开始了。古希腊时期，柏拉图、亚里士多德、卢梭就对青少年的发展问题提出过自己的看法，虽然不是专门的系统研究，但对后来人的发展的研究具有重大的启发作用。后来随着社会的发展及人们知识数量的增加和思维水平的提高，关于人类发展的认识越来越多，尤其是20世纪以后，不同的理论派别缤彩纷呈。本章就对其中几种典型的发展理论进行相应的阐释。

第一节　精神分析理论

精神分析理论主要从心理发展的动力来分析、探讨个体心理发展的一般规律。这一理论的创始人是弗洛伊德。他将性本能看作是人类活动的动力，并以此来解释人类的心理和文化。弗洛伊德的精神分析理论提出之后，其追随者对其理论观点进行了不断的修正。其中，埃里克森就在弗洛伊德思想的基础之上，提出了自己独到的见解，从而使精神分析的理论观点更趋合理性。以下便对弗洛伊德和埃里克森的精神分析理论进行简要的阐述。

一、弗洛伊德的精神分析理论

弗洛伊德曾经是一个神经科实习医生，他关于人的发展的理论来自他对情绪障碍病人生活经历的分析。他给病人治疗时，为了减轻病人的神经症和焦虑，经常运用催眠、自由联想和梦的解析等方法，因为这些方法能够发现病人的压抑和无意识动机。在此基础上，弗洛伊德以无意识为研究对象，从人格结构入手对人的心理发生、发展的深层动因进行了探讨。他认为，人的心理发展的基本动力是性本能。性本能表现为一种力量或冲动，弗洛伊德称之为“力比多”(libido)。弗洛伊德在这里所说的性，不仅包括两性关系，而且也包括使身体产生舒适、快乐的情感。

弗洛伊德将人格结构分为三部分，即本我(id)、自我(ego)和超我(superego)。本我是弗洛伊德人格结构中最重要、最基本的部分，它是人刚出生时表现出来的全部东西，由先天本能和欲望组成，“力比多”就贮存在本我里。本我遵循快乐原则活动，以追求快乐和满足本能的需要、欲望为目的。比如，婴儿饿了，就会哭，直到获得满足。自我介于本我和超我之间。它是人各种有意识的、理智的成分。它反映出个体逐渐出现了理解、学习、记忆和推理能力，自我遵循现实原则行动，它既要满足本我的本能需要，又要控制、压抑不被超我所接受的冲动，但其最终目的是为本我服务的，它会想方设法满足本我的要求。超我是人格的第三个部分，它代表着社会的伦理道德，超我一旦出现，个体就能意识到自己的过失，并且会为自己的不道德行为感到羞愧和耻辱。

关于人的心理发展阶段，弗洛伊德根据不同时期“力比多”集中投放的部位不同，将其分为五个阶段。

第一，口唇期(0～1岁)。弗洛伊德认为，此时性本能主要集中于口部，婴儿会通过吮吸、咀嚼、吞咽、咬等口腔的刺激活动来获得快乐。

第二，肛门期(1～3岁)。这一时期肛门一带成为个体的快感中心。儿童从肛门粪便的滞留与排泄中均能获得快感。

第三，性器期(3～6岁)。这一时期个体的快乐主要来自对生殖器的刺激。这个时期的儿童喜欢抚摸生殖器和显露生殖器以及出现性欲幻想。个体的“恋母情结”和“恋父情结”就出现于这个时期。

第四，潜伏期(6～11岁)。随着建立较强的抵御恋母(父)情绪的情感，儿童开始进入相对平静的潜伏期，其性的发展呈现出一种停滞或退化的现象。

第五，生殖期（12 岁及以后）。个体进入青春期以后，性的能量又重新涌现出来。此时，个体需要懂得如何以社会接受的方式表现这些欲望。

在弗洛伊德看来，个体发展到青春期，原来相对平静的状态被打破，个体开始逐渐对异性感兴趣，并在无意识中产生了一种希望接近异性父母的倾向，即强烈的俄狄浦斯情结再次出现。其具体表现为，男孩开始选择与其母亲相似的成熟异性作为爱慕的对象，但同时他们又避免选择与其母亲有太多相似的异性，因为这种异性容易使他们体验到一种乱伦的禁忌。弗洛伊德认为，如果男孩为解决俄狄浦斯情结付出了太多的心理代价，他会因此而恐惧任何女性，从而成为同性恋者。同样女孩也对其父亲产生了强烈的性欲望，但由于社会对乱伦的禁忌而使她们处于冲突之中。如果冲突不能得到很好解决，她们也会成为同性恋者。但弗洛伊德同时指出俄狄浦斯情结对于青少年的发展并不是特别危险。他提出了青少年期应完成的几项任务。其中之一是与异性接触。如果个体只与同性别的人建立友谊，那么他们将只对同性别的人感兴趣，从而产生性别角色倒置。另一个任务是摆脱对父母的依赖。脱离父母的束缚、获得独立并不是一件容易的事情，尤其是感情上的分离将是非常痛苦的。并且至少在一段时间内会产生一定的代际问题，如对父母或其他权威产生拒绝、憎恨、敌视的态度。

虽然弗洛伊德的一些观点还是受到一定的质疑，但是不可否认，他是一位伟大的先驱者。他关于无意识动机的概念、对于早期经验对后期发展的重要性，以及对爱、恐惧、焦虑等情绪的研究都对人们的心理发展研究产生了重要的作用。

二、埃里克森的心理社会发展理论

埃里克森虽然也是弗洛伊德精神分析理论的追随者，但与弗洛伊德过分强调性本能在个体发展中的作用不同，埃里克森将个体置于更广阔的社会背景之上，重视社会对发展的影响，并且他把心理发展的阶段扩展到老年，提出了心理社会发展的阶段理论。他认为每一阶段都有一个普遍的发展任务，这些任务是由成熟与社会文化环境、社会期望间不断产生的冲突所规定的。

埃里克森认为，人在其生活道路上面临着八个危机或冲突，因此，人的心理社会发展可以分为八个阶段。

第一阶段是婴儿期(0～1.5岁)。该阶段的发展任务是满足生理上的需要，发展信任感，克服不信任感，体验着希望的实现；婴儿从生理需要的满足中，体验着身体的康宁，感到了安全，于是对其周围环境产生了一种基本信任感。如果父母在照料中过多拒绝满足婴儿的需求，婴儿就会把周围世界看成充斥着不可信任和不可靠的人的危险之地。

第二阶段是儿童早期(1.5～3岁)。该阶段发展的基本任务是获得自主感而克服羞怯和疑虑，体验着意志的实现。埃里克森认为这时幼儿会学着自己独立做一些事情，比如养成适宜的大小便习惯、自己吃饭、自己穿衣等，如果学不会，他们很可能怀疑自己的能力，觉得羞愧。

第三阶段是游戏期(3～5岁)。该阶段发展的基本任务是获得主动感和克服内疚感，体验目的的实现。在这一阶段，游戏执行着自我的功能，在解决各种矛盾中体现出自我治疗和自我教育的作用。

第四阶段是学龄期(5～12岁)。该阶段发展的基本任务是获得勤奋感而克服自卑感，体验着能力的实现。非常勤奋的儿童能掌握学习技能和社会技能，会因此产生自我确定感，而学不会某些技能会使儿童产生自卑感。教师和同伴此时对儿童的发展起到重要影响。

第五阶段是青少年期(12～18岁)。该阶段发展的基本任务是建立同一感和防止同一感混乱，体验着忠实的实现。这属于一个儿童向成人的过渡阶段。

第六阶段是成年早期(18～25岁)。该阶段发展的基本任务是获得亲密感以避免孤独感，体验着爱情的实现。这一时期的个体如果没有能力形成亲密关系，就会产生孤独感和隔离感。

第七阶段是成年期(25～65岁)。该阶段发展的基本任务是获得繁殖感而避免停滞感，体验着关怀的实现。这时男女大多已经建立家庭，他们更关注下一代的成长，缺乏这种体验的人会倒退到一种假亲密的需要，沉浸于自己的天地之中，就会产生停滞之感。

第八阶段是老年期(65岁直至死亡)。该阶段发展的基本任务是获得完善感和避免失望和厌倦感，体验着智慧的实现。此时，个体如果把自己的一生看作有意义的、多产的和愉快的经历，则产生一种完善感，如果觉得自己一事无成就会产生失望感，就会恐惧死亡，对人生感到厌倦。

埃里克森把自我的发展置于生物、心理和社会的相互作用之中，提出了重要的心理社会发展阶段理论，从而对弗洛伊德的精神分析理论进行了较好的修正，实现了精神分析理论的进一步发展。同时，他还提出有关青少年自我同一性的发展问题，这为后人进行应用方面的研究，解决青少年存在的种种心理和社会问题给予了很大的启发。

第二节　行为主义理论

行为主义理论也是人类发展理论中非常重要的一种。这一理论的发展大致经历了三个阶段，即早期的行为主义、新行为主义和新的新行为主义。以下分别以华生、斯金纳和班杜拉为代表对这一理论进行相应的阐释。

一、华生的行为主义理论

华生是行为主义理论的创始人。他于1913年在《心理学评论》杂志上发表了一篇题为《行为主义者眼中的心理学》的文章，从而在心理学领域中开辟了行为主义这一新的理论派别。他主张心理学应该摒弃意识、意象等太多主观的东西，只研究所观察到的并能客观地加以测量的刺激和反应。

华生在个体心理发展问题上的突出观点是环境决定论。这种环境决定论主要体现在以下两个方面。

第一，否认遗传的作用。首先，华生认为，儿童成长要历经一系列由生物成熟决定的阶段，这种说法是错误的。儿童没有生而有之的倾向性。他相信，儿童不管怎样发展，归根结底取决于他成长的环境和父母以及生活中的其他重要人物如何对待他。儿童的行为反应是由刺激引起的，遗传是不能决定儿童的行为的。

第二，片面夸大环境和教育的作用。华生从刺激—反应出发，认为环境和教育是行为发展的唯一条件。首先，他提出了一个重要的论断，即构造上的差异及幼年时期训练上的差异足以说明后来行为上的差异。其次，他提出了教育万能论。他断定，如果给他一些健康的婴儿，他随便挑一个，在自己设定好的环境中培养和训练，就能使他成为某一方面的专家。他的前提是健康的婴儿，从这点看，华生刚开始是注意到了个体的遗传基础，但他片面夸大了环境和教育在个体心理发展中的作用，忽视了个体的主动性、能动性和创造性，忽视了促进心理发展的内部动因。这给父母们一个无情的消息，即孩子变成什么样，他们要负绝对责任。

作为行为主义的创始人，华生的环境决定论观点对人们确实具有很大的启发作用，他使人们开始关注个体心理发展的社会因素。但是，过分夸大环境和教育的作用，也是应当加以改正的。

二、斯金纳的操作行为主义理论

斯金纳与其他行为主义心理学家一样，也注重对可见行为的研究。他将行为区分为应答性行为和操作性行为。前者是由特定的、可观察的刺激所引起的行为，后者是指在没有任何能观察到的外部刺激的情境下的有机体行为，它受行为的结果控制。

斯金纳的行为主义理论是通过动物实验（斯金纳箱，图 2-1）获得的。他对动物进行研究之后，发现了非常重要的学习形式。

他相信，这些学习形式是有机体形成大多数习惯的基础。斯金纳的发现很简单，无论人还是动物，都会重复那些带来愉悦结果的动作，压抑那些带来不喜欢结果的动作。所以，如果白鼠踩踏杆而得到一粒可口食物，它就会再去踩踏杆。用斯金纳的理论来说，自由地踩踏杆的反应叫操作，使这一动作加强(即以后出现该动作的可能性增多)的一粒食物叫强化物。此外，他也指出，会抑制某种反应或降低它未来出现的可能性的结果，叫惩罚。如果一只白鼠原来踩踏杆得到强化，而现在突然在每次踩踏杆时受到一次很疼痛的电击，那么它踩踏杆的动作就会消失。在斯金纳的理论体系中，强化是更为重要的一个概念。

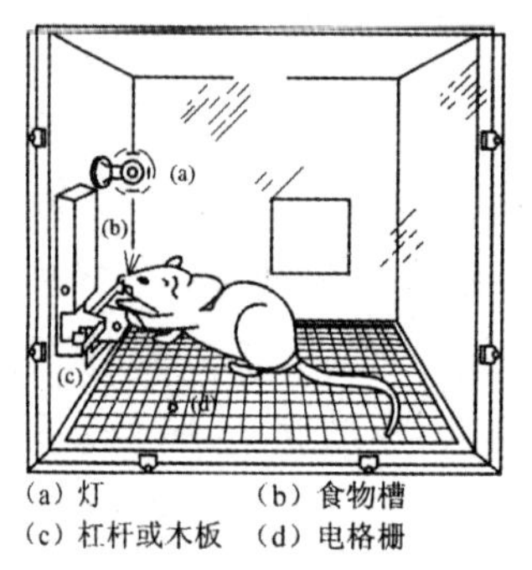

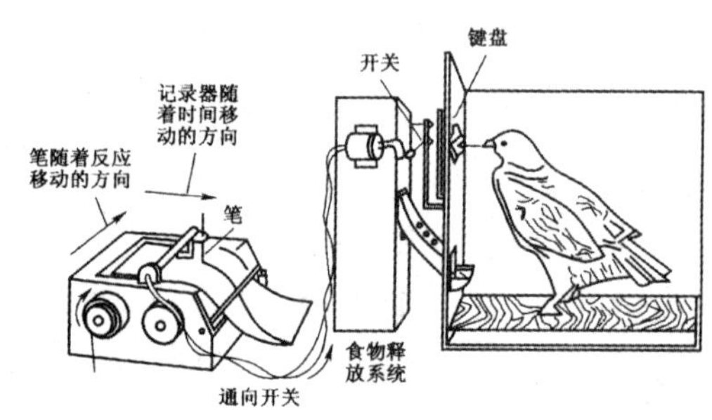

图 2-1　斯金纳箱

斯金纳把动物的学习行为推而广之到人类的学习行为上，他认为虽然人类学习行为的性质比动物复杂得多，但也要通过操作性条件反射。斯金纳认为，强化作用是塑造儿童行为的基础。只有了解强化效应和操纵好强化技术，才能控制儿童的行为反应，就能随意塑造出一个教育者所期望的儿童的行为。强化在行为发展过程中起着重要的作用，行为不强化就会消退，即得不到强化的行为是易于消退的。另外，强化要及时进行，强化不及时是不利于人的行为发展的。

斯金纳操作性行为反射的思想在儿童行为矫正领域中被广泛应用，他提出的消退原理在儿童攻击性和自伤性行为矫正和控制中有重要的作用。当儿童出现争吵、冲突或自伤行为时，成人对儿童的行为不予理睬，直到他感到消极后果且得不到任何报酬时,就会自动停止某种行为。

不得不说,斯金纳过分强调了外部刺激(强化和惩罚)塑造的操作行为,忽视了认知对社会学习的重要作用,这一点也是需要注意的。

三、班杜拉的社会学习理论

班杜拉是社会学习理论的代表人物。他同意斯金纳所说的,操作条件反射是一种重要的学习方式,特别对于动物来说。但班杜拉认为,人是有认知能力的动物,是积极的信息加工者,人和动物不一样,人会思考行为与后果之间的关系。他于 1977 年出版了其代表作《社会学习理论》,全面体现了他在人类发展心理学上的贡献。

观察学习是班杜拉社会学习理论的一个基本概念。所谓观察学习,实际上就是通过观察他人(榜样)所表现的行为及其结果而进行的学习,观察学习的学习者可以只是通过观察他人在一定环境中的行为,并观察他人接受一定的强化就能完成学习。观察学习表现为一定的过程,班杜拉认为,这个过程包括注意过程、保持过程、运动复现过程和动机过程四个组成部分。他将强化分为了三种:直接强化、替代性强化和自我强化。直接强化就是通过外界因素对学习者的行为直接进行干预。替代性强化,就是学习者通过观察他人成功和受到赞扬的行为,使自己受到强化;或者通过观察他人失败或受罚的行为,从而削弱或抑制发生这种行为的倾向。例如,青少年通过媒体了解到攻击行为是不道德的、甚至是违法的,社会对攻击行为进行惩罚等,青少年就会有意识地控制自己的攻击行为。自我强化,就是个体不依靠外在的奖赏和惩罚,而是建立自己内在的标准,对自己的行为进行自我调节。自我强化依存于自我评价的个人标准。这种自我评价的个人标准是儿童学会以自己的行为是否比得上他人设定的标准,用自我肯定和自我批评的方法对自己的行为做出反应而确立的。在这个过程中,成人对儿童达到或超过为其提供的标准的行为表示喜悦，而对未达到标准的行为则表示失望。这样，儿童就逐渐形成了自我评价的标准，获得了自我评价的能力，进而调整自己，改变自己的行为。

班杜拉还强调儿童和青少年的主动性，他认为人能以多种方式对自己的发展做出贡献。例如，观察学习就要求观察者主动地去注意社会榜样表现出的行为，对其编码并记住它。儿童还能自由选择他们想观察的对象。

班杜拉的社会学习理论从人的社会性角度研究学习问题，强调观察学习，认为人的行为的变化，既不是由个人的内在因素，也不是由外在的环境因素所单独决定的，而是由两者相互作用的结果所决定，认为人通过其行为创造环境条件并产生经验（个人的内在因素），被创造的环境条件和作为个人内在因素的经验又反过来影响以后的行为等。毫无疑问，这在相当程度上反映了人类学习的特点，揭示了人类学习的过程，这是有一定的理论和实际价值的。不过，班杜拉的社会学习理论也具有一定的局限性。他的理论基本上还是行为主义的，他虽然认识到了认知因素，但并没有对其进行充分的探讨，更缺乏必要的实验依据，他偏重的是人的行为的研究，在行为研究中没有给认知因素以应有的地位，而只是一般化地对认知机理作些简单的论述。

第三节　认知发展理论

认知发展理论与精神分析理论侧重分析人的情绪和动机、行为主义理论注重行为的改变不同，其重视研究人的认知的发展。在针对个体认知发展的众多理论中，皮亚杰的建构主义认知发展理论是最重要、最完备的。这里就主要对皮亚杰的认知发展理论进行相应的阐释。

一、认知结构

皮亚杰受其生物学背景的影响，把智力定义为帮助有机体适应周围环境的一种基本生命过程。他所说的适应指有机体能够应对情境的要求。例如，一个饥饿的婴儿抓住一个奶瓶放进嘴里就是适应行为，一个青少年在旅行的时候成功地看懂地图，或在需要的时候换一个轮胎都是适应行为。随着儿童的逐渐成熟，他们形成了越来越多的复杂的认知结构，从而更好地适应周围环境。

认知结构是用于解释某些方面的经验的思维或动作的组织方式。儿童的认知结构广泛存在于发展的过程中。婴儿期的认知或智慧是一种外显的动作图式（皮亚杰认为，认知结构组织的最基本单元称为“图式”），从严格意义上说还不能称之为认知结构。例如，一个充满好奇心的婴儿能把伸手臂（触碰）的动作跟用手抓的动作结合起来，通过探索他能抓到的一切感兴趣的东西而满足他的好奇心。

到婴儿期快结束的时候，儿童能进行心理表征，形成像视觉映像这样的符号图式。进入小学不久，儿童的图式就变成运算图式，运算图式采用的是内部心理活动或“脑的动作”方式（如加减法），它使儿童能对信息进行心理操控，并以符合逻辑的方式思考日常生活中遇到的问题。无论什么年龄的儿童，总要运用他们已有的认知图式来理解周围的世界。其结果是，幼儿和年长儿童建构起完全不同类型的认知图式，因此他们对相同对象和事件的解释和反应往往大相径庭。

很显然，随着年龄的增大和经验的增加，儿童的认知结构日益复杂，简单的图式逐渐结合为日益复杂的图式，从外化的动作图式逐渐演化为内化的符号表象图式。相应地，认知活动也经历了一个从外到内的转化过程。

二、认知发展机制

皮亚杰认为，婴儿并不像一些哲学家说的那样，天生就有关于现实世界的知识和想法。儿童既不是简单地接受别人传递给他的信息，也不是被动地让成人教给他们怎样思考。皮亚杰把儿童看作建构者，他们在自己经验的基础上创建出对周围环境的全新的理解。儿童创建的时候靠的是他们的好奇心和主动探索。儿童会看他们周围有什么东西，他们用拿到的物品做试验，他们把不同的事件联结或联系起来，当他们现有的理解（或图式）无法解释自己经历的事物时，他们会感到迷惑。按照皮亚杰的说法，儿童之所以能建构新图式，是因为他们具有与生俱来的两种智力机能，分别是组织和适应。组织是儿童把原有图式与新的、较复杂的智力结构结合起来的过程。比如，一个学步儿起先认为凡是会飞的都是“鸟”。后来他慢慢知道，好多东西都会飞，但不是鸟。于是他把这些知识组织到新的、更复杂的结构层次中去。

皮亚杰认为，组织是天生的、自动的：儿童会不断地把他们现有的图式组织到较高层次的系统或结构中去。组织的目的是为了下一步的适应过程。所谓适应，即调整自己，以便适合于环境要求的过程。皮亚杰认为，适应通过两种互补的活动进行，这两种活动分别是同化和顺应。所以，同化和顺应是认知发展的重要机制。

同化，是指主体把外界信息直接纳入自己已有的认知结构的过程。比如，3 岁孩子认为太阳是移动的，所以太阳有生命。这显然是这个孩子根据自己的生活经验建构起来的。毕竟很多会移动的东西都是有生命的。一旦孩子形成了这种理解，他就会把凡是会移动的对象看作是有生命的，也就是说，孩子用现有的认知结构来解释新经验。同化在个体发展的不同阶段是有差别的。在个体生命的早期，同化的对象是个体的活动，即个体把客观环境所引起的自身活动加以组织；而高级的形式思维则是把经验内容同化于个体自身的思想形式。

顺应，是主体通过调节自己的认知结构，使其与外界信息相适应的过程。同样举上述3岁孩子的例子来说，孩子原本的认识是会移动的东西是有生命的，但是，慢慢地，他们遇到一些会移动但肯定没有生命的东西，如一个纸飞机，上发条的玩具，在没有折成飞机、没有上发条之前，它们是不会移动的。于是，孩子原有的理解和现在要理解的事实之间就出现了矛盾。在这种情况下，他原来的“那些会移动的东西是有生命的”这一认知结构就非得加以改变了。孩子受到启发，把这些不一致的经验加以调和，最后就达到了顺应。

皮亚杰认为，我们是不断地依靠同化和顺应的互补过程来适应环境的。刚开始，我们尝试用现有的认知结构来理解新经验或解决问题(同化)。但是，我们常常发现，用原来的图式解决不了这些问题，这促使我们去修正它们(顺应)，把它们与相关图式互相整合(组织)，提供一个与现实更“匹配”的图式。所以说，同化与顺应并不是独立存在的两个过程，而是相互联系、相互依存的，它们同时存在于个体的认知活动之中。在一些活动中，同化胜过顺应占主导地位而表现为同化，如在象征性或假装游戏中，儿童多运用已掌握的认知结构来代表所想象的东西；而在另外一些活动中，顺应超过同化占主导地位而表现为顺应，如儿童的模仿和尊奉行为。

平衡是皮亚杰理论中的又一个重要概念。它是指个体保持认知结构处于一种相对稳定状态的内在倾向性，是同化和顺应之间的平衡。当个体原有的认知结构能够轻易同化环境中的新知识经验时，个体会感到平衡。当儿童遇到新事物时，总是试图用原有图式来同化它，如果获得成功，便得到暂时的认知上的平衡。反之，当个体原有的认知结构不能同化环境中的新刺激时，心理上就会感到失衡。心理失衡会产生一种内在驱力，促使个体改变或调整原有的认知结构，以使它能够容纳新刺激，以达到认知上的新平衡。从不平衡走向平衡的过程就是不断平衡化的过程。个体的认知发展实际上就是由个体在适应环境时心理上不断交替出现的平衡和不平衡的状态所导致的，这是个体认知发展的内在动力。

三、认知发展阶段

皮亚杰根据认知结构的渐进变化，把儿童认知的发展过程划分为四个主要阶段：感知运动阶段（0～2岁）、前运算阶段（2～7岁）、具体运算阶段（7～11岁）、形式运算阶段（11～12岁及以后）。他还指出，这些阶段是恒定的发展顺序，也就是说所有儿童都要按照上述的顺序发展。不会发生阶段的跳跃，因为只有在前一阶段的基础上，个体的发展才能顺利进入下一阶段。每个阶段都有自身独特的认知结构。新的阶段代表着一种更复杂的思维方式。需要注意，儿童进入或达到某个阶段的年龄具有个别差异，有的儿童要早一些，有的则晚一些，并不是所有儿童都在同一年龄完成相同的阶段。下面就来具体说明皮亚杰的四大认知发展阶段。

第一，感知运动阶段（0～2岁）：出生前两年，婴儿凭借对客体的动作，"知道"并理解客体和事件。婴儿为适应周围环境而创建的行为（或感知运动）图式最终被内化，形成心理符号（或符号图式），它使儿童获得客体永久性，表现出延迟模仿，无须尝试—错误就能在心理水平上解决简单问题。可以说，婴儿的认知发展是巨大的，皮亚杰把感知运动时期又分成了六个亚阶段（表2-1），这六个阶段描述了婴儿从一个反射机体向能思考的机体的逐渐演进。

表2-1　感知运动时期各亚阶段的智力发展①

亚阶段	解决问题或得到有趣结果的方法	模仿技能	客体概念
1. 反射活动（0～1个月）	练习和顺应与生俱来的反射	模仿少量面部表情和大肌肉动作	跟踪移动的客体但忽略其消失
2. 初级循环反应（1～4个月）	重复指向自己身体的有趣动作	重复自己的被亲人模仿的行为	有意地注视客体消失的地方

① ［美］戴维·谢弗. 社会性与人格发展［M］. 陈会昌等，译. 北京：人民邮电出版社，2012：60.

续表

亚阶段	解决问题或得到有趣结果的方法	模仿技能	客体概念
3. 次级循环反应(4～8个月)	重复指向外部客体的有趣动作	与亚阶段2相同	寻找部分被隐藏的客体
4. 次级图式的协调(8～12个月)	把动作组合起来解决简单问题(最早出现的意向性)	在经历一些粗糙的尝试模仿之后,最终形成模仿新反应的能力	寻找和发现未看见其消失过程的隐藏客体,是客体永久性概念出现的最早迹象
5. 三级循环反应(12～18个月)	通过实验寻找解决问题或重复有趣结果的新方法	对新反应进行系统模仿;对简单运动动作的延迟模仿	寻找并发现看到其消失过程的客体
6. 运用心理合并发明新手段(18～24个月)	在内部符号水平上解决问题,儿童使用领悟法的最早证据	对复杂行为序列的延迟模仿	寻找并发现未见其消失过程的隐藏客体,客体永久性完全形成

第二,前运算阶段(2～7岁):进入前运算阶段的儿童越来越多地使用符号(词和映像)对他们接触到的物品、情境和事件进行思考,并且开始在游戏活动中创造性地使用词和映像。例如,两三岁的孩子经常假装成妈妈、超级英雄之类的人物,还用道具武装这些人物。这一阶段的儿童对他们所生活的世界越来越了解,但他们的思维与成人相比仍有缺陷。皮亚杰把学前儿童说成是非常自我中心的:他们从自己的角度看一切事物,很难了解从别人的角度看问题是什么样的。而且他们的思维带有聚焦性:当遇到新事物时,他们往往盯住其中最明显或最突出的一个知觉特征。结果,这种直觉思维使儿童难以解决守恒问题,因为守恒要求儿童对出现的几方面信息同时进行评价。

第三,具体运算阶段(7～11岁):进入具体运算阶段的儿童很快地习得了各种认知操作,可以对具体的实物、事件和经验进行合乎逻辑的、系统的思考。他们可以完成算数操作，并且在心理上把身体动作和行为次序加以逆转。这些认知操作的掌握使儿童能够守恒、排序，进行传递推理。比如，小明比小红高，小红比小琴高，那么小明肯定比小琴高。这些的推理对我们来说很容易，但是具体运算阶段之前的儿童还不太会进行这种推理，而具体运算阶段的儿童就可以了。当然，具体运算的儿童还不能对假设命题进行合乎逻辑的思考，因为这种命题扰乱了他们关于现实的概念。

第四，形式运算阶段(11～12 岁以后)：这是皮亚杰认知发展阶段中的最后一个阶段。具体运算虽然是心理操作，但它是针对经验的物质方面进行的，常常是对可感知的物品和事件进行符合逻辑的思考。而形式运算是理性的、抽象的，是对想法和命题进行的心理操作，很像科学家的假设演绎推理，它与实际的或可观察的事物没有联系。青少年正处于形式运算阶段。在这一阶段，他们可以对变量进行演绎性假设和检验，能够监控和内省自己的思维活动，进行更为抽象的思维青少年为什么大多比较理想主义，而且表现出假想观众和个人神话这样的思维方式，就是因为有了这样的认知能力。

皮亚杰的理论对教育产生了很大的影响。例如，众所周知的发现教学法所依据的就是，年幼儿童并非像成人那样思维，如能让他们在熟悉的环境中亲自体验学习，他们就能学得更好。所以，在皮亚杰理论指导下的课堂上，一个学前教师可能呈现给儿童不同数量的实物，让儿童堆叠、涂色、排序，用这种方法给儿童讲授不同的概念。不难想象，像数这样的新概念，最好的讲授方法就是让充满好奇心的、主动的儿童，应用他们现有的图式，自己做出批判性的“发现”。

毋庸置疑，皮亚杰的理论对我们理解认知发展仍有不可磨灭的贡献，他的理论被广泛应用于教育中，帮助人们开拓出社会认知领域，并且为社会性与人格发展的其他方面提供了很多启发。但是，它的理论也存在一定的局限性。一些研究者就对皮亚杰提出的、发展按一定阶段进行的观点提出质疑，还有人批评他忽视了社会文化影响。例如，俄罗斯发展心理学家列夫·维果茨基在其社会文化理论中，探讨了文化（观念、价值观、传统和社会群体的技能等）是怎样在代际间传递的。维果茨基不把儿童说成是独立的探索者，而是认为认知随社会性活动的进行而发展，儿童在这种活动中，通过与更有知识的社会成员进行合作性的对话，逐渐学会了新的思维和行为方式。维果茨基不承认所有儿童都要经历相同的认知发展阶段的说法。因为儿童掌握的新技能需要他们与更有能力的社会成员互动，这些技能是文化特定性的，而不是普遍适用的认知结构。所以，按照维果茨基的观点，皮亚杰忽视了社会文化对人的发展的影响。

第四节　现代进化论

人类发展的生物学理论有着悠久而辉煌的历史，英国生物学家达尔文认为，在生存斗争中，那些对生存有利的变异会得到保存，对生存有害的变异会受到淘汰，这就是自然选择，或适者生存。按照达尔文的自然选择学说，生物进化的基本要素是变异、遗传和选择。这就意味着，在生存斗争中，在一定条件下，对生存有利的变异会得到保留和传下较多的后代，对生存不利的变异会受到淘汰或传留较少的后代。这就是自然选择，以后由于有利变异的逐渐累积，就导致适应的起源和物种的形成。也就是说，在生物界中所看到的生物对环境的适应，是变异和选择相互作用的产物，是偶然性和必然性的综合。

达尔文之后，许多学者继续对生物进化作进一步的探索。首先，英国人霍尔丹和美籍苏联生物学家杜布赞斯基摒弃了达尔文将个体作为生物进化基本单位的说法，而将群体作为进化的基本单位，创立了“现代进化论”。20世纪以来，随着遗传学、生态学和新分类学的发展，人们对于进化机制又有了更深的了解，从而出现了现代进化论。现代进化论在继承达尔文自然选择学说的基础上结合现代生物遗传学的遗传基因理论,赋予了历经百年考验的进化论学说以新的活力和更大的发展,该理论接受了达尔文自然选择的一般概念,但又从基因学说和群体遗传学的角度作了一些重要的补充。

现代遗传学阐明了遗传物质以遗传单位(基因)发生作用,而遗传物质又具有高度的稳定性和可变性。这方面的知识帮助说明自然选择的各种作用。现代遗传学关于染色体基因的三条基本的遗传规律,合理地说明了不定变异的来源。基因突变、染色体突变和细胞质突变阐明了遗传内容多样性的起源。基因学说代替了泛生学说,使自然选择学说有了坚实的科学基础,并使自然选择成为实验的科学。

以人类的婚配为例来看,一般来说,男性一生中会生成上亿个精子,相对于卵子来说,这已相当充足。因此,如果男性想要延续并保持他们的基因,那么从进化论来看,他们通过使许多女人受精来迎合这种无意识的生物性动机是合理的。此外,男人应该寻找年轻、有吸引力的伴侣,因为这样的女人具有繁殖力、性感,容易生育后代。女人们应该和男人一样对保存自己的基因和延续后代感兴趣。但是女人只能生育很少的后代,而且她对后代的投资相当大(必须抚养、哺育、教育子女),她会更倾向寻找一个有资源(如财富、权力)并且心理健康(如善良、有爱的能力)的男性,以资助她保护和养育自己的孩子。有趣的是,男人和女人的择偶偏好真的证实了上面的说法。与女性相比,全世界的男性都更愿意寻找年轻的、有吸引力的配偶,而女性则更愿意寻找年龄稍大,对她有感情的资源充裕的善良男性(Buss,1995;Myers,1999)。因此,现代进化论者认为,保护和最大化我们遗传给子孙后代的基因数这一无意识动机能够很好地解释择偶偏好的性别差异。

第五节 生态系统论

美国心理学家布朗芬布伦纳发现，行为主义把环境看作有机体行为的决定因素，片面地强调环境对个体行为的影响，班杜拉代表的社会学习理论虽然强调环境与人的相互影响，但他并没有清晰地描述个体发展的环境。于是，他在 20 世纪 70 年代末提出了生态系统理论（又称为生物生态学理论），对各类环境对人的心理发展的影响进行了细致的分析。

生态系统论认为，人们日常生活的环境或自然生态环境是一种具有嵌套式结构的系统，具有层次性、动态性、整体性。这种环境系统包括直接影响人们心理发展的环境子系统和间接影响人们心理发展的环境子系统，它们层层嵌套，进行着动态的相互影响，由此构成了人们生活于其中的整体的生态环境。受生物学因素制约的、发展中的个体正是通过与这种环境系统的相互作用获得各种心理特征的。

布朗芬布伦纳认为，个体发展的生态环境从内到外可以分为四个层次：微系统、中间系统、外层系统、宏系统（图 2-2）。

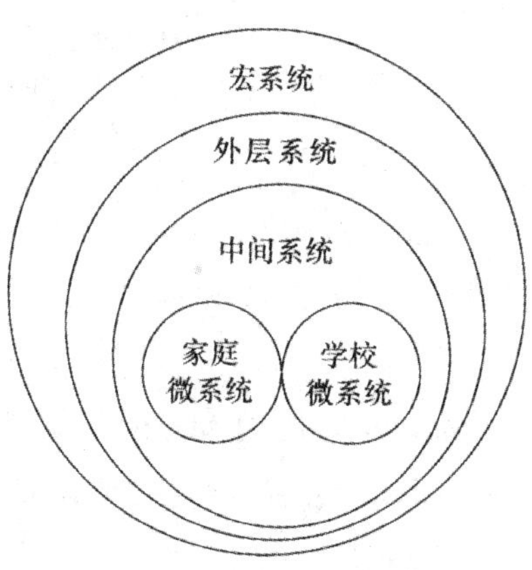

图 2-2 个体成长的生态环境

微系统是这个嵌套结构最里层的一个系统，是个体直接参与其中的环境。心理学家对这一系统也最熟悉，研究得最多。微系统可能是家庭、学校、托儿所、幼儿园，也可能是个体直接活动于其中的其他场所（如社区的活动场所）和同伴团体。它直接与发展中的个体相互影响，一方面个体受到这种环境中的他人的影响，另一方面个体的气质、性格、兴趣和所从事的活动也在影响着他人。例如，在家庭中，父母的养育方式影响着一个婴儿的性格，而婴儿自身的气质和生理特征也会影响着父母的抚养态度，容易抚养的、长相可爱的婴儿往往更受家长的喜爱，家长对他们的积极情绪也更多。

中间系统是指家庭、学校、同伴团体等微系统之间的相互联系。如果微系统之间相互支持，发展就能实现最优化。家长与学校之间的协作、父母对孩子在学校的学习成绩的重视程度，都在很大程度上影响着儿童的学习能力的发展和学习成绩。例如，青少年如果在家庭中遭到父母的拒绝，则他们与教师的关系也可能出现问题。

外层系统是个体未直接参与但却对他们的发展产生影响的环境，是个体生活的外围环境，如一个儿童的父母的工作环境、邻居、社区、儿童的医疗保险等。这些环境通过影响儿童生活的微系统和中间系统，间接地影响儿童的心理发展。例如，父母的工作是否顺利会影响到他们的情绪，这又影响到亲子关系和儿童情绪的发展。

宏系统处于生态系统的最外层，包括宏观的社会文化、价值观、风俗、法律、社会福利制度或其他政治制度等。它们影响着儿童生活的外层系统、中间系统和微系统，对儿童心理发展的影响也是间接的。例如，不同的文化背景、价值观影响着父母和教师的生活方式、价值观和教育方式，这又会影响儿童的行为和价值观。

一个人往往不是被动地顺应环境，而是主动地与环境发生相互作用。一方面，他们会主动地选择适合自己的环境，改变不适合自己或自己不喜欢的环境，建构和创造适合自己的新环境。例如，一个外向的儿童会寻找各种社交场合，主动地与别人建立各种社会关系。人既是环境的产物，又是环境的创造者和建构者。另一方面，随着年龄的增长，个体生活的微系统也是不断拓展和变化的，他们会从家庭拓展到学校和其他社会场所。在生命全程尤其是早期阶段，人类的发展通过日渐复杂的相互作用过程而发生。发展的过程实际上是他不断拓展和适应环境的过程。其中，生活中的重大转折对儿童的心理发展具有重要的影响，这些转折包括入学或升学、毕业、就业等。这些转折会成为儿童心理发展的新起点，促进他们心理的发展。

布朗芬布伦纳还认为，发展（如性格的发展）是特定时间历程中人与环境的联合函数，每个具有连续性的发展时期都取决于前面所有的发展时期，是在此之前的各个时期发展共同促成的，因此，发展心理学的研究设计应当考虑时间维度和发展的过程。这种观点强调了各个时期心理发展之间的关系。

总的来说，生态系统论从系统论的观点细致地分析了影响人心理发展的多重生态环境及其相互作用，试图揭示环境与人之间复杂的相互影响，而且提出了发展心理学研究设计的方向。因此，它既可以作为分析问题的方法论，使人们对环境影响的分析更全面，又可以作为发展心理学研究的较好的理论基础。当然，这种理论也有其自身的局限性。其认为在发展过程中生物学因素与环境因素是相互作用的，但是，它并没有对生物学因素的作用进行深刻的揭示。而且，它还不能对人类的发展做出全面的说明。

第三章　青少年的年龄特征与一般特征研究

青少年时期是人生发展中极为关键的一个时期，也是发展变化巨大的一个时期。此时的个体正从童年向成人过渡，不管是生理、心理都表现出了这个时期所独有的特征。另外，新的时代特征也赋予了青少年新的发展背景，因而他们的心理发展也表现出了特定的时代特征。本章从青少年期的年龄阶段讲起，对青少年的生理变化、一般心理特征、心理危机、心理发展的时代特征等内容进行探讨。

第一节　青少年期的年龄阶段与生理变化

一、青少年期的年龄阶段划分

（一）青少年期

“青少年期”一词源于拉丁文“adolescenre”，是“成熟”或“趋于成熟”的意思。如果把童年期看成个体发展的幼稚期，把成年期看成个体发展的成熟期，那么青少年期就介于个体童年期与成年期之间，是个体从幼稚走向成熟、从儿童走向成人的一个过渡期。这个时期，个体生理上逐渐发展成熟，并要完成一系列比较健全的社会化发展课题，因而个体的心理和社会性也逐渐成熟。

关于青少年期的年龄，至今为止，学术界还没有一个统一的定论。我国学者一般把青少年界定为 11～18 岁。比如，林崇德将青少年期界定为十一二岁至十七八岁这一发展时期，其中十一二岁至十四五岁为少年期，又称青春期；十四五岁至十七八岁称为青年初期。日本学者将青少年期界定为12～22岁，这比中国学者界定的年龄要稍靠后几年。西方学者则从性别上对青少年期进行了区分，认为男性青少年期为12～21岁，女性青少年期为10～21岁，女性比男性青少年期略长。

我国也有学者将青少年期的年龄定的范围比较大。比如，黄志坚就认为，青少年期年龄阶段的界定应该综合考虑个体的生理成熟、心理成熟和社会成熟三个方面。一般认为从11岁开始，个体的生理各方面开始加速发展，至十八九岁达到发展的高峰，标志着个体生理上的成熟；个体心理成熟略滞后于生理成熟，其年龄上限要延长至25岁左右；个体的社会发展更是一个复杂的过程，一直要到二十八九岁左右才臻于成熟，这是个体社会成熟的年龄上限。从这种观点出发，可以依据生理学理论将青少年的年龄下限定为11岁，而依据社会学理论将青年的年龄上限定为30岁。

青少年期可以说是一个兼有生物学且更具社会学含义的复杂概念，因此它的界定与青春期的界定相比要难很多。就现在来看，其一般是用两种尺度来确定起止时间的。起始时间主要由生物性指标确定，以男女第二性征出现为标志，与青春期一致，比较明确、清晰；终止时间则主要由社会指标确定，以男女社会性成熟为标志，而男女社会性成熟是一个比较模糊的指标，不好把握。也因此，很多学者都集中注意力寻求比较合理、客观的社会性成熟的外部标志。例如，法国心理学家扎佐认为，社会成熟的内心体验是“成人感”，而“成人感”产生的主要外部事件是就业、生活独立、结婚和生孩子。《联合国教科文组织23届大会关于1984—1989年中期规划的青年工作的说明》文件中指出的青少年期结束期限的标志是经济独立、有单独的住所、建立小家。就这些标志来看，其实“结婚”是最有代表性的一个标志，因为只要一个人结婚了，也就意味着其要参加工作、经济独立、组织小家庭、有单独住所等。由此来看，青少年期就是指从第二性征的出现到结婚为止的那一段人生发展的过渡时期。给这一个时期一个比较确切的年龄标准，我们认为可以定为 10～26 岁。

（二）青少年期的阶段划分

整个青少年期的跨度是比较大的，有十几年，在这期间，个体在生理、心理和社会各方面的发展也是不匀速、不同质的，而且表现出一定的阶段特征。因此，也为了更好地针对处于不同发展阶段中的青少年特点实施教育，也为了进行更有针对性的研究，应当对青少年期进行阶段划分。要想进行较为科学的划分，一方面要有合理的划分依据，另一方面要确定好每一阶段具体的时间。

我国著名发展心理学家朱智贤把儿童心理年龄阶段划分标准规定为："在一定的社会和教育条件下，儿童心理发展的各个不同时期内的特殊矛盾或质的特点。这些特殊矛盾或质的特点主要表现在儿童的主导活动上（儿童在社会生活中所处的地位、他们的活动形式），表现在智力（或思维）水平和个性特征上，同时也表现在他们的生理发展（特别是高级神经活动发展）和言语发展水平等上面。"这种年龄阶段划分标准是比较有中国特色的，因而对学者们进行青少年期阶段划分有重要的参考意义。在此，我们根据卢家楣的观点从个体的综合生理发展、思维水平和主导活动出发将青少年期划分为四个阶段。

第一阶段（10～15 岁）：属于少年期，此时个体的身体正在加速发展；思维水平方面反映为开始初步掌握抽象逻辑；主导活动则以学习基本科学文化知识为主。

第二阶段（16～18 岁）：属于青年早期，此时个体的身体处于减速发展阶段；思维水平方面反映为抽象逻辑思维基本成熟，初步掌握辩证逻辑思维；主导活动以学习中等科学文化知识，接受中等职业训练为主。

第三阶段（19～22 岁）：属于青年中期，此时个体的身体处在缓慢发育阶段；思维水平方面反映为进一步发展辩证逻辑思维；主导活动则以参加社会工作，接受高等职业训练为主。

第四阶段（23～26 岁）：属于青年晚期，此时个体的身体基本停止发育；思维水平方面反映为在社会实践中解决各种实际问题的思维能力大大提高；主导活动则以从事社会工作，获得初步适应、胜任能力为主。

二、青少年的生理变化

（一）脑和神经系统的发展变化

脑和神经系统的发育是青少年身心发展的前提和物质基础。青少年抽象逻辑思维方面的发展就是建立在脑和神经系统的结构机能逐步完善的基础上的。

相对于身体其他部位来说，个体脑的发育一直是处于领先地位的。个体自出生起，脑与神经系统就开始快速发展。到 6 岁左右，大脑半球的一切传导通路都完成了髓鞘化，脑的重量已达成人脑重的 90%，这一时期是儿童神经系统发育的重要阶段，因此该阶段的教育对儿童智力的发展具有重要影响。脑的生长到 12 岁时已基本完成，这时脑的重量基本达到成人水平，脑的容积接近成人脑的容积，神经系统的结构已与成人无异。也就是说，进入青春期后，个体脑的重量和容积增加是很少的。不过，此时青少年的皮层细胞的机能却在迅速发育，这主要反映在脑电波频率的变化上。脑电波是个体大脑皮层有节律的脑电活动，按频率的快慢可分为四种，即 δ 波（1～3Hz）、θ 波（4～7Hz）、α 波（8～13Hz）、β 波（14～30Hz）。脑电波频率的快慢是大脑发育过程的重要参数，随着年龄的增长，脑电频率逐渐加快。青少年的脑电波，尤其是 α 波，在 13～14 岁时出现第二次飞跃（第一次飞跃在 6 岁左右），这说明大脑机能逐渐发育成熟。此后一直到 20 岁左右，脑细胞的内部结构和机能不断进行复杂的分化，沟回增多、加深，神经联络纤维的数量大大增加。联络神经元的结构和皮层细胞的结构机能迅速发展，为联想、概括和抽象思维的形成奠定了物质基础。在新的更加复杂的外部条件影响下，大脑机能进一步完善，并在整体上趋于成熟。此时，脑机能的发展主要体现为兴奋与抑制过程逐步达到平衡，特别是内抑制机能逐步发育完善。但由于中学生正处于青春发育期，此时体内的内分泌腺相当活跃，分泌的甲状腺、肾上腺素水平较高。这些激素促使全身组织迅速发育，促进了脑和神经系统的兴奋，因而青少年的情绪不稳定，神经系统也非常容易疲劳。总的来说，个体的脑和神经系统达到完全成熟要到20～25岁之后。

（二）激素与内分泌系统的变化

激素是一种由内分泌腺分泌并渗入血液或淋巴，从而影响身体新陈代谢和生长发育的重要化学物质。它是内分泌系统的信息传递者。内分泌系统分泌激素并调节和控制着激素的水平。激素虽然在血液中的含量甚微，但在机体内具有重要的作用。

青春发育期的生理发育在很大程度上受体内激素水平变化的影响，激素水平的变化影响到青少年身体外形的变化、内部机能的增强以及第二性征的出现和性成熟。

体内激素对个体的行为模式具有组织作用。实际上在胎儿期，一些体内激素就已存在并对个体的行为和发展具有组织功能，但直到儿童后期甚至青春期，某些激素才得以发挥其组织功能来调节个体的行为。男性比女性拥有更高的睾丸激素水平，这种性别差异预先决定了个体的行为模式，但此模式中的许多行为直到青春期才明显表现出来。例如，攻击行为性别差异的研究表明，虽然攻击行为的某些性别差异直到青春期才出现，但这些差异是由出生前体内已有的激素决定的，而非由青春期激素水平的变化所致。只是因为直到青春期我们才能看到体内激素所导致的外显行为变化，所以才错误地推断这些行为是由青春期激素水平的具体变化引起的。

激素的分泌主要受下丘脑—垂体系统的调节。内分泌系统接受中枢神经系统（主要是脑）的指令，提高或降低体内循环中的激素水平，从而促进个体的生长发育。内分泌系统的功能发挥主要通过下丘脑、脑垂体和性腺三者之间的相互作用来完成。这三者之间的不断的循环调节构成了内分泌系统的反馈环。这一反馈环是个体与生俱来的，只是到青春期时其重要性增加。反馈系统的功能类似自动调温器，将体内激素设置在一定水平，如同将自动调温器设置于一定温度。如果将室内的自动调温器设置为60℃，当室温低于此温度时，自动调温器会自动开始工作，使温度上升；相反，当室温高于此温度时，自动调温器便会自动降温。与此原理相同，当体内的特定激素水平低于内分泌系统所设定的激素水平时，激素的分泌就会增加；而当激素水平达到设定值时，激素的分泌就会暂时停止。并且像自动调温器一样，体内某种激素设定的水平也可以上下调节，而某种激素水平设置的高低却依赖于环境或身体内部条件。

（三）身体形态的发展变化

自1岁左右之后，人体的生长发育速度就开始减慢了，特别是5岁以后的增长速度一直很缓慢，但进入11岁左右生长发育的速度又大大加快，出现了个体的第二次生长发育高峰，这称为青春期的生长突增。青春期的生长突增大概与第二性征的发育同时出现，这时个体的身体形态发生了较大变化。

1. 身高的变化

身高的变化是青少年身体形态变化最直观的标志之一。青春发育期激素活动的加强，特别是体内生长激素、甲状腺激素和雄性激素的同时分泌，促进了青少年骨骼的生长，从而导致了身高的快速增长。青春期个体的骨骼变得更坚硬、密度更大并且易碎。当体内的长骨（如胳膊和腿中的骨头）开始快速生长时，身高便开始增加。身体长骨末端的生长终结是青春期结束的一个标志，这时身高便停止增长。当然，青春发育期激素活动的加强促进软骨的生长，也能使身高增加。

一般来说，女孩青春期生长发育的高峰出现在11～15岁，而男孩出现在13～15岁。在生长发育高峰期男孩的身高平均每年可增长 7～9 厘米，最多可达 10～12 厘米；女孩的身高平均每年可增长 5～7 厘米，最多可达 9～10 厘米。总体上，个体在 18 岁之后，身高增加得很少。

2.体重的变化

身高快速增长的同时，青少年的体重也正以同样的速度在增加。在青春期伊始，个体的体重便有明显增加。青春期体重的生长突增高峰虽然不如身高明显，但增长的时间比身高长，变化幅度也较大，并且在性成熟后体重仍继续增长。9 岁以前男女体重相差无几，女孩的体重在 9 岁以后进入快速增长期，12～13 岁达到高峰，14 岁后增长速度下降。男孩在 12～13 岁时体重开始迅速增长，到 13 岁左右，男孩的体重便开始超过女孩。

青少年体重的增加除与骨骼的增长有关外，还与肌肉、脂肪的增长以及内脏体积的增大有很大关系。肌肉组织的发育在青春发育初期主要是指肌纤维随身高的急剧增高而增长。15～18 岁，肌肉组织的快速增长则主要是肌纤维的增粗，这时肌肉组织变得比较坚实有力。青春期两性肌肉的增长都非常突出，与骨骼的生长保持平行。不仅肌肉重量在体重中的比例增加了，而且肌肉组织也变得更为紧密，肌肉的力量大大增强，因而体力也随之增强。但男孩比女孩的肌肉组织生长得更快，而且力量也更大，男性肌肉的增长一直持续到 20 多岁才达高峰。在肌肉生长发育的同时，青少年身体的脂肪也在增加。两性皮下脂肪的增加在 1～6岁一直很缓慢，女孩从 8 岁，男孩从 10 岁起才开始加快增长。但女性比男性拥有更多的皮下脂肪，并且女性以更快的速度增加，这在青春期刚开始的几年中表现得尤为突出。

随着青少年的发育突增，他们的四肢都开始变长，臀部、乳房、肩膀也发生相应变化。但男女变化的比例是不同的，男性的肩膀与臀部相比变得更宽阔，腿相对于躯干也较长；而典型的女性身材则表现出肩窄、臀宽以及腿相对于躯干较短的特点。

(四)第二性征出现

青春期的生理发育除了表现为内部机能的增强和身体外形的变化外,更为明显地反映在第二性征的出现上。第一性征在出生时就基本完备了,是指男女生殖器的不同外形和构造特征。第二性征也称副性征,是指那些重要的能够区分男女性别特征但对于生殖能力无本质影响的身体外部形态特征。

第二性征的发育是青春期最重要的身体变化之一,它标志着个体的生殖能力开始成熟。进入青春期后,男女外部形态上性别特征的差异出现,性器官、性功能成熟。第二性征出现的年龄存在显著的性别差异,女性一般要比男性早一两年。我国女性初潮约在 12～14 岁,男性首次遗精年龄在 13～15 岁。当然,受种族、地区和所处社会环境等因素的影响,第二性征开始出现的年龄存在很大的个体差异。

男性的第二性征主要表现为喉头突起,音调变低,长出胡须、阴毛与腋毛,睾丸和阴茎增大,肌肉骨骼发育坚实,身体显得健壮。睾丸是男性性成熟的主性器官,它分泌的雄性激素刺激着男性附性器官(输精管、附睾、精囊、射精管、前列腺、阴茎等)和第二性征的发育。男性性发育大约从 12 岁开始,随着睾丸的发育,开始出现遗精。有研究指出,大多数男孩的首次遗精是由手淫或湿梦引起的,因此遗精也受到社会文化的影响。

女性的第二性征主要表现为音调变尖,乳房隆起,长出阴毛、腋毛,骨盆变宽,臀部变大,皮下脂肪增多,形成女性体态。其中,最明显的变化就是阴毛和乳房的发育。卵巢是女性的主性器官,大约从 11 岁、12 岁开始发育,它负责产卵、分泌雌性激素和孕激素。雌性激素刺激着女性附性器官(输卵管、子宫、阴道等)的发育和第二性征的出现。女性发育成熟的一个重要标志是月经初潮的到来。月经初潮一般发生在身高增长高峰后 1 年左右,初潮年龄波动范围在 10～16 岁。月经初潮与第一次排卵之间有一段时间间隔,月经初潮后一年内排卵者仅占 18%,初潮后 1～3 年开始排卵均属正常范围。

青少年的生理变化对其心理发展有着重要的影响,这些影响是通过直接和间接两种方式来实现的。脑和神经系统的结构和机能逐步成熟完善为青少年抽象逻辑思维等方面的发展提供了保证,青少年体内激素水平变化会影响其心理机能与行为表现,青春期的生理变化更会导致青少年自我意象的转变,继而影响其与他人交往方式的转变。所以,一定要正确对待青少年的生理变化对其心理发展的影响,为其提供适宜的教育。

第二节　青少年的一般心理特征与心理危机

一、青少年的一般心理特征

青少年生理上的发育基本上完成了从儿童向成人的过渡,生理上的成熟又促使青少年心理发生较大的变化。由于青少年的心理成熟水平和社会地位水平与新出现的性需要和独立性需要存在着明显的矛盾,因而青少年在心理上产生成人感和幼稚性并存的矛盾,继而使他们在整个青少年时期表现出以下几个基本特征。

(一)过渡性

青少年心理发展的最根本的特点就是过渡性。这一特点主要由青少年生理发育、实践活动和社会地位等方面的特征所决定,主要表现为心理发展迅速但又不够稳定,很多方面兼具童年期的幼稚和成年期的成熟。

青少年心理的过渡性在青少年前期与青少年后期两个阶段所表现出的特点是不同的。青少年前期是一个半幼稚、半成熟的时期,是独立性和依赖性、自觉性和幼稚性错综复杂、充满矛盾的时期。在这一时期,青少年还保留着一定的幼稚性。青少年后期是一个逐步趋于成熟的时期，是个体独立走向社会生活的准备时期，青少年更多表现为成熟时的独立性和自觉性。

总体来看，青少年还只是逐步走向成熟，他们的认识能力、学习能力、自我控制能力等还不是十分成熟，情感丰富、热烈但又常常缺乏控制，个性与自我意识迅速发展但仍不够稳定，因此，仍然需要教师、家长和社会上的成年人给予其更多的关怀与指导，以促使他们顺利渡过青少年期，走向真正的成熟。

（二）社会性

青少年的心理带有更大的社会性。如果说儿童心理发展的特点更多依赖于生理的成熟和家庭、学校环境的影响，那么青少年的心理发展及其特点，在很大程度上则取决于社会和政治环境影响。随着青少年社会角色和社会地位的变化，他们不再局限于自身或周围生活中的具体事务，而是开始关注政治、历史、文化、道德、法律等社会问题，开始关注理想与兴趣的发展，开始考虑未来志愿，选择生活道路。

青少年有了更多承担社会角色的机会，这些机会能够促使青少年自我评价发生改变。向成人角色的过渡也促使青少年责任心不断增强，出现了独立性，并开始追求自由。

（三）封闭性

心理发展的封闭性是相对于人的外部行为表现与内部心理活动之间的一致性而言的。青少年进入青春期，随着自尊心与独立性的发展，他们的内心世界逐渐复杂，开始不大轻易将内心活动表露出来，开始有了自己的小秘密，喜欢将自己的内心封闭起来。

青少年心理发展的封闭性特征与他们的认知能力和意志力的发展有着直接的关系，青少年的认知能力迅速发展，抽象逻辑思维开始占优势，思维类型从“经验型”向“理论型”发展，因此，智力活动的“内化”程度越来越高，这就成为封闭性的认识能力方面的基础。同时,在青少年时期,个体的意志力也得到了相应的发展,情感上的波动也能被很好地控制而不表现出来。

青少年的心理发展虽然表现出了一定的封闭性,但是他们对同龄、同性别的人,特别是知心的好朋友却很容易暴露内心的思想。所以,教育者应了解他们的这一特点并在教育实践中有效运用。

(四)动荡性

青少年的生理和心理都处于剧烈的变化时期,但是这种变化却并不同步,认知、社会性等心理方面的发展比生理发展的速度要慢一些。所以,青少年的身心处于一种非平衡的状态,这种不平衡很容易让他们的内心产生各种矛盾冲突。面对各种内心的矛盾冲突,青少年的心理必然具有较大的动荡性。

青少年要面对矛盾冲突主要有性需要与心理成熟水平的矛盾、性需要与道德规范的矛盾、独立性与依赖性的矛盾、真实自我与理想自我的矛盾、自负与自卑的矛盾、封闭性与渴望交往的矛盾等。在这些矛盾之下,青少年希望受人重视,把他们看成“大人”,当成社会的一员。他们的自信心与自尊心在增强,对于别人的评价十分敏感,好斗好胜,但思维的片面性却很大,容易偏激;他们很热情,也重感情,但有极大的波动性,容易激动和冲动;他们虽然有着“初生牛犊不怕虎”的勇气,但又容易走另一个“极端”。

青少年心理发展的动荡性要求教育者一定要给青少年足够的关注、支持与帮助。

二、青少年的心理危机

心理危机理论最早于 20 世纪 40 年代由学者 Linderman 提出,在其发展过程中,越来越多的研究者对心理危机这一概念提出了自己的观点。心理学上,心理危机一般是指个体或群体在面临突然的或重大的生活挫折或安全事件时,既无法回避,又无法用通常解决应激的方式来应对而出现的心理失衡状态。[①] 青少年在其学习和生活中由于生理、心理、社会各方面的原因，如处于性成熟过程与“生长爆发”阶段的发育冲突、自我意识与人际关系的模糊性（同一性迷惘）、突发事件与应急能力不足（重大灾难、亲人亡故、身患重症、性侵犯、高考落榜、恋爱失败等），青少年自身已有的资源和应激机制无法承受这些危机事件对其心理的冲击，就会使自己的内心处于失衡状态。青少年心理危机是青少年期其他心理问题中的一组症状或前驱表现，如果不加以及时的干预和调节，很可能造成更严重的后果，如自杀、杀人或严重的心理疾病。因此，教育者一定要重视青少年的心理危机。

（一）青少年心理危机的类别

综合各种心理危机理论，并结合我国实际情况及青少年身心发展的特点和规律，我国青少年的心理危机类型大致包括以下四种。

1. 青春期危机

从人的整个生活发展周期来看，青春期虽然时间不长，但潜伏的成长危机却不少。由于这一时期是青少年性生理成熟的重要时期，青少年很容易出现性意识不当、性别角色混乱、婚前性行为等问题，而导致自身心理失衡。这就是青春期危机。

2. 学业危机

学习活动是青少年所从事的最主要的活动。通过学习活动，青少年要掌握知识和技能，形成良好的习惯、态度和价值观。然而，由于多种因素（包括家庭、社会、学校及自身等因素）的影响，部分学生难以适应校内外学习的要求，从而出现学习兴趣、学习动机下降，学习态度不端正，对学习产生非理性认知等现象，继而

---

① 王燮辞. 青少年心理危机干预概论[M]. 成都：四川大学出版社，2011：3.

产生各种情绪和行为问题，甚至严重的心理障碍。这就是学业危机。

3.道德危机

这种危机也叫道德冲突危机。它是个体在内化社会价值观念、形成良好道德品质的过程中，由于多种不利因素（社会环境的消极影响、学校品德教育的失范等）的影响，导致青少年道德认识模糊或错误、道德情感体验贫乏或倒错、道德意志薄弱、道德行为错误的危机。

4.重灾后的心理危机

重大灾难是指危险的、无法抗拒的，通常为突然发生的创伤性事件。重灾的类型多样，大洪灾、大地震、火灾、山体滑坡、校园暴力、家庭暴力等都是常见的重大灾难。我国特殊的地质特点、大气环流的变化，以及人们不合理的经济活动等多种因素的叠加，使我国成为世界上重大灾害发生最多、发生频率最高的国家。当经历重大灾难时，青少年往往会面临校园被毁、亲人离去、同伴死亡、家庭财产损失等情况，这些情况导致的痛苦常会使他们陷入超负荷的身心紧张状态中，导致机体内外平衡被打破，从而出现一系列心理危机。

（二）青少年心理危机的常见症状

遭遇心理危机时，青少年的精神状态和身心反应往往会持续几周到半年不等的时间，在此期间，其往往会表现出以下一种或几种症状。

1.感、知觉障碍

这是指青少年对刺激的反应迟钝，甚至出现错觉或幻觉；对与危机事件相关的声音、图像、气味等过分敏感或过分警觉。

2. 记忆、思维障碍

这表现为不同的记忆、思维问题。例如，青少年出现强迫性、重复性回忆，闪回（危机事件的画面反复在脑海中出现，干扰了正常的学习和生活），记忆力减退；思维范围狭窄、负性自动思维（如过分夸大、过度引申、二元化思维等）。

3. 注意障碍

这主要表现为青少年的注意增强，或注意涣散，或注意狭窄。总之，他们不能把注意力和思维从危机事件上转移开来，日常生活中缺乏自信，效能感降低，总是优柔寡断。

4. 情绪情感障碍

这主要表现为青少年常常处于情感障碍之中，总害怕危机可能再次发生，安全感缺失严重；很容易悲伤，因丧失（可能是显性的，如物品的丢失、受伤、亲人的离去等；也可能是隐性的，如心理上的失落）而感到悲痛伤心；内疚自责，恨自己没有能力帮助他人，因为比别人幸运而有罪恶感；很容易因很小的刺激而发怒或做出异常行为；无助、绝望和孤独，觉得自己十分脆弱、不堪一击，不知道将来该怎么办，少数人可能表现为否认、麻木、冷漠、无表情或表情倒错。

5. 行为障碍

这主要表现为青少年精神运动激越或迟缓。例如，情感爆发、无目的的漫游、动作杂乱而无目的；木讷僵硬、缄默少语、呆若木鸡，长时间呆坐或卧床不起，行为退缩，逃避社会交往活动；暴饮暴食，出现反复洗手、反复消毒等强迫行为；易激惹，打人毁物，出现反学校、反社会行为等。

6. 躯体症状

遭遇心理危机后，青少年还可能在身体方面出现诸多不适。

例如，易疲倦、肌肉紧张或头、颈、背肌疼痛；手脚发抖、多汗、心悸、感觉呼吸困难、喉咙及胸部感觉梗塞；头痛、疲乏、头昏眼花；失眠、做噩梦、容易从噩梦中惊醒；月经失调、肠胃不适、腹泻、食欲下降等。

心理危机在青少年成长中是不可避免的，所以，相关机构及人员一定要做好早期预防工作。也就是说，危机预防要尽早开展，从细小事件着手，对高危学生及早进行干预，将危机消灭在萌芽状态；要教给青少年心理危机的基本知识，培养青少年应对心理危机的能力，以促进青少年全面发展作为根本目标。一旦青少年遭遇心理危机，则要及时进行干预，要寻找一个有效的方法来帮助处于危机中的青少年解决问题，恢复心理平衡。

第三节　青少年心理发展的时代特征

不同的时代，社会环境往往发生变化，在不同的环境中，青少年的心理发展也会表现出一些不同的特点来。在当今新的时代下，青少年的心理发展带有深刻的时代烙印，这主要表现在以下几个方面。

一、认知方面

在新的时代，社会经济水平有了很大的提高，每个家庭的生活条件都有了很大的改善，父母也开始重视对孩子的教育，不仅进行胎教、幼教等，还为孩子购买智力开发类、科普知识类等书籍，还注重通过电视、广播等媒体开发孩子的智力、培养孩子的创造力等。因此，当代青少年的知识面得到了极大的拓宽，思维也变得十分活跃，动手操作能力强。

当今的青少年还非常善于想象，喜欢标新立异，能够对一个问题给出许多种不同的解答方法。而且，他们常常不迷信也不满足于教师所提供的现成答案，喜欢提出新的解决问题的方法。他们也有较大的发明创造热情，会主动根据自己所掌握的科学知识进行创造发明活动。

二、社会性方面

首先，新时代青少年的价值观呈现多元化的趋势。大众媒体，特别是网络的普及，促进了青少年生活方式的改变，价值观念的更新。青少年正处于“自我同一性”的探索时期，他们开始从与别人对比的意义上理解自我，并开始树立人生观和价值观。在价值观形成的过程中，有意义的正面信息会让青少年产生积极的价值观，而一些负面的、与学校教育相冲突的信息会弱化其道德意识，产生消极的价值观。如今，信息载体多样，其所承载的信息内容也呈现多样化，在这些信息和知识传递的过程中，又发展和促进了青少年多种复杂的社会行为。而这些新知识和新行为的出现将促使青少年对自身的传统价值观做出新的认识和选择。价值多元随着信息和知识多元越来越成为现实。大众传媒使青少年能够更有效地了解社会、分享社会经验，从而影响他们对世界的理解和思考，促使他们接触到社会的各种价值观和行为方式，进而形成自己独特的人生观、价值观。

其次，新时代青少年的性别角色取向出现偏移。性别角色是性别认同的公开表现，指向其他人表明个人属于男性或女性的程度的一种外显行为和态度。青少年在新时代受到多元文化和不同思想观念的巨大冲击，性别角色也发生了一定偏移。我国的青少年很大一部分是独生子女，父母溺爱的成分增加，对男性特质的培养很不利，再加上受到当今多变的文化和多种多样的观念的影响，一部分“中性”女性偶像和“阴柔”男性偶像的出现，与青少年求新、求异，创造独特自我的心理需求相互融合，使得一些青少年放弃追求传统的性别角色。不过，“中性”是未分化的类型，未分化是男性特质和女性特质都弱，就现实的情况来看，这种未分化的类型不管是在友谊上还是爱情上，都不怎么受欢迎。

再次，新时代的青少年表现欲普遍较强。虽然，很多青少年口中会说出“低调”一词，但是他们实际上更希望高调地表现自己。这种较强的自我表现欲望主要表现为在塑造自我形象的方式上更加开放、大胆，常常会通过参加一些公开性的比赛，如选秀节目来彰显自己的个性，展示自己的才华；还表现为希望在各种科技和社会实践活动中，标新立异，提出让人耳目一新的主意和想法，做出令人惊讶的发明创造，从而得到更多人的认可。

最后，新时代青少年的偶像崇拜需求增多。美国心理学家埃里克森将偶像崇拜理解为个体将儿童期对父母的养育方式依恋转移到青少年期对异性的浪漫式依恋的一种表现。这种现象是青少年在认知、情感和个性发展上欣赏、接受另一个人的价值观、行为模式及外表形象等，反映了这个时期心理认同和情感依附的特点。偶像崇拜可以看成是青少年在探寻自我的时期追求自我肯定和理想自我的一种特殊形式，有助于青少年投射自我以及重新构建自我。有调查显示，当前大多数青少年都喜欢影星、歌星、球星等，不仅在房间里张贴某个明星的海报，抽屉里珍藏某个明星的作品，而且还花较多的时间来关注自己所喜欢的明星的动态。随着经济全球化、市场化、信息化程度的日益提升，青少年的偶像崇拜变得更为多元化，不仅崇拜中国的一些明星，还会崇拜外国的一些明星。在偶像崇拜方面，青少年还表现出另外一种现象，即从“娱乐型”偶像向“实用型”偶像转化的倾向，青少年也会崇拜一些成功的知识精英、企业家等。

三、心理行为方面

首先，新时代青少年的焦虑、抑郁情绪增多，反社会倾向加重。青少年期是人成长中的一个脆弱时期。当今青少年又面临着许多复杂多变的压力，在这些压力面前，他们的心理会出现失调，产生焦虑、紧张、恐惧等不良反应，重者甚至导致抑郁。反社会行为是指有意伤害他人或破坏公共财物而且不为社会规范所许可的行为。在当今时代，青少年的反社会行为有上升的趋势，这与新兴媒体的普及有较大的关系。在日常生活里，各种媒体充斥着青少年的生活。在电视节目中，负面信息过多，世界各地的恐怖事件、有暴力情节的影视作品频频在各种媒体上出现，这些都很容易让青少年认为“英雄”的形象是与武力征服他人相联系的。另外，网络信息传播的双向性使网民受众的地位得到充分体现，他们可以主动地获取所需的信息，而自制力较弱的青少年在面对大量刺激的时候，往往会出于好奇或冲动的心理去搜寻色情、暴力等不良的网络信息。青少年的身心发育还不健全，分析、判断、辨别能力弱，所以很容易受到一些网站传播的不良内容的影响，做出反社会行为。

其次，新时代的青少年更加渴望他人的关爱，叛逆欲更强。当前，随着人们对婚姻看法的改变，以及外出打工情况的增多，很多家庭结构不完整，家庭功能缺失，父母给予孩子的关爱过少，这造成了青少年极度渴望他人的关爱，尤其是父母的关爱。从另一方面来看，家庭不完整的孩子往往容易产生自卑、自责、自闭等心理，认为自己不如周围的同伴，在同伴中的地位不高，容易成为欺负的对象，但对关爱和友爱的渴望又会使他们在言行上刻意地表现出与众不同，甚至喜欢“对着干”，以引起他人的关注。因此，体现出了极强的叛逆性。

最后，新时代青少年的网络成瘾现象普遍，对现实交往冷漠化。随着互联网的迅猛发展，当今已经是一个网络时代，上网成了人们日常生活中很重要的一项活动。在网民中，青少年就占了相当大的比例，他们利用网络进行学习、交流和娱乐。如果合理分配上网时间，科学上网，网络自然对青少年来说有极大的帮助，但是有不少青少年自制力差，控制不住自己上网的行为，对网络形成了依赖，在上网方面花费了大量的时间和精力，因而出现了网络成瘾现象。网络成瘾既不利于青少年的身体发展，也不利于青少年的心理发展。比如，青少年沉迷于在网上聊天和交友，他们可以拥有成百上千的交流对象，尽管交流对象大部分是不认识的人，他们还是乐此不疲地分享、搜寻信息，很多人热衷于反复刷新别人的最新动态，通过窥探别人的生活来降低信息量日益庞大的世界的不确定性。一些青少年习惯了虚拟世界里的交往，而渐渐忽略了现实世界的交往，甚至已经忘记了现实生活中与人的交往技能。当今社会流行的“宅”文化就充分体现了这群青少年的特质，他们对现实交往很冷漠，不喜欢外出与人进行面对面的交流，而习惯于使用网络上的各种表情、字符来表达他们的情感。当然，并不是说网上交友不好，只是需要理智对待。所以，学校和家长要正确看待网络，网络本身不是洪水猛兽，阻止孩子上网既无必要也不可能，正确的做法是对青少年的上网行为进行良好的引导和科学的监督。

第四章　互联网时代青少年自我发展研究

个体的自我是一个由多种成分构成的动力系统。在青少年期，个体的生理、认知机能和社会期望的变化得到了一次大整合，自我系统的发展也因此表现出了明显的阶段性特征，并显著地体现在青少年自我概念和自尊的发展上。同时，青少年期的个体也面临着新的人生发展课题——同一性的发展，解决同一性对同一性扩散成为这一时期个体所面临的主要心理社会任务。互联网为人们提供了可以展示理想自我的最佳平台，可以自由地塑造自己想要成为的自我。当然，也有人在互联网上展示自己最真实的一面。在自我认同形成的过程中，青少年受到来自多方面外部因素的共同作用。在网络日益普及的今天，青少年可以从网络上获取大量人际交往反馈的信息，从而获得积极的自我认同。但是，互联网的使用也可能使青少年减少现实中的人际交往，缩小青少年的社会网络，降低青少年的人际支持与自我价值感，不利于青少年建立起健康积极的自我认同。本章就互联网时代青少年自我发展的相关问题进行探讨。

第一节　自我概念的发展

自我概念是关于自己的能力、外表和社会接受性等方面的态度、情感和知识的自我知觉。当个体把自己与他物、他人区别开来后，就会把自己当作和他物、他人一样的对象来观察、感知，从而知道了自己是高还是矮，是聪明还是愚笨，是外向还是内向……即形成了自我概念。在青少年期，一个非常重要的转变就是个体自我概念的变化。青少年具有一种强烈的探索意识，他们想知道自己是谁、是什么使得他们与众不同。青少年发展中的自我感和独特感都是他们生活的动力。随着青少年生理发育的成熟、认知能力的提高以及社会角色的改变，青少年的自我概念表现出了显著不同于以往的特点。

一、自我概念的结构

西方最早对自我概念进行系统研究的心理学家是詹姆士。他将自我概念分为物质自我、社会自我、精神自我和纯粹自我四个成分。随后，皮尔斯以及罗森伯格等人都对詹姆士所提出的这一单维结构进行了发展。20 世纪 70 年代之后，谢弗尔森等人提出了自我概念的多维度、多层次模型。在这一模型中，一般自我概念在最顶层，具体的行为在最底层，在从底层向高层整合的过程中，结构变得逐渐清晰。谢弗尔森等将一般自我分为两个方面，即学业和非学业的自我概念（图 4-1）。

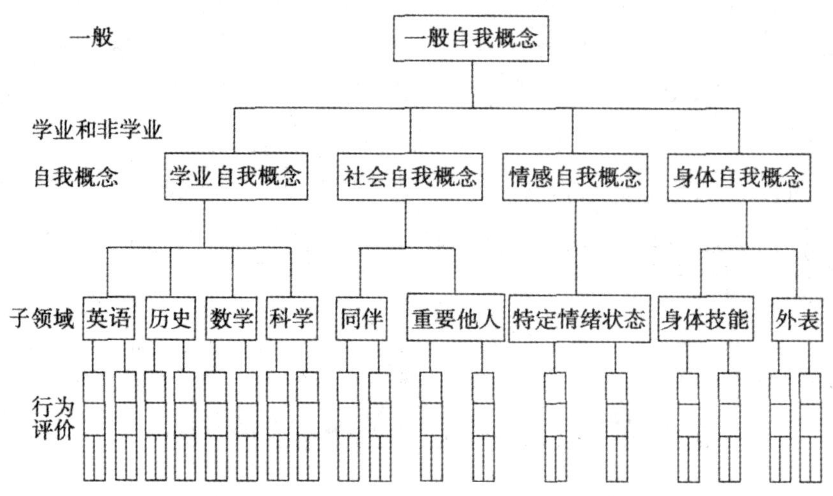

图 4-1　自我概念的多维度多层次模型①

谢弗尔森的自我概念多维度、多层次理论模型提出之后，许多研究者根据自己不同的理论构想对其进行了进一步的修正和

① 张文新. 青少年发展心理学[M]. 济南：山东人民出版社，2002：345.

完善。桑和海提发展了自我概念的等级模型，将学业自我概念分为能力、成就和班级三个方面，进而又将非学业自我概念分为社会自我概念和自我表现自我概念。社会自我概念包括家庭和同伴两个方面；自我表现自我概念包括身体和自信两个方面，并且根据这一模型编制出了 Song－Hattie 自我概念量表。20 世纪 80 年代初，马什等人以谢弗尔森提出的自我概念理论为指导，编制了自我描述问卷(SDQ)。1985 年，马什和谢弗尔森对该理论模型进行了修订，总结出两个基本的学业自我概念，即学业语文自我概念和学业数学自我概念。后来，马什等对该模型又做了进一步整合。1995 年，维斯伯尔(P. Vispoel)等把个体的艺术自我概念整合到马什和谢弗尔森的理论模型中，完善了该模型(图 4-2)。

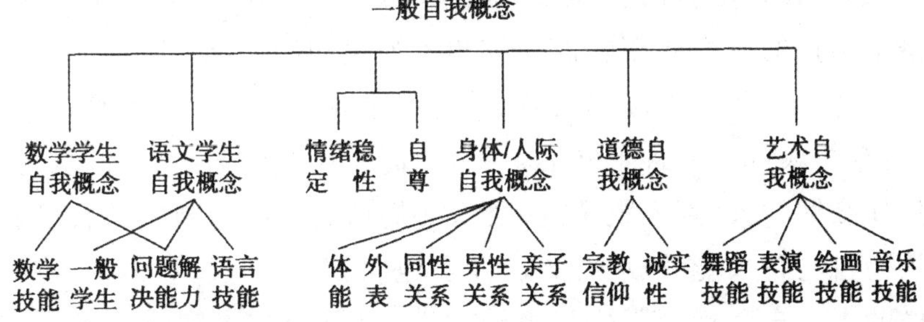

图 4-2 Vispoel 扩展的多维自我概念等级模型①

此后，伯恩又修正了谢弗尔森等提出的自我概念结构模型。伯恩等认为，同伴为重要他人的一个部分，所以这两个具体的社会自我概念可以合为一个部分。由于自我概念形成于与他人的社会比较和社会互动，所以一般社会自我概念又可以通过学校环境和家庭反映出来。伯恩斯还认为，一定的经验对于个人具有怎样的意义，是由个人的自我概念决定的。不同的人可能会获得完全相同的经验，但他们对这种经验的解释却可能是高度不同的。自我概念就像一个过滤器，记入个人心理世界的每一种知觉，都必须通过这一过滤器。在知觉通过这一过滤器的同时，它也被赋予了意义；而所赋意义的性质，则高度取决于个人已经形成的自我概念。

① 张文新.青少年发展心理学[M].济南：山东人民出版社，2002：346.

国内已有的研究表明，中国人的自我概念与西方人的自我概念有相当大的差别。学者沃建中、申继亮(1993)制定了中学、小学教师的自我概念量表，量表包括主体自我、镜像自我、理想自我三个子维度。每个子维度包括身体自我、社会自我、职业自我、人格自我四个次子维度。北京师范大学发展心理研究所姚计海等(2001)人研究了“中学生自我概念的特点及其与学业成绩的关系”。就自我概念的理论模型及其结构方面，如黄希庭(2001)的“自我概念的多维度多层次模型研究述评”等。学者舒永平(2004)列举了自我概念的六个类型：真实自我、理想自我、社会自我、理想的社会自我、期望自我和情境自我。学者林建煌(2004)提出了自我概念的九种类型：真实自我、理想自我、社会自我、理想的社会自我、期望自我、情境自我、扩延自我、可能自我和联结自我。总体来讲，我国关于青少年自我概念结构的研究还需要进一步的系统化和深入化。

个体的自我概念准确与否，具有着重要的意义。正如图 4-3 所示，所有的人都有 6 种不同的自我：他们是什么样的人、他们认为自己是什么样的人、别人眼中的他们、他们认为的别人眼中的自己、他们认为自己将来能够成为的人，以及他们眼中别人想让他们成为什么样的人。自我概念可能与事实相近，也可能与事实并不相近，自我概念经常处于变化之中，尤其是在童年和青少年时期。

图 4-3　六种不同的自我[①]

① [美]金·盖尔·多金，菲利普·赖斯．青春期心理学：青少年的成长、发展和面临的问题(第 13 版)[M]．王晓丽，王俊译．北京：机械工业出版社，2016：124．

二、青少年自我概念发展的特点

青少年期是个体自我概念发展的关键时期。这一时期，青少年了解自己、关心自己成长的兴趣日益增长。青少年会收集一些能够帮助他们评价自己的证据：我是否有能力？我是否有魅力？我是不是一个好人？从这些证据中，他们做出了一些关于自己的假设，并且通过更进一步的经验和社会关系来检验他们对自己的感受和观点是否正确。他们通过与理想中的自我比较，以及利用他人的反应作为镜子来进行自我反思。青少年的自我概念无论在内容上还是在结构上都与个体早期的自我概念有着很大不同。一般来说，青少年期自我概念的发展表现出了以下特点。

（一）抽象性和理想化

皮亚杰认为，青少年期的认知发展已经进入了形式运算阶段，这一时期的青少年开始以更加抽象和理想的方式来思考问题。他们能够想象纯粹假设的情境或完全抽象的命题，并且能够对此进行逻辑推理。这最为明显地体现在他们日益提高的对自我思维的认识方式上。例如，一名青少年说："我开始考虑为什么我在考虑我是谁。接下来我将考虑为什么我要考虑我是谁。"青少年开始广泛地思索自我或他人的理想特征或特质，往往通过一些理想化的标准对自己和他人做出比较。并且，青少年期个体的思维经常会考虑到未来的可能性。

青少年思维的抽象性和理想性也使青少年倾向于以抽象性和理想化的方式进行自我描述。大多数儿童倾向于以相对简单、具体的术语来描述他们自己，青少年则更可能采用复杂、抽象的自我描述。当然，也不是所有的青少年都以理想化的方式对自己做出描述。

（二）在结构上更加分化

在从童年期向青少年期过渡的过程中，青少年的自我概念在结构上更加分化。与儿童相比,青少年在进行自我描述时通常都与特定的情境联系起来。例如,儿童可能会直接地说“我很开心”“我很不高兴”“我喜欢和别人玩儿”等,但青少年可能会说“我学会了游泳,很高兴”“同桌不理我了,我很不开心”“我只有和要好的朋友一起玩儿才比较开心”等。也就是说,青少年能够将自己和他人的观点区分开来。当要求青少年对自我的社交行为做出描述时,青少年会说:“别人一般会认为我是比较开朗的,但在初次见不认识的人时我也比较腼腆。”

(三)组织性和整合性增强

随着自我概念分化程度的日益提高,青少年的自我概念逐渐呈现出了较好的组织性和整合性。从个体的自我描述来看,早期儿童对自我的一些特质或品质的描述就像一些杂货物品的陈列清单,而处于青少年期的个体却能够把自我形象的不同方面整合成一个较有逻辑性和连贯性的整体。

青少年期形式运算思维的出现促进了一致、有序的自我整合和发展。形式运算思维的萌芽能够使早期的青少年认识到不同角色中自我概念的不一致。研究发现,14～15 岁的青少年虽然能够认识到他们在不同角色中自我概念的不一致性(例如,与父母、朋友的交往),但与 11～12 岁以及 17～18 岁的青少年相比,他们更容易对这些不一致产生困惑。由此可以看出,整个青少年期的自我概念实际上经历了分化、困惑和整合的过程,青少年后期基本上达到了自我概念的整合。

(四)存在年龄差异

自我概念维度的分化随着主要生活任务的变化而变化。例如,中小学阶段以学习为主;到了大学,学习与交往同时成为两大基本任务;大学毕业后,工作和家庭开始变得重要起来,在这一过程中自我概念的维度和强度也会发生相应的变化,表现出年龄上的差异。大量的发展性研究发现,自我概念的发展曲线是起伏跌宕的，尤其在某些关键期和转折期。一般而言，自我概念从小学到初中逐年下降，青春后期显著上升，大学毕业后又下降，到中年之后又再次回升，然后随着年龄的增长又平静下来。这种趋势发生的时间、起伏的高度因自我概念的内容不同而不同。

（五）存在性别差异

由于男性和女性在生理特征上的差异以及不同文化背景中社会期望和社会角色的不同，男女自我概念的发展表现出了各自不同的特点，这在青少年时期表现得尤为突出。弗莱厄蒂的研究表明，青少年自我概念存在性别差异的固定模式：即男孩在男子气概、成就、领导者等方面有较高水平的自我概念，而在社会性等方面的水平较低，比如意气相投性和社会能力方面的自我概念却较女孩低。马什和帕克发现在青少年期，男孩在身体能力自我概念上有优势，而女孩处于劣势；男孩在数学自我概念上有优势，而女孩在语文自我概念上有优势。

我国学者周国韬等人的研究发现，男生同伴自我的发展比女生滞后一年，这可能是因为男生的成熟期要比女生晚一至两年的缘故；同时，初一、初二女生的身体自我概念要明显低于男生。学者刘惠军的研究也发现了类似的结果。在中国的文化中，女性是劣势性别，男性是优势性别。青春期女性在生理上的成熟使她们的女性意识逐渐增强，其对自我概念中部分内容的期望也会降低。

三、青少年自我概念的相关概念

青少年期自我概念的重大变化必然会对青少年心理发展的其他方面产生重要影响，如学业成就、社会交往。这里重点说社会交往。青少年正处于生理、心理迅速发展的时期，其生理和心理的迅速发展对他们自我概念所产生的冲击必然会在其社会交往中体现出来。研究表明，进入中学阶段，青少年的人际关系发生了明显的变化。他们对父母和教师的心理和情感依赖日益减少,而更倾向于与同伴建立良好的人际关系。但也有研究发现,随着中学生的日益成熟,他们与父母的关系逐渐改善,父母对中学生社会技能的发展及学业成就依然有很大的影响。我国学者沃建中等人(2001)的研究表明,从初一到初二,中学生人际交往水平明显下降,到了初三,其人际交往水平则表现出大幅度的攀升,到了高中阶段人际交往一直保持在一个较高的水平上。

此外,李蓉蓉等人采用自编的人际关系取向问卷以及马什等人编制的自我描述问卷,探讨了大学生的人际关系取向与自我概念的关系。研究结果表明,大学生总体的人际关系取向与总体的自我概念具有显著相关。从目前来看,我国有关自我概念与社会交往的相关研究还比较少,有待于进一步地系统化和深入化。

第二节　青少年的自尊和同一性

尽管青少年在理解他们是谁(他们的自我概念)方面越来越准确,但这并不意味着他们更喜欢自己(他们的自尊)。他们越来越准确的自我概念使得他们可以全面地看待自己,包括所有的缺点。他们根据这种自我概念行事,正是这种自我概念引导他们发展出自尊。如果有一个概念可以普遍地描述青少年期的自我发展,那它就是同一性发展。同一性问题在青春期变得非常重要,其中的一个原因就是青少年的智力变得更为成人化。他们可以通过与他人比较来认识自己,能够意识到他们是独立于其他人的个体。发育期中显著的生理变化使青少年敏锐地意识到自己的身体,并意识到他人正在以新的方式对他们做出反应。无论什么原因,青少年的自我概念和自尊常常发生至关重要的变化。总的来说,是他们对自身同一性的看法产生了变化。以下就青少年的自尊和同一性进行探讨。

一、青少年的自尊

自尊是指个体对自己所持有的一种肯定或否定的态度。青少年期是自我发展的关键期或转折期,青少年自尊的发展对个体整个自我系统及其心理的发展具有重要的意义。

(一)青少年自尊的发展

青少年期个体生理上的成熟、认知能力的提高以及社会角色、微环境等的一系列改变毫无疑问会带来个体自我评价的变化,这种变化直接影响着青少年自尊的发展。其中,青少年自尊发展的稳定性、可变性与青少年自尊发展的差异性是青少年自尊发展研究所关注的两个重要方面。

1. 青少年自尊发展的稳定性与可变性

关于青少年自尊的研究结果是不一致的,有的研究发现了青少年自尊的波动,有的研究则认为青少年期的自尊十分稳定。学者罗森伯格对这些不同的研究结果进行了整合。根据罗森伯格的观点,在看待自尊研究时,区分浮动自尊和基线自尊是非常重要的。那些报告青少年期的自尊具有高度稳定性的研究测查的可能是个体的基线自尊,具有较强的稳定性。因为决定个体基线自尊的可能是个体的一些相对稳定的因素,诸如社会地位、性别、出生顺序、学术能力等。相反,那些发现了早期青少年的自尊或自我意象具有波动性的研究可能关注于青少年的浮动自尊,而浮动自尊是很容易发生波动的。因此,事实可能是这样的,虽然个体的基线自尊在整个青少年期不会有很大变化,但是青少年早期是个体浮动自尊波动很大的时期。从这个角度来看,关于青少年自尊研究的不同结果实际上是反映了同一事实的不同方面。

2. 青少年自尊发展的差异性

青少年自尊发展的差异性也是理解青少年自尊发展的一个

非常重要的方面。对于这种个体差异,可从两个方面来理解:不同个体之间自尊的发展变化是否具有差异性;相同的个体在自尊的不同维度之间是否具有差异性。

赫希等的研究发现,有些青少年的自尊在整个青少年期表现出了高度的稳定性,而有些则不然。其中,约35%的青少年具有稳定的高自尊,约13%的青少年具有严重的低自尊,约52%的青少年在只有两年的时间内发生了显著的变化。布劳克和罗宾斯的纵向研究表明,个体14～18岁或者18～23岁中,平均自尊未发生重大变化,总体来说,他们自尊的发展表现出了跨时间的稳定性。

在自尊发展的不同维度上,我们也可以看出青少年期自尊发展的差异。现在许多研究者认为,青少年既可能在整体意义上评价自我,也会从学业、运动、外表、社会关系与道德品行等几个不同的方面评价自我。因此,对于一个青少年而言,很可能在学业能力方面拥有高自尊,在体育运动方面具有低自尊。并且,即使是在自尊的同一维度上,他们的自尊也可能具有很大差异。研究发现,青少年在与父母关系中的自我评价截然不同于在与同伴的友谊关系中的自我评价。因此,如果不考虑青少年自尊的不同维度以及相关联的具体背景,而简单地将青少年的自尊描述为“低”或“高”是不能准确勾勒出青少年期自尊发展的画面的。

(二)影响青少年自尊发展的因素

青少年期虽然是自我发展的关键期,但并不是所有个体的自尊都会经历相同程度的波动,因为影响自尊发展的因素既有主体因素,也有家庭因素、学校因素,这些因素都是有差异的。

1.主体因素

影响青少年自尊发展的主体因素主要包括外表吸引力、性别、自我知觉等。这里主要说性别。在青春期早期,女孩的自尊往往比男孩更低、更脆弱。与男孩相比,女孩往往对身体外表、社交成功和学业成就更加在意。虽然男孩对这些也很在意,但他们的态度更为随意。而且,聪明的头脑与受欢迎不能并存的社会常规信息将女孩置于一个艰难的困境中:如果她们的学业非常不错,那么,就阻碍了她们在社交上的成功。虽然青春期男孩的自尊高于女孩,但男孩也有他们自己脆弱的地方。例如,性别的刻板印象可能使男孩感觉到,他们应该总是表现出自信、坚强和无所畏惧。男孩面临困难时(如他们不能组建一支球队,或约会女孩却被拒绝),可能不仅会因失败而感到痛苦,还会感到自己无能。许多研究为青少年自尊的性别差异提供了支持。西蒙斯等人的研究发现,早期的女青少年与男青少年相比,她们的自尊水平较低,自我意象较不稳定。布洛克和罗宾斯的纵向研究发现:总体来说,从儿童早期到青春期,男性的自尊趋于增高,而女性的自尊则趋于降低。我国学者黄曼娜的研究也发现,在整个中学阶段,女生的自卑感要比男生强烈。

青少年期男生和女生在自尊发展上的差异可能主要基于以下几个原因:第一,与男青少年相比,女青少年更关心身体的吸引力、交友与同伴接受性。男青少年虽然也会为这些事情而担忧,但心态平常。第二,女孩到了青春期,已经获得了"应该怎样"的性别观念。在许多文化中,男性是优势性别,女性则是一种劣势性别,这种文化导致了女性自尊的降低。第三,青春期的女性更注重自我感受、内心体验、自我评价,并且青春期的女孩要比男孩更多地感受到矛盾的品质。

2. 家庭因素

从个体诞生之日起,父母的教养方式、父母的社会经济地位、家庭情感氛围、家庭结构等因素就在很大程度上影响着个体的发展。其中,父母教养方式、父母的社会经济地位与个体自尊的关系尤为密切。

(1)父母教养方式

父母作为青少年生活中最为重要的一部分,他们的教养方式对青少年的自尊形成有着重要影响。研究表明，父母对青少年的理解、关怀与青少年的高自尊有密切的关系。民主型家庭教养方式能够促进青少年高自尊的发展。相反，专制型的教养方式则容易导致青少年的低自尊。卡瓦什等人的研究发现，父母对子女的接受程度与青少年的自尊有极显著的正相关，而父母对子女的控制则与青少年的自尊有极显著的负相关。我国学者张文新等人运用库伯史密斯的自尊问卷与父母教养方式评定量表（EMBU）探讨了青少年的自尊与父母教育方式的关系。研究表明，“情感、温暖与理解关心”的家庭教养方式能够促进青少年自尊的发展，提高他们的自尊水平，而“严惩与严厉”“拒绝与否认”“过分干涉”以及“过分保护”等教养方式则会阻碍青少年自尊的发展，降低他们的自尊水平。

(2)父母的社会经济地位

父母的社会经济地位主要反映在父母的职业、受教育水平和家庭经济收入之中。来自西方的许多研究表明，父母的社会经济地位是青少年自尊发展的重要影响因素。一般说来，中产家庭青少年的自尊高于贫困家庭青少年的自尊，这种差异在整个青少年期又进一步增大。其原因可能是中产家庭青少年的学业成绩一般优于贫困家庭的青少年，这种优势又进而增强了他们的自尊。我国学者张文新的研究发现，城市初中生在总体上自尊极显著地高于农村初中生的自尊得分，但存在城乡与性别两因素的交互作用。这一方面为父母的社会经济地位对青少年自尊的影响提供了支持，同时也启示人们不能机械地看待青少年的自尊与父母的社会经济地位之间的关系。

3. 学校因素

学校是青少年期个体的主要活动场所，在学校这一微环境中，学生的师生关系、同伴关系和学业成就等在很大程度上制约着青少年自尊的发展。

(1)师生关系

学校对青少年自尊发展的影响主要体现在教师身上,尤其对于早期的青少年来讲,教师对其自尊的影响作用更大。师生关系既能提高自尊,又能降低自尊。概括来说,教师对青少年自尊的影响主要体现在两个方面:一方面,教师是社会行为规范的直接体现者和传递者,他们通过各种手段和途径把这些价值标准和行为规范传递给学生;另一方面,教师是学生模仿的榜样,并且有些在家庭中得不到母爱或父爱的学生,会从教师身上寻求感情上的满足。

(2)同伴关系

当儿童进入青少年期以后,同伴交往在个体社会关系网络中占据重要地位。与父母和教师相比,同伴能为青少年发展技能和能力提供更多的标准和机会,并且同伴的意见和评价直接影响着他们的自我评价。概括来说,青少年的同伴关系对其自尊发展的影响主要表现在以下几个方面:第一,亲密的同伴关系有利于青少年建立同伴间的依恋关系并获得社会支持,从而有助于缓解社会生活压力对青少年的消极影响;第二,由于青少年大多选择社会背景和个性特征相似的个体作为自己的同伴,这有利于青少年建立与同伴较为一致的价值观,促进自尊的稳定性;第三,同伴的接纳能够强化青少年的自我效能感和归属感,有利于保持青少年自尊的稳定性。

(3)青少年的学业成就

在学校中的成功体验是影响自尊发展的重要因素。我国学者魏运华对青少年早期的研究表明,学业成绩越好,青少年总体自尊和能力、成就感、纪律等发展水平也越高。研究者认为,这主要是因为学生的主导活动是学习,他们主要通过学业成绩来评价自己能力的高低。

(三)提高青少年自尊的策略

提高青少年自尊,可从以下几点入手。

1. 重视追求自尊的过程

不同自尊水平的人，增强自尊的方式不一样。低自尊者可能会通过更敌对的方式来重获自尊。自尊不足者重获自尊的方式和采取的策略往往会影响其安全与稳定自尊的建立，有可能会导致青少年自我调控能力减弱和健康水平的降低。因此，要想提升自尊，关键的一步就是弄清楚低自尊的原因，然后追根溯源，加强自我提升。

2. 行为干预与训练

自尊的维持和增强是人类最基本的要求，增强应付威胁自尊处境的能力被认为是自尊维持和调节的重要因素。行为干预和训练的教育计划可以从改变青少年的认知和行为入手，增强青少年应付威胁事件和处理问题的能力，从而促进自尊的良性发展。与此同时，要加强培养青少年合理的归因模式和积极的自我评价与接纳，增加其成功的体验，逐步培养和稳固青少年的自尊。当然还可以通过改善自身的形象与态度、提高学业成就水平等，来促进青少年自尊的健康发展。

3. 重视亲密关系与社会支持的作用

情感上的支持和社会认可对自尊的提升有积极的影响。同伴最重视的是其同龄人的外表、魅力及运动能力，父母最重视的是其子女的学业能力与行为举止。为了获得重要他人良好、积极的评价，青少年往往会按照重要他人（如父母和同伴）对他们的期望而形成相应的角色行为。亲密关系的建立和重要他人的期望往往影响他们的行为。比如，真挚的友谊、父母的关爱或心理咨询等，都可以弥补精神支持的不足。

4. 实现自尊的需要与现状的动态平衡

无论是理想自我与现实自我的差距，还是能力与抱负之间的差距，都被认为自尊是由实现自尊的需要与自我现状之间的差距产生。差距过大会导致个体无法协调两者之间的关系，最终产生各种不同程度的心理障碍。根据詹姆斯的自尊公式，“下向比较”可以获得高自尊，而“向上比较”容易导致低自尊或者自卑。在社会比较过程中，低自尊者趋向于采取避免威胁、自我保护的策略，而高自尊者则趋向于采取自我提升的策略。总之，积极客观的自我评价是增强自尊的基础与核心，成功的经验影响着个体自尊的发展。

二、青少年的同一性

埃里克森认为，青少年期的发展课题就是同一性对同一性扩散。自我概念和自尊分别构成了青少年期自我发展的认知维度和情感维度，同一性的发展则涉及了在过去、现在、未来这一发展的时间维度中青少年对自我的整合。

根据埃里克森的理论，对同一性的寻求不可避免地使一些青少年体验到包括大量心理混乱的同一性危机。表 4-1 总结了埃里克森理论所说的各个阶段。埃里克森认为，青春期的青少年试图弄清楚他们自己的独特性，其认知发展使得他们可以越来越老练地完成这一任务。埃里克森还指出，青少年努力发现他们独特的优点和缺点以及他们在未来生活中能扮演的最好角色。这种发现过程常常包括“尝试”不同的角色或选择，以发现这些角色和选择是否符合自己的能力和观点。在这个过程中，青少年通过在个性、职业、性和政治承诺方面缩窄他们的选择来试图理解自己是谁。埃里克森将此称为同一性对角色混乱阶段。在埃里克森的观点中，没有寻找合适同一性的青少年可能会以多种方式脱离同一性形成过程。他们可能通过扮演社会所不接受的角色来表达他们所不想成为的那种人。他们可能在形成和维持长期亲密关系上出现困难。

表 4-1 埃里克森阶段论的总结[①]

阶段	适当的年龄	正性结果	负性结果
阶段 1:信任对不信任	出生至1.5岁	从周围环境得到支持	对他人感到害怕和不安
阶段 2:自主性对羞愧怀疑	1.5～3岁	如果探索得到鼓励,会有自我效能感	怀疑自己,缺乏独立性
阶段 3:主动对内疚	3～5岁	发现发起行动的方式	对行为和想法感到内疚
阶段 4:勤奋对自卑	5～12岁	胜任感的发展	自卑感、缺乏掌控感
阶段 5:同一性对角色混乱	青春期	自我独特性的觉知,获得生活中应扮演角色的知识	不能识别在生活中所应扮演的角色
阶段 6:亲密对疏离	成年早期	爱情、性关系和亲密友谊的发展	对和他人之间的关系感到恐惧
阶段 7:再生力对停滞	成年中期	对生命连续性贡献的觉知	个人行为的琐碎化
阶段 8:自我完美对失望	成年晚期	对人生成就的统一感	对人生中所失机会后悔

对同伴的依赖有助于青少年明确自我的同一性并学会建立关系。这种依赖同样与同一性形成中的性别差异有关。埃里克森认为男性和女性经历同一性对同一性混乱阶段的情况不太相同。男性更有可能以表 4-1 所呈现的顺序经历社会性发展阶段,女性的顺序正好倒过来,她们先寻求发展亲密关系,然后通过这些亲密关系形成她们的同一性。由于同一性对角色混乱阶段的压力,埃里克森认为很多青少年追求一种心理的延缓偿付期,青少年推迟承担即将面临的成人责任来探索各种角色和可能性的

① [美]费尔德曼.发展心理学:探索人生发展的轨迹[M].苏彦捷等,译.北京:机械工业出版社,2011:273.

时期。由于现实原因，很多青少年无法追求这种心理的延缓偿付期来对各种同一性进行相对自由的探索。对于评论者而言，埃里克森的理论是基于以男性为导向的个性和竞争概念的。心理学家卡罗尔·吉利根认为女性是在关系的建立中发展出同一性的。在这种观点中，女性同一性的核心成分是自己和他人之间关乎网络的建立。

第三节 互联网时代青少年自我中心思维

在青少年期，伴随生理、心理和社会性的发展，青少年会逐渐从心理上与父母保持一定距离，希望独立自主，这就是他们要经历的“分离—个体化”过程。而随着互联网的普及突飞猛进，计算机和智能手机已经成为很多家庭的必备设施，深刻影响着青少年。他们许多特殊的心理特点和所面临的发展任务也使得他们对互联网投入了更大的热情，使他们的互联网使用具有一定的特点。以下就“互联网＋”环境与青少年自我中心思维之间的相关问题进行探讨。

一、青少年的自我中心思维

青少年的自我中心思维独树一帜，体现为假想观众和个人神话，自我中心与行为问题如影随形。

（一）自我中心体现为假想观众和个人神话

关于青少年的自我中心，两个截然不同但又有联系的概念——“假想观众”和“个人神话”。“假想观众”指的是青少年认为每个人都像他们那样对他们自己的行为特别关注，随时随地都在关注、观察着自己这个独特的自我。关注自己的外貌体征，特别重视自己的学业成绩及其社会影响，十分关心自己的情绪变化。一旦别人的关注度不够，他们就会过于夸大自己受到心理伤害这一主观感受。这一信念导致了过高的自我意识、对他人想法的过分关注，以及在真实和假想的情景中去预期他人反应的倾向。也有研究指出，假想观众心理不只存在于青少年期，甚至在整个成年期都存在。即使是成人也倾向于过高地估价别人对自己的思想、行为等的兴趣和反应。“个人神话”指的是青少年相信他们自己是“独一无二的”“无懈可击的”“无所不能的”。每一个青少年在他们“个人神话”的主要人格中都夸张地强调了自身感受和经验的独特性。一方面他们会感到自己无可替代，没有人会真正了解其内心感受。比如，他们会说“没人理解我，你们都不会了解我的需要，也不懂我的感受”，“没有人像我这般用情至深，你们都无法想象被拒绝的痛楚”。另一方面，他们会感到自己远离许多世俗需要，就像超人一样，倒霉的事情不会发生在自己身上。有一些青少年富于幻想，以“我”为主角创编关于自我的独特故事和神奇经历，似乎沉浸在远离现实的世界里。

青少年对自我认同的探索，被认为解释了其看似自我中心的思维过程，特别是解释了假想观众的建构过程。当青少年开始质问自己是谁，他们要怎么适应，以及他们应该为自己的生活做点什么的时候，青少年的自我意识就增强了。从这个角度上看，假想观众和个人神话有助于青少年从心理上脱离父母。

分离—个体化作为青少年期的任务，也是获得成熟的自我认同感所必须迈出的一步。其目的在于建立家庭关系之外的自我的同时，保持一种与家庭成员的亲近感。在分离—个体化的过程发生时，假想观众和个人神话的观念建构有助于分离—个体化过程的推进。当这一通常的发展过程向前迈进时，青少年越来越关注与非家庭成员的关系，并且开始思考或者想象自己在各种社会性情景或者人际情景中的样子，在这些情景中他们是注意的焦点。当他们重新评估和建构与父母的关系时，这种人际倾向的白日梦让他们能够维持一种与他人的亲近感。

（二）自我中心与行为问题如影随形

假想观众和个人神话常常被用来解释成人所关注的大量青

少年典型行为，其反映的思维模式似乎抓住并解释了与青少年早期相联系的典型感受和行为。

第一，自我中心与冒险行为有着联系。差不多每一种类型的冒险行为都有青少年参与，他们在做决定的时候经常对风险不屑一顾，而自我中心可能就是原因之一。青少年可能会相信自己对那些发生在别人身上的冒险行为的后果具有免疫力。个人神话中的“独一无二”信念对青少年冒险行为的态度具有很强的预测作用，并且假想观众能够很好地预测主观标准。假想观众可能也对行为有影响，高假想观众的表现与更明显地服从他人的倾向相联系，这可能对行为有正面的影响，可能会使得青少年更加在意他人的关注。

第二，自我中心与内化问题也有着关系。在青少年成长过程中，他们会经历分离—个体化的过程，就此来看，假想观众与亲近感相联系，而个人神话与分离有关。假想观众反映的是与丧失联系有关的焦虑，而个人神话的观念建构则对分离焦虑有一种缓冲作用。从这种意义上来讲，个人神话的信念是一种根本的防御机制，它可以使青少年避免消极情绪体验。

二、自我中心思维影响下青少年上网行为的特点

从负面的角度来看，青少年自我中心思维中的假想观众、分离—个体化对网络成瘾（病理性网络使用，Pathological Internet Use，简称 PIU）都有一定的推动作用。

（一）“假想观众”“个人神话”更易促发网络成瘾

假想观众观念是青少年自我意识提升的标志，但它也可能对青少年产生某种负面影响。青少年时刻关注自己的言行举止，同时也感觉别人时刻关注自己、评价自己，因此在人际交往中感受到很大的压力。但在网络的世界里，人和人的交往是隐形的，是匿名性的，交流的方式是虚拟的，这使青少年获得一种安全感，因此青少年更喜欢网络的社交，并逐渐产生依赖，严重的情况就是

导致病理性的互联网使用。正如前面所提到的，个人神话观念使青少年感觉自己是独特而又无所不能、无懈可击的，因此他们更乐于冒险，因此对于网络社交的风险并不太敏感，相反，他们总能在网络社交中寻找到快乐。在个人神话观念的引导下，互联网提供的这种充满挑战和变化的社交方式容易让青少年得到满足，青少年也就慢慢地更加依赖互联网，严重的则导致网络成瘾。就青少年的网络成瘾而言，假想观众和个人神话观念与青少年的病理性互联网使用行为有关，但通常是因为他们现实人际关系的不尽如人意。

（二）分离—个体化可对网络成瘾推波助澜

分离—个体化是青少年的重要发展任务，他们渴望独立，希望脱离父母的保护和监督，但在情感上又希望与父母保持联系。另外，青少年也开始努力发展家庭亲子关系以外的社会关系，如同伴关系。然而，青少年感觉或预期自己被父母、同伴抛弃，或者遭到敌视时，他们更多地回选择互联网。互联网可以为他们提供更广大的社交空间，这也就刚好补充了青少年在现实中失去的支持（即使是预期的、假想的）。青少年自我意识提高，他们更重视自己的自主和自由，但父母过度的保护和压制，又让他们倍感压力，而色彩丰富、充满视觉刺激的互联网成为他们缓解压力的地方。因此，他们更容易沉溺于网上娱乐活动，容易成为成瘾者。

三、青少年网络成瘾里自我中心思维的破除

从青少年自身来讲，要破除网络使用的自我中心思维，可从以下两点入手。

（一）努力培养合理的自我认知能力

青少年时期自我意识提升，自主意识增强，不可避免地存在“假想观众”“个人神话”的心理特点。一些青少年自命不凡，可在现实生活中无法展示，无法获得理想中的自我认同，为了证明自

己的自控力好，能够控制自己而不会网络成瘾，就炫耀性地去玩网络游戏，结果最后深陷其中不能自拔。这主要是因为他们没有形成合理的自我认知。自我评价是与个体认识能力发展相关的一种自我意识的表现，具体指个体对自身的思想、能力、水平等方面所做的评价。自我评价的能力，会随着人的不断成长而逐渐地健全，而如何及时而准确地利用这项能力，将会对个人将来的发展起到关键性的作用。青少年如能建立合理的认知评价，减弱对自我的过分关注，破除过分的自我中心思维，就可能减少一部分网络成瘾的发生。

（二）建立和谐人际关系，克服“分离一个体化”焦虑

许多青少年网络成瘾者过度使用网络交往的突出原因之一是为了寻求在线社会支持。然而，这种社会支持能否真正满足个体的需求却还存在争论。但无论争论结果如何，青少年建立和谐的现实社会人际交往能力，肯定对预防网瘾易感者过分沉溺于网络社交有好处。青少年也应认识到网络社交永远无法取代现实生活中可以真切感知、真切互动和长久维持的健康人际关系，网络社交只可能是我们现实社交的一种补充，而不能成为全部。

建立和谐人际关系，不能完全靠青少年的自觉和态度，还要对他们适当地进行人际交往技巧的培训，培养他们良好的人际交往方式，教会他们利用人际交流获得健康和必要的情感支持。同时，要教育青少年进行网络社交时应学习鉴别网络的异化交往方式，学会辨识和拒绝网络中虚假的、低级趣味的、色情的，甚至违反人性的交往模式，以更加清醒的头脑认识网络世界。

第四节　互联网时代青少年自我发展

随着人类进入21世纪，互联网技术得到了飞速发展，它正在改变着我们的生活方式。如今，青少年已经成为重要的互联网使

用者。同时，由于青少年自身的发展特点，还没有形成一个稳定的自我，互联网使用势必对其产生影响。

一、互联网是青少年表现自我的新舞台

近年来，青少年使用互联网的情况也越来越普遍。根据2018年发布的第41次《中国互联网络发展状况统计报告》显示，截至2017年12月，19岁以下的青少年网民占22.9%，约1.77亿人。可见，网络在青少年生活中扮演的重要角色，越来越多的青少年借助网络来满足自我学习、娱乐、休闲和社交的需求。作为主动参与者，他们愿意积极地发表自己的想法，有着强烈的自我主张，他们推崇创新，注重感受，具有开阔的视野，对新鲜事物充满好奇心。他们不受旧观念和旧文化的约束，有创新精神也有能力去创新，注重体验，追求产品或服务与自己情感体验的一致性。而网络正好为他们提供了满足表现自我、探索世界、满足好奇心等需求的平台，因而颇受青少年青睐。

同时，网络也为青少年提供了一个虚拟的环境，为他们提供了一个探索和实验不同的自我的实验室，使个体能够在互联网上共享自我的不同方面，而不用付出很大的代价和面临被识别的危险，不用担心受到现实生活中其他人的批评。网络虚拟环境是一个理想的自我表现平台，人们在其中可以摆脱现实世界的束缚，随心所欲地扮演自己想要的角色。青少年进入网络感到了无限的自由，所以总是尽情地把自己的才智在网络中发挥，总想在虚拟空间中塑造自己的形象。在网络文本环境中，他们不会像在现实状态下那样营建自己的形象和地位，无论是他们磁性的声音、迷人的笑容还是传情的眼神都无法让别人感受和体会到。为此，青少年可以扮演与现实中的我并不相同的另外一个"我"，即虚拟自我。互联网自身的特点经常诱惑着人们进行角色扮演，构建虚拟的另外一个自我。一些互联网使用者的虚拟自我与现实自我非常接近，只不过是把某些方面稍加修饰，变成自己所希望的性格；而其他一些互联网使用者则是在印象驾驭和欺骗之间跳跃，

伪装成另外一个人，伪装出新的人格特点。

有人曾说："在互联网上没有人知道你是一条狗"，互联网通过将各个地方的站点链在一起，形成一个虚拟的空间，在这个空间中人人都是"自由人"，都可以在电脑平台上"随心所欲"，而不必受现实世界中太多的约束。因此，所有人都可以随心所欲地陈述观点、发表意见，而不用担心别人异样的眼光。同时，互联网也是人际交往与互动的一个重要平台，在这个平台上，与他人交际离不开对自我形象的塑造，因此很多青少年都愿意投入时间为假想的观众、听众等修饰自身的网络形象，他们可能会在同学录上精心修饰自己的措辞，把自己的近况、心情表达出来，给别人塑造一个良好的自我形象，完成自己在现实世界中的自我形象修正和塑造。例如，某个青少年在现实生活中性格内向，不爱与人交流，但在网络上却常常妙语连珠，和网友们聊得不亦乐乎，这样他就在网络上为自己塑造了一个虚拟的乐观、活泼的自我形象，为此他可能需要到处寻找笑话来维持这个形象，扮演好这个角色。

二、互联网的特点让青少年能大胆表现自我

首先，互联网的隐匿性为青少年大胆表现自我提供了便利。虽然有些网络社区要求用实名制，如腾讯微博要求参与的名人要用实名，有的同学 QQ 群和同学微信群也有采用实名制的，但绝大多数网络用户的网名是虚拟的，社会身份也常常是虚构的，网络使用者所用个人信息里的名字、年龄、性别、国籍或籍贯等信息都常与现实中的实际情况不符，这就为他们隐匿自己的身份提供了便利，给网络使用者戴上了一层面纱，让他们在虚拟的理想舞台上，可以更加自然地选择自己喜欢扮演的角色，尽情地施展自己的表演才华，塑造理想中的"自我"。

其次，互联网的多元性和流动性使得青少年可以体验多个虚拟自我。在网络互动与交际中，个体可能同时参与多个社群活动，扮演着多个角色，如在 QQ 群上扮演着某一个角色，在微博和论坛上又是另外的两个角色，自我经常游离于这些角色之间，因

此也具有流动性特征。即便是在实行名人实名制的新浪微博中，个体仍然可以在这一个虚拟舞台上通过发布不同内容的微博信息而扮演着多重角色，如SOHO创始人之一潘石屹，他在新浪微博的舞台上非常活跃，有时发布其公司正在推广的地产项目，或发表对最新房产政策的评论，俨然扮演着房地产商的角色；有时发表自己的人生感言，或者转发“心灵鸡汤”之类的短文，扮演着心灵导师的角色；有时他还会充当气象播报员的角色，图文并茂地即时传递天气和空气质量情况，提醒人们注意采取相应的防范措施。由此可见，通过网络媒体技术进行交流互动的方式，人们可以体验多元身份带来的新鲜感和满足感，从而呈现出丰富多彩的虚拟自我。

再次，互联网视觉线索的缺失可以让青少年在网络上表现出与现实自我完全不同的一个虚拟自我，这种自我往往能更好地体现青少年的真实情况。虚拟世界中视觉线索的缺失也是互联网匿名性的一个特点，但是它还有另外一层含义，即非言语线索和生理外表线索的缺失。沟通过程中非言语线索的缺失，可以使社交焦虑个体免于焦虑，因此在互联网上表现出另外一种完全不同的我。而生理线索的缺失，可以使生理外表上有污名的个体便于摆脱现实生活中的污名影响，更好地表现自己。

最后，互联网的非同步性能为青少年思考留下时间，有助于他们更好地表现自我。互联网世界是丰富多彩的，它提供了种类繁多的服务功能。根据中国互联网络信息中心提供的报告，互联网服务多种多样，其中有些是非同步的，如Email等，有些是同步性的，如即时通讯。但是这些同步性的服务在使用者的使用过程中，也可以转化为非同步的。在人际沟通中，个体可以主动地控制人际交往发生的过程，信息发送者可以有充分的时间思考、修改和回复他们的信息，使这种服务由同步性转变为非同步性。通过这种方式，使用者可以很好地控制人际交往的节奏，有更多的时间进行充分的思考，构建自己期望建构的形象。Walther (2006)进行的研究发现，当人际沟通对象对个体有重要意义时，个体会花费更多的时间进行言语的修饰，个体会根据不同的交流对象调整自己的言语模式和言语的复杂性，这说明了互联网上选择性的自我表现的存在。

三、热衷虚拟自我的青少年易网络成瘾

虚拟自我是个体以互联网为平台，基于互联网的匿名性、便利性和逃避现实性特点和技术主动构建起来的（Young，1997），个体利用虚拟自我可以脱离现实，在虚拟的网络空间中体验到相对自由的生活。同时，在网络行为中，由于个体在使用互联网的过程中更多地表现出一种“去抑制性”，也就是说，通过网络平台，个体可以自由地去表达那些在现实社交中不能表达的，或者表达出来会被其他社会成员歧视的内容，这就使他可能在网上作为一个完全不同于实际生活中的“我”而存在。个体在互联网上体验到不同于现实自我的虚拟自我可能出于两方面的原因：一方面是个体出于好奇心而主动在互联网上尝试不同的自我认同角色，构建另一个虚拟自我；另一方面是出于对现实自我的不满，为了逃避现实，个体沉浸于虚拟世界，体验另一个虚拟自我，这个虚拟自我吸引着个体全身心投入到互联网世界。不管是哪一种原因，虚拟自我对个体都有巨大的吸引力，而且会对个体产生重要的影响，尤其对于那些因为对现实自我不满而在互联网上体验虚拟自我的个体，沉浸于虚拟世界容易导致个体沉迷网络不可自拔。青少年也是如此。

有研究发现，经常采用幻想、逃避现实等消极应对方式的个体更可能卷入网络成瘾问题中。肖汉仕等认为低自尊的中学生将互联网作为获得虚拟自尊、缓解不良情绪的理想途径，从网络行为中获得他人的赞赏、肯定、认可、关注、接纳，产生成就感、归属感、自我效能感，借以补偿、替代现实中自尊感的缺失。虚拟自我与现实自我的差异越大，说明个体对虚拟自我的接受程度越高，个体对现实自我越不满，越容易卷入网络成瘾问题中。相反，自我认同完成较好的青少年，有较高的自主性，较少依赖他人做决定而更多地使用计划、推理和逻辑决策策略；思维活跃，对新事

物持开放性的态度，同时又用自己内在的标准去倾听和判断这些新的事物；有更清楚的自我定位和人生目标，行为方式更有计划性和目的性，专注于现阶段的学习和发展任务。所以他们更倾向于使用互联网信息服务项目，把互联网当作一种工具来使用，从网上获取各种学习、生活方面的信息。这种有目的性的使用极大地减少了对互联网的不当使用或滥用，减少了“网络成瘾”的可能性。因此，在互联网环境下，加强青少年的自我意识教育十分必要，具体可从以下几个方面入手。

(1)帮助青少年正确认识自己。青少年自我认识的能力与儿童相比已有很大的提高，但他们要能正确认识自己，也非易事。为此，教育工作者应帮助青少年根据他们自我认识的特点，多角度地认识自己。例如，有些青少年过分关心自己的容貌，有的可能为自己容貌骄人而得意忘形，也有的则因自己容貌不佳而自卑、失望，为此他们可能选择在网络这个虚拟世界中，重新塑造自己的形象，长此以往就有可能产生自我认知问题，因此，教育者应帮助他们找到合适的参照系，引导青少年克服片面地以成人为标准进行评价的倾向，克服过分沉溺于内心世界的倾向。

(2)帮助青少年形成自尊感。青少年沉迷于虚拟自我的一个重要原因就是对现实自我没有自信心，因此教育工作者应帮助他们在积极的自我体验中产生自尊感，形成自信心，这样才不至于逃离现实。

(3)保护青少年的自尊感，帮助他们克服自尊过敏现象。青少年自尊感特别强烈，且容易波动，教育工作者要特别注意保护他们的自尊感。例如，严格教育时要做到严之有理、有情、有度；当众评判学生功过是非时，要做到客观、公正；处理偶发事件时，切忌发怒和正面冲撞，要避其锋芒，从侧面引导；对有自卑心理的学生要热心、耐心，努力为他们创造取得成功的条件，促使其重新燃起自尊的火种等。即使在批评或处罚学生时，教育者也要特别注意教育方法，不能对学生心灵施暴，冷漠、贬低、嘲讽、报复等做法都会损害学生的自尊感。

第五章　互联网时代青少年性别角色发展研究

社会是两性的社会，两性话题是社会永恒的话题之一。性别角色是研究青少年角色的一个基本角度，在互联网时代，青少年性别角色发展出现了新的特点，对其进行研究，有助于青少年构建科学合理的两性观念，对于家庭、学校的青春期教育也有着重要的启发作用。

第一节　性别角色和双性化

一、性别角色

（一）性别角色的定义

性别，简而言之就是男女两性之别。在英语中，有“性别”(sex)和“社会性别”(gender)之分。“sex”通常指的是男性和女性的生理差别，而“gender”通常指与社会文化有关的性别特征和差异，相应地就有性角色(sex role)和性别角色(gender role)之分。性角色是指男女在生理上、心理上的特点，而性别角色是特定社会对男性和女性社会成员所期待的适当行为的总和。

（二）性别角色的获得

性别角色获得是指个体在成长过程中，逐渐获得其所处社会环境认可的，适合于男子或女子的价值、动机、性格特征、情绪的态度和行为的过程。性别角色的获得实际上是一种长期的社会化过程。每个人一出生就由于先天的性别不同而受到不同的对待,个人也通过接受直接训练、模仿、自我认识调节等,不断地学习社会认可的男性行为方式是什么,女性行为方式是什么,从而使自己的人格特征与行为态度越来越符合特定的社会性别角色标准,并表现出明显的性别差异。

二、双性化

(一)双性化的概念

传统的性别角色理论认为,男人就该像个男人,女人就该像个女人,这是天经地义的。然而越来越多的研究者发现,性别角色有一种最优的体现,那就是双性化。那么双性化是什么呢,所谓双性,就是指一个人不仅具有男性化的气质,同时还具有女性化的气质。需要注意的是,双性化并不是“变态”,而且,双性化是有着非常明显的优势的,很多研究都表明,因为双性化者同时具有男性和女性的优良品质,所以在社会实践中具有更强的适应能力,在很多岗位上都能更好地胜任。

(二)双性化的研究

大部分研究都认为,双性化的个体具有较高的自尊、较少的心理疾病、较好的社会适应能力,而且双性化的人比其他类型的人更受欢迎。一项研究显示,双性化的儿童和成人拥有更高水平的自尊,而且在多样化的情境下适应性更强。另一项研究指出,双性化个体更易与异性建立起亲密关系,可能是由于他们同时具有女性和男性积极的特质,能更好地理解、接受彼此间的差异。也有研究揭示,具有积极的双性化特征的人在心理上更健康,感到更快乐,幸福感更强。

我国研究者余小芳采用问卷调查与内隐联想测验相结合的研究方法,探讨性别角色与心理健康、社会适应的关系。结果发现,双性化类型对男女正性词加工都较好,男性化类型和女性化类型分别只对男性正性词和女性正性词加工较好，而未分化类型对两种词加工都较慢；四种性别角色在心理健康和社会适应性方面都存在显著差异，双性化类型的学生心理健康水平最高和社会适应性最好，是最佳的性别角色模式。

（三）双性化的性别角色教育

1.促进双性化性别角色的家庭教育

家庭是青少年社会化的重要场所，儿童、青少年的社会知识、道德规范和社会行为首先是从家庭中获得的，同样地，性别角色的社会化也会首先受到家庭的影响，并且这种影响极为深刻。因此在家庭教育中要格外注意双性化的性别角色教育。对青少年实施双性化性别角色教育可以从以下几个方面进行。第一，从父母角度来看，父母要从传统的关于性别角色的刻板印象中跳脱出来，改变自己的观念，每当孩子身上表现出积极的品质都要加以鼓励，而不是用既定的标准去苛求他们。第二，作为不同性别的父母，需要在双性化性别角色教育中将其各自的作用充分地发挥出来。第三，在日常的生活中，要在家庭中营造一个两性平等、和谐融洽的家庭氛围。

2.促进双性化性别角色的学校教育

学校是青少年接受教育的重要场所，而且学校的存在，联结了家庭和社会。学校主要通过教育者的观念以及教育活动等途径对青少年进行双性化性别角色的教育。

首先，从教育观念上来看，作为传道授业解惑的教师，一定要拥有双性化的性别角色期望。青少年在进入学校之后，一般都会将老师当作自己的榜样，对教师言行举止进行模仿。因此，教师一定要转变传统的观念，不再一成不变地遵循传统的教育模式，而应该深刻地认识到双性化性别角色教育的优势和重要性，在教学活动中，表露出自己对于双性化的期望。

其次，从教育活动来看，教师要将双性化的性别角色期待落实到具体的教学实践中去。对待男同学的时候，要多多鼓励他们去做一些可以提高他们在细致性、情感性和社会性方面能力的活动。而在教育女同学的时候，要教会她们克服害羞胆小的心理，鼓励她们去参加具有创造性和竞争性的活动，鼓励她们勇敢地表现自我。

3.促进双性化性别角色的社会教育

除了家庭和学校，社会也承担了教育青少年的作用，而且这种教育通常是潜移默化的。在社会生活中，随着科学技术的快速发展，社会媒体开始对人们的生活产生了越来越大的影响，同时也是传播性别角色观念的一种有效途径。

对青少年而言，很多网络和电视节目都可以对其产生重要影响，青少年的很多行为都是模仿网络和电视节目的。换而言之，网络和电视节目对非性别角色的发展产生重要影响。社会媒体，尤其是作为主流媒介的网络和电视，一定要深刻地认识到自己在青少年性别角色教育中所承担的重要引导作用，一定要培养自己的责任意识。在做节目的时候，要尽量多地塑造一些双性化的人物形象，为青少年提供更多更优质的学习榜样。

第二节　性别角色的发展与性别定型

一、性别角色的发展

（一）性别角色发展的领域

性别角色的发展主要包括以下三个领域的内容。

1.性别概念的发展

儿童的性别概念主要包括三个成分:性别认同、性别稳定性和性别恒常性。

性别认同是指儿童对自己和他人性别的正确标定,2 岁儿童的性别认同发展水平还很低,他们开始理解男人和女人这些词的含义,开始知道一些活动和物体同男性相联系,另一些同女性相联系。但不知道自己与其他人属于同一性别类型。到 2 岁半时,儿童不但能正确回答自己的性别,还能区分其他人的性别,也知道自己与同性别的人更相似。在 2～3 岁时,大多数的幼儿已经表现出更喜欢和自己同性别的同伴一起玩的现象,这种偏好在幼儿期达到最大化。

性别稳定性是指儿童对人一生性别保持不变的认识。3～4 岁的儿童已经可以认识到,人的性别不随其年龄、情境等的变化而改变。

性别恒常性则是对人的性别不因为其外表(如发型、衣着)和活动的改变而改变的认识。大部分儿童在 6～7 岁时就能够达到性别恒常性。他们认识到一个人的外貌或活动的变化与性别无关。女孩即使穿男孩的服装,仍然是女的。男孩留长发或对一些女孩的活动感兴趣也还是男的。

在儿童性别概念的发展中,对性别标志的识别起着重要作用。性别标志就是与男性和女性分别联系在一起的语言和行为特征。性别标志的识别既包括对自身的认识,也包括对他人的认识。儿童通常根据衣服、头发、胡须、称呼等认清自己或他人的性别。例如,一个小男孩同妈妈一起去女浴室洗澡,阿姨们都取笑他,问他:“你到底是男孩还是女孩呀?怎么到女浴室洗澡?”他会很不好意思,下次洗澡就会让爸爸带他去,而不与妈妈一起去了。

2.性别角色观的发展

性别角色观,也称性别角色认同,是指儿童对不同性别行为模式的认识和理解。儿童的性别角色观有个发展变化的过程。

儿童在3岁时，就具有了相当多的社会对男性、女性期望的知识，形成了对性别行为模式的认识和理解。他们知道女孩应该玩洋娃娃，要穿得像女人一样，男孩则应该去玩卡车，扮演救火员。

到4～5岁时，他们知道了大部分有关成人职业的条条框框，他们期待女人成为教师或护士，认为男人应该去做飞行员或武警。学前儿童在划分这些性别行为时往往比较刻板，认为性别角色标准是不可违反的基本准则，比如认为男人是一定不能换尿布的或是不可以玩女孩的洋娃娃玩具，否则会被嘲笑。

到5岁时，儿童开始从心理意义上理解不同性别行为模式。比如认为男性应该高大、说话响亮、富有进取心、独立、自信、有能力，而女性应该娇小、顺从、文静、善良、富有情感。

总的来说，随着年龄的增长，由于对抽象概念的进一步认识，以及思维灵活性的发展，儿童对性别角色的理解也逐渐脱离表面性而趋向深刻化，不像年幼儿童那样刻板。他们认识到可以把所谓属于男性的和属于女性的行为结合起来，也比较容易接受对传统的性别角色的背离。到8～9岁时，儿童对性别的思考变得灵活，他们认为其他人可以去追求跨性别的兴趣和活动，而且在对不同性别的容忍度上也存在着差异。例如，儿童会表示不与涂口红的男孩交朋友，但是可以容忍女孩踢足球。他们对性别稳定性有了清楚的认识，知道性别的基本同一性不会由于违背了性别角色的规定而改变。

3.性别化行为模式的发展

儿童的性别概念和性别角色观的形成，使得儿童性别化行为也得到发展。男女两性获得社会期望的、与其性别特征相符的行为模式的过程，就是性别行为模式的获得过程。这时候他们喜爱社会期待他们的性别应从事的活动和应扮演的角色，并且表现出与此相符的行为。比如一个已经形成“女孩学缝纫，男孩造飞机模型”的性别角色观念的女孩,会认真地参加缝纫活动,使之与其性别角色观念相符。

其实,儿童很早就表现出了性别化的行为。研究表明,两岁时,儿童就选择适合自己性别的玩具和游戏,男孩更喜欢卡车、坦克等玩具,女孩则更喜欢洋娃娃之类的玩具。在学前期,儿童的游戏也是性别化的,比如两个性别的游戏方式存在着差异:男孩的游戏中有许多运动性活动,会出现竞争和支配的行为;女孩较男孩则更偏爱使用语言或者亲密的手挽手等表示友爱的标志。

男女儿童在性别角色化的过程中具有发展上的差异。例如,男女儿童对同性同伴的偏好出现的时间不同。女孩一般在 2 岁,男孩一般在 3 岁,但是儿童喜欢与同性伙伴玩耍的特点一直持续到儿童中期,并具有跨文化的一致性。还有研究发现,女孩在遵从性别相适行为上没有男孩那么严格。大多数文化以男性价值为主导取向,男性角色比女性角色定义得更清楚,因而男孩在遵从性别相适行为上受到的社会压力更大。父母往往能够接受具有男性气质的女孩,却不能容忍女子气质的男孩。甚至有研究发现,男孩的性别化兴趣比女孩更稳定,男孩在学前期和学龄期表现出的性别化倾向更多地保持到成年阶段。而且,由于大多数社会里男性的地位比女性高一些,所以男女儿童都常常被男性的事情所吸引。

(二)性别角色发展的特点

性别角色发展的特点主要表现为性别认知发展的特点和性别角色同一性发展的特点。

1.性别认知发展的特点

儿童很早就形成了一些对男性行为特点和女性行为特点的认识。到了童年中期,儿童性别角色的认知已相当稳定,但是这并不意味着随着年龄的增长,个体的性别角色认知变得日益刻板和僵硬。有关研究认为,从婴儿期到青少年期这一阶段,儿童性别角色成见的发展呈现一种“U”形的趋势，即年龄小的儿童，由于其认知能力发展的局限，通常把规则看作必须绝对服从的要求，因而不能容忍不适宜性别行为的出现，而年长的儿童由于能够认识到规则只是一种社会习俗，因而在性别角色认知上态度相对灵活，性别角色成见反而少于年龄较小的儿童，他们认为在某些情境中，出现不适合性别的行为是可以理解的。

2.性别角色同一性发展的特点

根据埃里克森的同一性理论，青少年时期性别角色发展的中心任务是获得性别角色同一性。相比较而言，青春期的男孩建立性别角色同一性的途径更为单一。男生在性别角色社会化过程中的内心危机较少，发展较稳定；女生有较大的心理冲突，易产生自我同一性危机，在性别发展和自我塑造中有较多的不安和困惑。

但是也有人认为，随着社会的发展，人们给予女性角色更多的自由，相对于男孩人们更能容忍女孩表现出跨性别的兴趣和行为。这在一定程度上缓解了女孩的性别角色冲突。因此，很难说性别角色同一性对男孩或女孩中的哪一个更为困难。

（三）性别角色发展的阶段

认知发展理论根据个体在发展过程中不同时期所体现出来的不同发展取向，把 6～18 岁儿童、青少年的性别角色发展过程划分为三个阶段。后两个阶段概括了青少年性别角色的发展特点。

第一阶段：6～8 岁，生物取向阶段。此时期，个体所持有的关于男性和女性的各种认识以男女之间身体上存在的生理差异和特征为依据。

第二阶段：10～12 岁，社会取向阶段。这一时期，个体对男性和女性所持有的各种性别角色概念以社会文化要求和社会角色的期待为依据，个体通过学习社会公认和赞许的关于男女行为的各种准则和规范来获得对男性和女性的认知。

第三阶段：14～18 岁，心理取向阶段。个体所持有的性别角色概念不再是以社会准则和规范为唯一根据，而是以男女各自具有的内在心理品质为主要依据。在此阶段，性别角色不再以生理性状和社会角色为主要内容，而是以个体在心理上所表现出的性别特征为核心。

青少年对性别角色的认知大多处于第二个阶段，很少有人能真正达到第三个阶段的标准。也就是说，青少年对性别角色的认识多数还是社会取向的，他们对性别角色的认识是在对社会文化的不断学习和各种社会教化因素的影响下获得的。其中，社会大众传媒对青少年性别角色的获得发挥了重要作用。

二、性别定型

我们对传统的性别角色定型都很熟悉，不论是成人还是儿童都认为，男人应是独立的、竞争性的、自信的，是环境的主人，而女人是有教养义务的、被动的、依赖的、非攻击性的。这些不同的期望反映了人类文化的历史。然而，在过去的几十年中，强大的社会力量正在改变性别角色定型，特别是对女性角色的期望。

布洛沃曼和她的同事对青少年的几项调查，检验了传统的性别角色定型改变的程度。研究者首先让 100 名男性和 100 名女性大学生列出他们认为男女有别的特征，然后把 74 名男性、80 名女性大学生提到的特质写成清单，共包括 60 项特质，其中有 41 项被认为显示出了性别定型的行为或特质，因为男性、女性学生中至少有 75％的人认为这些是男性化或女性化的。这些特质被分成两部分，一部分是男性化特征更突出的，一部分是女性化特征更突出的。有趣的是，研究者注意到无论是男性还是女性都认为这些特质是成年男子或女子的典型特征。基于这些和其他的发现，布洛沃曼等人得出结论：对于不同的年龄组、婚姻状况、宗教信仰和教育程度的人，都普遍赞同这些对男性和女性性别角色特征的界定，并且对男性特质的评价都高于女性特质。事实上，传统的性别角色观念在今天依然保留在我们身上。

由于社会对性别角色的定型，影响了儿童性别角色的发展。性别类型化就是这种影响的主要结果。性别类型是指个体根据文化对男性和女性的期望所获得的动机、态度、价值观和行为。性别类型化从婴儿期被确认是男是女就开始了，并且由于性别不同而区别对待。父母和其他人开始按照社会能接受和期望的男性和女性的行为来塑造儿童的行为。在儿童期和青少年期，个体综合了那些被认为适合其性别的行为，从而获得特定的性别角色类型。

第三节　青少年的性别差异

一、青少年性别差异的表现

（一）智力的性别差异

男女的平均智商是很接近的，但在智力结构上却存在着差异。

心理学家通过研究得出结论，男性和女性的智力结构不同，各有自己的智力优势。具体来说主要体现在以下几个方面：

在感知觉方面，男性的视知觉能力较强，尤其是空间知觉能力，男性明显优于女性；女性的听觉能力则优于男性，特别是对声音的辨别和定位上，女性明显优于男性，在嗅觉能力方面，女性也优于男性。

在注意力方面，就注意类型而言，女生比较擅长有意注意，男生较易引起无意注意，在注意的稳定性和注意的分配上女生占优；而在注意的转移上则男生占优。在注意的倾向性方面，男性属于“物体定向”，注意力更多地指向于物，喜欢摆弄物体并探索其中的奥妙；而女性则属于“人物定向”，注意力多指向人，喜欢观察人的言行举止、服饰打扮、内心世界以及人与人之间的关系。

在记忆力方面，男生的理解记忆、抽象记忆和逻辑记忆较强，女生则更擅长形象记忆、机械记忆、情感记忆和运动记忆。

在思维方面，女性形象思维占优，即善于从具体的、典型的事物中展开思考，从具体到一般；男性则抽象思维占优，其思考路线是从一般到具体，用抽象的概念作为思考的基础。如果就思维的品质而言，无论是思维活动中表现出的深刻性、灵活性方面，还是独创性、敏捷性方面，男性都具有明显的优势。

在想象力方面，虽然在形象性较强的创造想象中男女无明显差异，但在抽象性较强的创造想象中，男性占优。

在数学方面，已有的大量研究表明，在童年中期以前，男女儿童的数学能力还没有表现出明显差异，但从青少年期开始，男孩数学能力的平均水平开始高于女孩，尤其是在数学推理方面。与男生相比，女孩在计算技能上略胜一筹，但是男孩掌握更多的数学问题解决策略，因而能够在复杂的几何问题和数学考试中表现出优势。由于数学推理能力是以空间知觉能力为基础的，男性在空间能力上的优势可能迁移到了数学方面。

在言语方面，一般说来，女孩的口语发展比男孩早，在言语流畅性以及读、写、拼，特别是词汇和言语创造性等方面均占优势，这种优势在青少年期表现得更加明显。但同时男孩在言语理解、语言推理等方面又比女孩强。关于性别与学科成绩的相关研究显示，女生的语文和英语成绩显著高于男生。

综合起来看，男女在智力上各具特色，有各自的用武之地。男女的智力平均水平是并驾齐驱、不分上下的，不存在孰优孰劣的问题。

（二）成就动机的性别差异

一般而言，在小学和初中前半阶段，作为一个群体，女生的学习成绩优于男生；在初中后半阶段及以后，男生的学习成绩则略优于女生；进入工作领域以后，男性所取得的成就则明显高于女性。两性间的成就差异在某种程度上是由其成就动机的差异造成的。成就动机的差异可能不在于水平差异，而在于种类差异。研究者已区分了三种成就动机因素：一是工作动机，即希望能努力学习并从事一份好的工作；二是熟练动机，即希望达到优秀的水平；三是竞争动机，即希望打败别人。研究发现，女性的工作动机高于男性，而男性的熟练和竞争动机强于女性。另有研究表明，在竞争的情况下，女性的成就动机不如男性强烈。

青少年男女在成就动机方面的差异，可能是由于社会文化和性别角色作用引起的。我们大多数的文化是以男性为主的，社会要求男性要“出人头地”，对有成就的男性赞赏有加，但对女性的要求往往是附属性的，如“温柔、体贴”，如果女性事业有成，则被视为“另类”女人。这使得许多有望成功的女性“望成功而却步”，把精力更多地投入到或准备投入到家庭方面。另外，社会给予男女的机会、权利也存在差异，而这些也会夸大男女间真实的微小差异。

（三）个性与社会性方面的性别差异

1. 自我系统

研究表明，青少年的自我概念和自尊存在性别差异。男孩在数学和身体技能方面的自我概念得分高于女孩；女孩在阅读方面的自我概念得分高于男孩。从儿童早期到青春期，总体来看，男性的自尊趋于增高，女性的自尊趋于降低。女孩的自尊到青春期后比男孩下降的幅度大。女青少年的自尊随年龄增长日益低于男性，这也影响了她们获得成功和取得成就的比例。例如，有关大学生自信心的研究表明，男性比女性更具有自信心。

2. 攻击性

男女性别差异中最为突出的社会性表现莫过于攻击性的不同。男女在攻击性上的差异从学龄前期就已开始出现并持续一生。大约从2岁时开始，男孩的身体攻击和言语攻击就多于女孩，而且，男孩比女孩实施程度更为严重的攻击，在小学高年级和中学，打架斗殴、寻衅滋事者多为男孩。但女孩也可能以更为隐蔽的方式实施对他人的间接攻击，如忽视他人、破坏他人的人际关系等。攻击的严重程度到了青少年期进一步扩大。司法领域的相关报告则表明，少年法庭中罪犯的性别差异至少增加到青春期以前的数倍。

3. 同伴关系

青少年的同伴关系主要表现为两种类型：同伴群体关系和友谊关系。这两种关系中都存在着一定的性别差异。

青少年同伴群体的性别差异主要表现在三个方面。首先，与男生群体相比，女生群体更具有结构性，女孩与同伴群体的联系比男孩更紧密，倾向于两三个人交朋友，形成亲密并排外的关系，而男孩的活动则集中在更大的群体中。其次，女生群体的支配等级不如男生群体那样明显。处于支配地位的男生经常使用身体接触、身体威胁以及言语训斥来显示自己的社会地位，而女孩领导者则通过肯定或排斥的方式来表达她们的社会地位。最后，同伴群体对男女生的发展作用不同。同伴群体有助于男生学会合作，并参与无法单独完成的大量活动或冒险行为，而同伴群体则有助于女生发展理想的人际交往技能和对人际关系的敏感性。

在友谊关系方面，女孩更倾向于维持特定的人际关系，女孩间的友谊也有着更强的排他性。她们有更强的爱和关怀的冲动，容易动感情；同时也更害怕失去爱并为此而焦虑和嫉妒。另外，有研究表明，男生和女生在最亲密友伴的相似性方面有性别差异，男生与他们的最亲密友伴在消极方面的相似性更多，女生则与亲密友伴有更多积极特点的相似性。

二、青少年出现性别差异的原因

（一）生理因素

研究者们认为，最有可能影响性别角色心理的生理因素主要集中在三个方面。

1. 遗传基因

通过对基因的研究发现，在人类的 x 染色体上存在着一个与空间知觉能力直接相关的隐性性状，50％的男性 x 染色体上具有这一性状，而只有 25％的女性具有这一性状，这可能就是男性在空间知觉能力方面优于女性的原因。

2. 脑

科学家发现，就语言和空间智力而言，男性左右两半球的结构比女性更不对称。换句话说，男性的一侧化水平更高，两半球的分工更明确，而女性的一侧化水平较低，分工没有男性明显。

需要强调的是，两性差别与脑的关系一直是一个敏感并有很多争议的领域。众多的争论表明该领域的研究才刚刚开始，下任何确定性的结论都还为时过早。

3. 性激素

大量的事实表明，性激素对人心理和行为的发展有着深远的影响，它不仅影响大脑的解剖结构，而且影响个体生命中大部分时间的与性别有关的行为表现。性激素主要产生于男性的睾丸和女性的卵巢。男性更多地分泌雄性激素和睾丸酮，而女性则更多地分泌雌性激素和孕酮。出生后性激素维持着大脑左右两半球的正常发展，特别是大脑右半球的一侧化发展。

性激素还会影响雄性和雌性认知能力的发展。在雄性胚胎发育期间，高水平的雄性激素（睾酮等）会使大脑向雄性方向发育，从而形成典型的雄性行为和认知表现模式。

生理因素对个体出生后的性别心理只在极少的方面起作用或只是起着间接的作用。这些差异能否转变为实际的性别差异，则须视后天的环境而定。

（二）教育因素

1. 家庭教育

孩子的性别角色经验主要是从家庭中得到的。父母在孩子降生后，就会因性别不同而给予不同的抚养方式。对于男孩来说，主要是培养他成为一名男子汉，能够顶天立地。对于女孩，训练则没那么严格，只要她勤于家务、温柔似水就好。在孩子对游戏的选择上，孩子所玩的游戏会因性别的不同而受到成年人的严格限制，男孩玩的是小手枪、机器人、汽车等，女孩子的玩具是布娃娃、小厨具、跳绳之类；对于孩子的言行举止，家长往往希望男孩热情奔放，女孩则文静温柔，如果一个男孩过于文静，父母会想方设法纠正他，但如果一个女孩这样，则备受称赞；在向孩子提出的独立性要求方面，父母对待男孩和女孩也有所不同，通常要求男孩更独立，给他们更多的自由度，而要求女孩更依赖，对她们限制更多。正是由于这种家庭教育的结果，孩子们很快就掌握了男女行为的基本差异，从而产生了不同的自我要求。

2. 学校教育

学校对学生的性别角色发展的影响主要通过两种媒介进行：一是教科书，二是教师。有人对各学习层次的课本进行了系统检视，发现从幼儿园到小学、中学教育中，存在大量的性别歧视和性别“刻板印象”。教材中角色的性别构成反映出社会对两性形象的刻板的、片面的看法。尽管现代社会女性的社会地位已发生了巨大变化，但教材中的性别角色观却依然如故。由于教材集中体现着社会认可的文化规范，规定着学生作为社会角色的内容，学生可能会以教材中的性别角色为模板，学习其观点与行为，因此，教材在学生性别角色的形成过程中具有相当大的影响力。

在学校，教师们习惯用不同的眼光去看待男生和女生，比如说，教师会认为男孩比女孩调皮，比女孩聪明，男女生之间有了争执，教师一般倾向于认为肇事者是男生；如果女生成绩比男生好，就会认为这是女生学习刻苦的结果，如果男生成绩优于女生，则认为这是男生聪明的结果。久而久之，教师的这种观念使男生对自己的潜力充满信心，而让女生对自己的潜力缺乏信心。教师对男女学生的不同看法和态度，影响着两性学生性别角色的形成与发展。

（三）社会文化因素

在长期的演化中，由于社会环境的影响，男女两性在生活方式上逐渐形成了各自的性别倾向性，这种长期固定下来的男女之间不同的心理和行为方式会渗透到社会生活的各个方面，通过不同的渠道和方式影响着年轻一代。

在电视电影中，女性总被描述为辅助人物，在家庭辅助丈夫，在公司辅助老板；在小说中，男人总是强悍的，而女人则是柔弱的，是受保护的对象；在动画片里，出演的是王子营救公主的故事；在广告宣传中，女性总在洗衣机、洗衣粉、洗碗机、化妆品、整容整形中心等广告中扮演主要角色。尽管这些传媒并非有意识地宣传“男主外，女主内”“男尊女卑”的性别意识，但在客观上传达给人们的信息是：社会是以男性为中心的，女性是被动的，居于从属地位。由此可见，男女之间心理和行为的差异，主要是社会文化因素造成的。

综上所述，造成男女两性差异的原因是多方面的，在各种因素中，社会文化因素起着决定性的作用，学校和家庭正是按照社会的要求塑造男女两性的心理和行为，从而在根本上导致两性心理和行为的差异。

三、青少年性别差异的教育

性别差异是存在的，也是不可能彻底消失的。但这并不意味着我们只能被动地适应这种性别差异，而是要求我们正视这种差异，既要看到男女两性心理发展上的优势，也要看到各自的劣势，通过各种有效的措施，使男女两性心理得到健康发展。

（一）改革教材，克服教材中的性别偏见

学校教材一直以来都存在宣扬性别刻板甚至是性别歧视的倾向，不利于学生形成正确的性别角色观，因此，我们需要对现有的教材，特别是语文教材进行改革，增加教材中女性角色的数量，并赋予她们更多的新形象，比如说坚强、睿智的女企业家、女政治领导人的形象，同时在教材中展示男性细腻、有亲和力的一面。

（二）纠正消极的性别偏见和性别观念

在学校里，教师不正确的性别观念，不仅仅阻碍了女生的发展，同样也不利于男生的成长。如果说教师的性别偏见挫伤了女生的自信心，使她们逐渐产生了妄自菲薄、自暴自弃的自卑心理，同样也损伤了男生的自知力，使他们逐渐滋长了自以为是、好高骛远的自满心理。比如，有些男生成绩差，老师把原因归结为他们调皮贪玩，但肯定还是大有学习潜力的，甚至认为男生即使不认真学习，成绩也会优于女生的。教师对男生潜力的过高估计会使男生产生骄傲自满的心理，如果这种不良的心理状态没有得到及时克服的话，会错过智力发展的大好时机，最终一事无成。

教师应当与家长配合，多给予女生鼓励，帮助她们建立自尊心、自信心和好胜心，纠正女生思想中“女不如男”的错误认识，克服自卑感。比如，可开展丰富多彩的活动，让她们有更多参与的机会，在活动中学会自我评价；还可以引用古今中外成功女性的事例教育和鼓励女生。此外，教师还应及时引导学生做出正确积极的归因。比如，个别女生考得不好时，认为是自己笨的原因造

成的。此时老师应采用鼓励的话语，帮助学生扭转其不恰当的归因方式，对自己重新树立起信心。

(三)发扬男女生天生优势，克服其劣势

教师要根据男女生心理发展的不同特点，采取科学的教学方式，有的放矢地传授知识，培养能力，促使他们各自优势的发展和劣势的弥补。例如，教师可针对男生语言表达能力不强，但数学能力、空间知觉能力较好的特点，在加强对男生语言表达能力培养的同时，可以借助他们较好的数学成绩给他们提供成功的经验和感受，以数学的成功带动语言能力的发展。而对女生，就要在发展她们天生语言能力优势的同时，引导她们克服在学数学时产生的畏难情绪，并引导她们正确归因。

第四节　互联网时代青少年心理性别分析

在现实社会中，对个体心理性别行为表现的评价，主要受到生理性别的制约。但是随着互联网技术的发展，一个虚拟的世界呈现在了人们的眼前，在网络中，人们真实的身份可以得到充分的隐藏和保护。本节我们主要研究在网络游戏中青少年的心理性别，研究心理性别与青少年在网络游戏中的一些行为之间的关系。

一、青少年心理性别的定型

(一)心理性别定型过程始于婴幼儿期

心理性别定型涉及三个方面，一是性别认同的发展，即知道一个人要么是男的、要么是女的，并且性别是不变的；二是性别角色刻板印象的发展，即关于男性女性应该是什么样子的看法；三是行为的性别定型模式的发展，即儿童喜欢相同性别的活动，而不是通常与另一性别相联系的活动倾向。性别认同的发展主要体现在幼儿期。

劳伦斯·柯尔伯格认为,儿童对自己是男性还是女性的基本理解是逐渐发展的,整个过程经历三个阶段。

第一,“性别自认”,在2～3岁时,儿童理解了自己要么是男性,要么是女性,并对自己有相应的标识。

第二,“性别稳定性”,在幼儿期,幼儿开始理解性别是稳定的:男孩会变成男人,女孩会变成女人。然而,此时幼儿认为,女孩如果把发型变成男孩一样,那么她就变成了男孩;男孩如果玩洋娃娃就会变成女孩。

第三,“性别恒常性”,在4～7岁时,大多数幼儿理解了男性女性并不会随着情境或者个人的愿望而改变。他们明白,儿童的性别不受他们所穿的衣服、所玩的玩具以及发型的影响。

研究也表明,中国幼儿性别认同发展特点与柯尔伯格的观点是一致的。

(二)心理性别定型在青少年期尘埃落定

从青少年期开始是一个心理性别强化的时期,即关于男性女性的刻板印象进一步提升,更走向传统的性别认同。

在青少年早期,在男孩女孩经历很多身体和社会性变化的时候,他们也必须对自己的性别角色进行重新界定。青少年对性别角色的认识发展会出现波动,呈现出一种近似字母“N”型的趋势,11岁以后达到一个顶峰,而后下降,14岁左右再次上升,18岁以后稳定。

随着青春期的开始,男孩女孩与心理性别相联系的期望也会变得日益深化,男孩女孩之间的心理及行为差异在青少年早期会变得越来越大,因为这时迫使他们服从传统的男性化及女性化性别角色的社会化压力增加了。尤其是对女孩更为突出,她们这时候尝试异性活动的自由与儿童期相比已经不可同日而语。

吉利根认为青少年早期对女孩心理性别的强化具有特别意

义。她认为,女孩通常显示出对人际关系有很清楚的认识,这是她们通过倾听和观察人与人之间所发生的种种行为而获得的。女孩能够很敏感地把握到人际关系中的不同脉搏,并且常常能够追随自己的感情走向。女孩对生活的体验与男孩不同,她们有“不同的声音”。

女孩发展到青少年期,对她们来说是一个关键点。在青少年早期,女孩会意识到自己对亲密感非常感兴趣,而这在男性主导的文化中是没有什么价值的,虽然社会也推崇关心他人的、利他的女性。所以,女孩面对着一个两难问题:要么让自己显得自私(如果她们变得独立,追求自我满足),要么使自己显得无私(如果她们保持对他人的有求必应)。吉利根认为,处于青少年早期的女孩面对这一两难问题时,她们会越来越“沉默”,不再发出“不同的声音”。她们会变得更加不自信,在发表自己的意见时更具有试探性,这种状况往往会一直持续到成人期。

(三)性别认同障碍

虽然大多数人在心理性别的发展中符合文化所期望的性别定型特征,但是,仍然有少数人走了另外一条路,他们被认为存在着“性别认同障碍”。

性别认同障碍的诊断标准主要有两个方面。第一,包含了一些特别的愿望和行为,比如,像异性那样大小便,或者内心中深信一个人可以拥有异性那样的典型感受或者行为反应。第二,指的是能够使人对自己的生物学性别或者性别角色深感不安的特定行为,比如,解剖结构带来的烦躁不安,或者明显地厌恶同性的活动或者服饰。

研究表明,6%的 4～5 岁男孩和 11.8%的 4～5 岁女孩的言行举止有时候或者经常会像异性一样,并且这当中 1.3%的男孩和 5.0%女孩有时候或者经常会希望自己变成异性。然而,在6～13岁期间,男孩在这些方面的表现都下降了;对女孩而言,要么是行为方面的表现下降了,要么是愿望方面的表现下降了。

虽然在正常样本中女孩显得比男孩更希望变成异性，但是临床样本却表明男孩与女孩的比率是 7∶1。当然这并不能够解释为人口学变量上的性别差异，它反映的可能是同伴和成人对男孩女孩所表现出的异性行为的社会容忍度不同，男孩表现出女性化的行为时更容易被认为不正常。

导致儿童性别认同障碍的特定因素，在父母方面就是对孩子的跨性别行为的容忍，并且可能在儿童方面也有这种因素（比如，活动水平或者敏感性），它们能够使得跨性别行为更加突出。一旦儿童开始表现出明显的跨性别行为，尤其在性别认同还没有巩固时，儿童就可能会形成跨性别认同的自我认识，它将会起到重要的防御机制的作用，很难放弃。在导致这种情况出现的因素没有改变的情况下，更是如此。所以，相应的干预应该考虑到这一点。

二、青少年心理性别在网络游戏中的表现

（一）男性青少年对竞技游戏情有独钟

为了探究男性青少年的心理性别与游戏类型偏好是否有关，我们对其性别角色与游戏类型偏好进行了相关分析。对男性 99 名研究对象的相关分析显示，无论是男性化分数还是女性化分数，它们与大型多人在线角色扮演类游戏的偏好分数之间都不存在显著的相关。也就是说，男性个体的心理性别特点与其对大型多人在线角色扮演类游戏的偏好没有关系。

但在对竞技类游戏的偏好方面，男性化分数与对竞技类游戏的偏好分数之间存在显著正相关，女性化分数与对竞技类游戏的偏好分数之间存在显著负相关；也就是说，男性化气质越强的男性青少年，对竞技类游戏的偏好越强，而女性化气质越强的男性青少年，对竞技类游戏的偏好越弱。并且从角色扮演类游戏与竞技类游戏的相关来看，它们之间存在显著的负相关；也就是说，喜欢角色扮演类游戏的人就不太可能喜欢竞技类游戏。

(二)男性青少年更热衷于在网游中交友

为了探究男性青少年的心理性别与其在网络游戏中的同伴交往倾向是否有关,我们对其性别角色与在网游中的同伴交往倾向进行了相关分析。对 99 名男性研究对象的相关分析结果显示,男性化分数与在网络游戏中同伴交往倾向的分数之间存在显著正相关,而女性化分数与在网络游戏中同伴交往倾向的分数之间不存在显著的相关。也就是说,男性气质越突出的男性青少年,在网络游戏中进行的同伴交往越多,而男性的女性化气质与其在网络游戏中的同伴交往倾向之间没有关系。

心理性别与在网络游戏中同伴交往的倾向的相关分析显示,男性化分数越高的男性,在游戏中同伴交往的倾向就越明显,女性化分数的高低与网游中同伴交往倾向的相关并不明显。传统的男性角色特征主要包括豪爽、外向、不拘小节等,在这一点上东西方的差异并不大。这样看来,更男性化的男性会更外向、更大度、更乐于助人,正像本次研究结果显示的,他们更愿意交朋友。

虽然很多理论都提到女性化的特征更擅长处理社会人际关系,但这种结论在本次调查的网络游戏男性玩家群体中似乎并没有明显地表现出来。这可能是因为网上的人际交往与现实中的人际交往有所不同,女性人际交往的优势在网络人际交往中并不能很好地发挥作用。

(三)男性青少年排斥在网游中扮女性

为了探究男性青少年的心理性别与其在网络游戏中扮演异性角色倾向是否有关,我们对其性别角色与在网游中扮演异性角色倾向进行了相关分析。对男性 99 名研究对象相关分析的结果显示,男性化分数与在网络游戏中扮演异性角色倾向的分数之间存在显著负相关,女性化分数与在网络游戏中扮演异性角色倾向的分数之间存在显著正相关。也就是说,男性化气质越突出的男性青少年,在网络游戏中越不可能扮演异性角色,相反,女性化气质越突出的男性青少年在网络游戏中更有可能扮演异性角色。

第六章　互联网时代青少年社会认知发展研究

自20世纪70年代以来，个体的社会认知及其发展问题逐渐成为发展心理学、社会心理学乃至认知心理学研究的一个重点课题。社会认知是个体对自己和他人的心理状态、行为动机和意向做出推测与判断的过程，也是一个人的社会心理和社会行为的基础，还是外部世界和个人心理世界建立联系的纽带。由于青少年正处于积累社会认知经验、学习社会认知方法、形成正常社会认知心理的重要阶段，而且在当前青少年的社会认知会深受互联网的影响，所以青少年社会认知发展应该得到特别的关注。

第一节　社会认知发展概述

在当前，发展心理学者大多把社会认知发展作为一个与认知发展相对独立的概念提出来，社会心理学更是把社会认知作为自己的重要研究对象，并对这一领域进行相对独立的研究。

一、社会认知发展的含义

社会认知指个体对自己与他人以及各种社会现象的认知，这种认知可以理解为社会信息加工过程，个体的社会知识结构和认知结构影响着这个过程，并在这个过程中不断发展。因此，社会认知的发展，既有“结构”意义上的发展，也有“过程”意义上的发展，以及作为二者相互作用结果的社会认知“能力”的发展。具体而言，可从以下两个方面着手对社会认知发展进行理解。

(一)从主客体相互作用的视角对社会认知发展进行理解

有学者认为,在对社会认知发展进行研究时,应该坚持主客体相互作用论,即社会信息是社会认知加工的客体,人是认知加工的主体,在信息加工过程中,主体和客体之间存在着动态相互作用。人在与自然事物和社会他人的相互作用中获得了一定的信息加工能力(如认知图式或知识结构),以及影响信息加工的其他主体特征(如情绪、情感、态度、习惯等),这就使人具备了成为认知加工主体的条件。当人接受内外环境提供的信息并进行信息加工时,人作为主体,信息作为客体,就构成了主客体相互作用的对象关系。信息的特征、主体的特点都影响着信息加工的过程。比如,面对同一类情境,信息量的多少、主体的认知结构和情感都影响着主体对情境所作出的解释和反应。同时,人的信息加工能力、情绪情感在主客体相互作用的信息加工过程中也会得到改进或改变。

这里需要特别指出的一点是,人为达到目的而力图控制环境的需要是社会认知的动因,这就使人在认知的过程中,自觉不自觉地改变了环境,同时一个人如果知道自己被作为认知对象时,他也会有所改变。例如,人为了控制他人对自己的印象,会有意改变自己的行为和表现。因此,有学者认为,儿童社会认知发展不是其一般认知的一种简单的表现或反映。因为社会认知的对象是其生活于其中的社会环境,儿童主要不是作为单纯的认知者,而是作为积极的行为者,在与他人频繁的相互作用过程中实现着对社会环境的认知。

总之,在对社会认知发展进行理解时,需要站在主客体相互作用的角度,以切实把握个体社会认知发展的规律。

(二)从过程和结构整合的视角对社会认知发展进行理解

社会认知采用信息加工过程模式来理解社会心理现象,它倾向于认知过程的研究。它与行为主义相比,更注重研究过程,研究过程，企图考察社会信息加工的各阶段，即人面临刺激时经过几个加工阶段才能作出反应，以及各个阶段有哪些特点。然而，只从过程的角度并不能完全理解社会认知的发展机制。总体而言，儿童和成人的社会信息加工过程通常比较类似，只是在某些加工机能上有水平的差异。社会认知发展更本质的内容应该是社会性知识、社会认知结构的变化，而且它与社会信息加工的效率相互作用。因此，应该从过程与结构相互结合的视角来对社会认知发展进行理解。

二、社会认知发展的研究起源

在当代心理学的研究中，社会认知研究虽然呈现出盛况空前的局面，但它作为一个独立研究领域只有十分短暂的历史。绝大多数心理学家认为，社会认知发展研究起源于20世纪70年代中期或80年代初期。虽然社会认知发展的研究历史很短，但发展迅速。另外，在当代发展心理学中，关于社会认知发展的研究起源有以下两个。

（一）认知发展心理学

皮亚杰是认知发展心理学的奠基者，虽然他的研究重点是儿童对物理世界的认知发展，但他在儿童社会认知方面也进行了一系列卓有成效的、开创性的研究。比如，皮亚杰关于儿童道德判断的研究揭示了由客观责任向主观责任过渡的发展规律，即儿童的道德判断是从重视行为后果逐渐发展到以行为动机作为道德判断的依据。其“三座山”实验揭示了具体运算阶段儿童自我—他人关系认知中的自我中心主义以及与自我中心相联系的角色，采择能力的发展等。皮亚杰的这些研究工作和理论观点，使得人们认识到在个体行为的发展中社会认知所具有的调节作用，并为人们进一步研究社会认知发展奠定了基础。

（二）社会心理学

“自我”一直以来都是社会心理学研究的一个重要课题。自19世纪末期詹姆斯把自我区分为主我和客我之后，库利、米德、费斯廷格等众多的心理学家对自我进行了连续不断的研究。库利提出了“镜像我”概念，米德提出了自我发展的“角色采择”理论，苏利文阐述了“重要他人”在儿童早期自我概念形成中的作用等。他们都强调社会互动是自我发展的基础，如库利的“镜像我”理论认为，他人的作用就像一面镜子，个体的自我概念是对他人判断的反映。不过，这些社会心理学家由于受到行为主义的影响，关于自我的研究重点主要放在群体的作用和人际关系的影响上，而对自我的内部心理结构的研究相对重视不够。随着认知心理学的兴起，社会认知的研究逐渐开始把重点放在自己和他人的认知上，如近年来的归因研究、印象形成等。因此说，在社会认知发展的研究中，社会心理学也是一个重要的来源。

三、社会认知发展与情绪、智力的关系

（一）社会认知发展与情绪的关系

1.社会认知发展对情绪的影响

个体的情绪反应，在一定程度上取决于其是如何思维的，即认知发展的水平。由于认知加工和情绪反应最终又要在社会行为中表现出来，三者是相互联系而彼此不可分离的。三者中，认知通常是基础，情绪反应的不同水平依赖于个体对周围世界或事件的认知水平，反过来，不同的情绪水平也往往影响着认知过程。

在心理学的发展中，有不少学者都对情绪、认知、行为反应的关系问题进行了研究，情绪的认知理论便是其中一个。该理论是由美国心理学家沙克特和辛格提出来的，他们认为情绪反应取决于对情境的解释，解释是受内在的认知系统控制的。他们做了许

多实验来证明认知性评价对情绪反应的重要性，但是他们并不否认生理因素的影响。他们认为，情绪状态是由认知过程、生理状态与环境因素三者在大脑皮层整合的结果。

除了情绪的认知理论外，认知性评价与情绪反应的理论也是对情绪、认知、行为反应的关系问题进行研究后得出的一个重要成果。该理论是由拉扎鲁斯提出的，他认为人所处的具体环境对自身的利害性质，决定个体的具体情绪，同一种环境对不同的人产生不同的情绪结果，是因为它对不同人产生了不同的意义。因此，情绪是对意义的反应。在情绪活动中，人们需要不断地评价刺激事件和自身的关系。拉扎鲁斯将这种刺激评价区分为三个不同层次，即初级评价、次级评价和再评价。其中，初级评价是指个体评价情境对自身产生的意义以及利害关系的程度，初级评价随时随地都会发生，是个体生存适应的一个重要方面。初级评价有三种类型：无关，即刺激被评价为与人的利害无关，这一评价过程立即结束；有益，即情境被解释为对人有保护的价值，这类评价可带来愉快、舒畅、兴奋、安宁等情绪；紧张，感到有压力，即情境被解释为使人受伤害，从而产生失落、威胁或挑战的感觉。严重的紧张性评价可导致应激反应。次级评价是个体对拟采取的应对策略进行的评估，一般用以解释个体评估自己应对压力后造成伤害或威胁的程度。当人们要对刺激事件做出行为反应时，必须根据主观条件和客观社会规范来考虑行为的后果，从而选择有效的措施和方法。在这种评价过程中，日常经验起着重要的作用。再评价是以环境中新信息为基础，对所选择的应对策略和后果进行的再评估，其本质是一种反馈性的行为。对情境的再评价，包括对应对策略和身体反应的反馈结果的评价，会引发情绪的唤醒，如成就感与挫败感，并相应调整自己的应对行为。总之，个体的社会认知会对情绪产生重要的影响。

2. 情绪对社会认知发展的影响

情绪对社会认知发展的影响，主要是通过以下两个方面表现出来的。

（1）情绪会影响社会信息加工的策略

情绪会对社会信息加工的策略产生重要的影响，这主要表现为人在情绪不好的状态下，更可能运用系统的、数据驱动的信息加工的策略，对问题的细节给予更多的关注；而人在情绪好的状态下，更有可能基于先前的经验和知识结构，运用启发式的、自上而下的加工策略，较少会对问题的细节进行关注。

（2）情绪会影响社会认知的效率

社会认知的效率会受到情绪的显著影响，对此很多学者就进行了论证。比如，Bryan 等人运用道奇的社会信息加工模式理论研究了情绪对社会信息加工过程的影响，结果发现不同情绪（自我诱导的积极情绪、音乐诱导的积极情绪、音乐诱导的消极情绪和中性情绪）对信息加工过程中解释的准确性和反应措施的多少有不同的影响，积极的情绪可以促进社会信息加工的效率，而消极情绪的影响则会导致社会信息加工的效率降低。Bower 的研究表明，情绪状态会影响记忆的效果，即相对于正常的情绪状态，愉快的情绪状态下对愉快事件的记忆效果要好些，而在悲哀的情绪状态下对悲哀事件的记忆效果要好些。可见，人的情绪状态与记忆之间存在正相关关系。由于社会信息加工的效率以及记忆等会影响社会认知的效率，由此可以推出情绪会影响社会认知的效率。

关于情绪影响社会认知效率的机制，Schwarz & Clore 进行了解释。他们认为，情绪对社会认知影响的机制主要有两种：一方面，人在做出判断时，人的情绪本身就是一种信息的来源，尤其是人会询问自己对事物的感受如何，从而来简化判断的过程，特别是某些判断本身就是个体对目标的情感反应，如前面提到的消费决策。另一方面，由于情绪的弥漫性，个体一般很难把社会判断和最近存在的情绪状态清楚地区分开，而把对目标对象的情感反应和当时的情绪状态混淆起来，导致这样一种现象，即个体在心情好时对目标对象的评价是更为积极的，在心情不好时对目标对象的评价绝大多数情况下都是消极的。

（二）社会认知发展与智力的关系

智力是保证个体有效地认识客观事物稳固的心理特征的综合，即感知（观察）、记忆、想象、思维、言语和操作能力的综合，其核心成分是思维能力。由于智力是个体稳定的心理特征，因此可以视智力为认知过程的结果，是认知的功能性体现。所以，如果儿童的社会认知仅仅是其一般认知的一种表现，其发展水平完全由一般认知发展所决定，或者两者的发展是完全平行的，那么儿童的社会认知能力与其智力水平之间必定存在较高的正相关关系。

在1985年，美国发展心理学者佩里格雷尼运用威克斯勒智力测验量表测查了小学3～6年级儿童的人际理解能力和手段—目的问题解决能力跟IQ之间的关系，发现两种社会认知能力与IQ之间存在着中等强度的相关关系（相关系数分别为0.57和0.45），这是目前有关研究所发现的关于儿童社会认知能力与智商之间相关系数的最大值。这表明，青少年的社会认知能力并非只是其一般认知能力的简单表现或反映，两者的发展也不是完全平行的。由此我们可以认为，青少年的智力发展与社会认知发展不是平行的，也不存在简单的因果关系，但在发展水平上是比较统一的。因此，关于社会认知发展与智力的关系，我们可以这样进行描述：智力发展是社会认知发展的必要条件，但智商高并不一定社会认知发展水平就高。

第二节　不同领域社会认知的发展

由于社会认知是人们对自己、他人、人际关系、文化习俗以及社会制度等进行了解的重要途径，且包含的内容是十分广泛的，因而在对社会认知及其发展进行研究时，会涉及众多的领域。在本节中，将讨论社会性概念的理解、印象形成、心理理论等方面的发展问题。

一、社会性概念理解的发展

公平、权威、惩罚、道德规则、习俗等都属于社会性概念。这里以儿童对惩罚概念和谎言的理解为例，说明个体在有关概念方面社会认知的发展。

（一）儿童对惩罚的理解及其发展

在对儿童关于惩罚的理解及其发展进行研究的学者中，最为著名的是塞尔曼。在他看来，儿童对从父母那里得到的惩罚的理解，会经历以下几个发展阶段。

第一，儿童懂得惩罚是跟在错误行为后面的，但他们还无法推断出父母对自己进行惩罚的动机。

第二，儿童推断了父母对自己进行惩罚的动机，或是为了保护他们，或是为了教训他们什么是错的。

第三，青少年前期的个体认识到有时惩罚是灌输害怕（焦虑），达到内化后用来控制行为，他们还认识到惩罚是父母想要表达关心他们健康的一种形式。

第四，青少年认为惩罚只是一种对行为进行控制的方式，但这种方式并不是最好的。同时，他们理解惩罚是父母为了表达他们的需要和个性。

第五，青少年认识到惩罚可能反映了部分父母无意识地想从心理上对别人进行控制。

通过塞尔曼的研究，我们可以发现儿童对惩罚概念的理解会受到其认知发展水平的影响。比如，对惩罚理解的最后两个阶段分别与皮亚杰认知发展理论中的形式运算的 A 阶段和 B 阶段相对应。

（二）儿童对谎言的理解及其发展

“谎言”这一概念，包括了说不真实的话和欺骗的意图两个成分。皮亚杰曾经就意图线索对儿童道德判断的影响进行过研究，发现只有到了 10～11 岁，儿童才能把说话者的意图作为定义说谎及其道德判断的重要因素，而在此前儿童往往不能区分谎言与错误，认为错误的话也是谎言。

在判断“说谎”或“谎言”时，绝大多数研究者认为，不仅要看是否说有违事实的话和有无欺骗的意图，还要考虑说话者是否认识到自己在说谎，这就是关于谎言的原型理论的观点。

原型理论通过三个语义成分定义了说谎的原型特征：一是言语表述与事实相违背（事实成分）；二是说话者知道此言语表述是假的（信念成分）；三是说话者有意欺骗听者（意图成分）。这个理论假定了事实、意图及信念三个成分在个体定义说谎时所占的比重不尽相同，因此它们对说谎概念的贡献也不一样。有研究检验了不同年龄儿童如何使用这三个成分定义谎言。研究结果表明：幼儿园儿童不会以系统的方式来使用“谎言”或“真话”的概念；小学一年级儿童只以事实为依据来判断“谎言”或“真话”；五年级学生，尽管不能把三种成分整合起来考虑，但信念成分勉强地超过了事实，而这也只有在说话者欺骗的意图非常明确的情况下才如此。由此可知，对于不同年龄的儿童来说，在对“说谎”或“谎言”进行判断时，三个成分的权重是不相同的。

不过，原型理论缺乏对说谎发生有重要影响的社会背景或文化因素的考察，这是该理论的一个重大缺陷。因此，在 20 世纪 80 年代末，Sweetser 提出了有关说谎的民俗模型。该理论把社会习俗看成说谎概念及其发展的一个整合性决定因素，并预测与说谎有关的社会习俗会强烈地影响说谎概念及其道德评价的发展。

二、印象形成的发展

印象形成实际上是对人际知觉的结果，反映了个体对他人的认识。儿童从婴儿期开始，就能收集信息用以对周围的人进行分类。例如，一个3个月大的孩子，就对母亲的照片比对其他妇女的照片给予更长时间的关注，这表明他们能够认出亲密的陪伴者，能将母亲与陌生人区分开。到2岁半，儿童能够理解性别标签方面的信息，将照片上的人区分成男孩和女孩，此后不久，儿童具备了关于家人和玩伴的相互区别的印象。这种分类式的印象，实际上是一种认知简化或标签化，是一种对他人进行把握和理解的重要方式。也就是说，婴儿和幼儿应该能够形成具体的关于他人的印象。不过，这些印象主要涉及的是物理特征方面的信息，很少会包括心理特征方面的信息。

个体在进入学前时期后，开始能够对他人行为中展现出的心理品质有所理解。Shultz的研究表明，3岁儿童也具备一定的意图知识，能够将预期动作和反射之类非有意行为区分开。对于Shultz的研究结果的可信度，虽然有人表示怀疑，但至少说明3岁儿童关于意图的认知已经开始萌芽了。Shaffe的研究表明，3～5岁的孩子已经理解别人的行为反映出的明确动机和意图，他们知道自己最好的玩伴在各种情况下的典型表现。然而，人格特质方面的描述，对于7岁以下的儿童没有多少意义。5～7岁的孩子并不愿意和一位被描述为“好孩子”的同伴一起游戏，而更关心的是同伴有吸引力的玩具。相反，9岁的儿童更愿意和有良好品质的同伴一起玩，而不是只要有玩具就可以。

个体在进入学龄阶段后，不再仅用具体特征（如拥有什么玩具、生理特点）描述其同伴或朋友，而是用心理术语来描述。心理学家巴伦波就学龄儿童对他人印象的认知提出了一个三阶段的顺序发展模型，具体如下。

第一，行为比较阶段。6～8岁儿童谈到认识的人时，常常将具体行为加以对比，如“小明比小刚跳得高”“小李的吃饭速度最快”等。在此阶段之前，儿童对同伴的行为只做简单的绝对化描述，如“小李最快”，而不作明显的比较，即对比两个人在某种行为上的差异。

第二，心理结构阶段。当8～10岁的儿童持续地观察到同伴行为的一定规律时，对这个人的印象的形成就开始依据其现有的稳定的心理结构或特质了。比如，8～10岁的儿童谈起某个同学时可能会说“他很勇敢”等。但这一阶段的儿童还不能在这些心理维度上对儿童加以比较。

第三，心理比较阶段。11～12岁左右，儿童就开始从一些重要的心理维度上对认识的人加以比较和对照。比如，小花是班上最害羞的同学。

巴伦波在研究中还进一步指出，儿童在描述他人时从“行为比较”向“心理结构”的转折发生在8～9岁，这时儿童刚刚进入皮亚杰的具体运算阶段，发现规律和分类的能力有了明显的增长；儿童从“心理结构”向“心理比较”的转折发生在12岁左右，这正是大多数儿童进入形式运算阶段、获得抽象思维能力的时期。可见，儿童对自己和他人知觉的发展转折与皮亚杰的认知发展阶段是大体一致的。

三、心理理论的发展

心理理论就是“个体对他人心理状态以及他人行为与其心理状态的关系的推理或认知”[①]。通过心理理论，个体能够对他人的行为做出解释。在当前，有关心理理论发展的观点主要有以下几个。

（一）理论论

维尔曼是理论论的代表人物，该理论认为，儿童心理理论的发展是一个渐进的过程，即儿童预先没有关于自己和他人心理状

① 张文新.儿童社会性发展[M].北京：北京师范大学出版社，1999：259.

态的知识，而是通过个体建构获得的，然后以此为基础解释自己和他人的心理状态。同时，该理论认为，儿童的心理理论包括三个方面的内容，具体如下。

第一，该理论明确了一组只出现于心理领域而不出现于其他领域的实体或过程（哲学上称为本体论），如信念、愿望和思维等实体或过程都只存在于心理领域。

第二，该理论含有为心理所特有的因果原则——什么影响心理以及心理影响什么，如“想要”这种意图导致搜寻行为，但是它本身不导致物体的运动。

第三，一个心理理论将心理视为有组织的相互联系的心理状态，这组心理状态既与源自现实世界的输入相联系，也以行为的方式与输出相联系。例如，一个儿童想要玩具，并相信在某个箱子里可以找到玩具，因此儿童就到箱子里去寻找。

理论论者认为，儿童心理理论的发展，主要是得益于经验。当经验提供给儿童的信息不能用已有的心理理论解释时，儿童就要修正和改进他们的心理理论，这与皮亚杰的一般认知发展的结构观点类似。

关于儿童心理理论发展的阶段，维尔曼认为主要有三个。第一阶段（2 岁）为“愿望心理学的心理理论”。这个年龄儿童的心理理论建立在“愿望心理学”的基础上，他们假定人是有愿望的，这种愿望影响着人的行为。例如，一个孩子会因为愿望的指引而去找玩具。但是，2 岁儿童还不能认识到个体间信念的差别（即每个人有对世界的不同表征），以及主观和客观的差别。第二阶段（3 岁左右）为“以愿望—信念为基础的心理理论”。到这一阶段，儿童对他人心理的认知中不仅能够考虑到他人的意愿，而且能考虑到他人关于世界的信念。此外，这时的儿童能够认识到信念的个体间差异及其与客观现实的区别（信念有对错之分）。不过，他们解释和预测自己与他人的行为时仍然以愿望的满足与否为出发点，而不是根据信念。第三阶段（4 岁开始）为“以信念—愿望为基础的心理理论”。到达这一年龄，儿童认识到了行为是由信念和愿望共同决定的，认识到信念是个人关于世界的解释，而不是对世界的拷贝，而且这种解释有时是正确的，有时是错误的。

（二）模拟论

Harris 是模拟论的代表性人物，他认为，儿童通过内省的方式认识自己的心理，利用关于他们自己的心理状态的认识，去模拟或推测其他人的心理状态及其与行为之间的因果联系。在成功模拟他人愿望的基础上，个体便能预期他人试图达到某一目标的行为，以及该愿望是否达到时引发的情绪。通过这种以己推人的程序，儿童在实践中便能建构更一般的心理理论。

对模拟论进行深入分析可以发现，儿童的模拟实际上有假装的意思，即假装我是别人来体会别人的想法和感受。哈瑞斯曾提出，儿童对其他人心理状态的认识部分地源自他们的假装游戏。比如，2 岁的孩子开始利用他们的想象，玩各种娃娃游戏，想象着娃娃饿了就给他们吃东西，想象着娃娃冷了就给他们穿衣服。这种假装能力，来自婴儿对他们自己的心理状态的觉知和想象，并推己及人地知道娃娃可能的愿望，设想他们为了达成愿望需要进行哪些行为。可见，儿童的心理理论的获得，是在游戏活动中建构起来的，而非模块论所谓的先天模块成熟的结果。在心理理论的获得问题上，模拟论与理论论的看法类似，即强调后天经验的作用。

（三）模块论

莱斯里是模块论的重要代表者，他认为指引儿童的心理理论发展的是神经成熟，而不是经验对理论的修正。经验只不过是在身体成熟期间，对心理理论的发展起着触发作用。同时，莱斯里指出，模块机制共有三种，他们相继成熟导致了心理理论的发展，第一个是身体机制理论模块，大约在出生后 3～4 个月开始形成。它主要加工物质客体的行为信息并对其机械特征加以表征，使婴儿认识到动因性客体有内在的能源使他们自发运动。另外还有两块心理机制理论模块，其中一个大约在6～8个月开始形成，另一个在18个月开始形成。前者加工动因性客体和他们的目标指向行为方面的信息，后者使个体能表征不同的主体对命题真实性所持的态度，如假定、认为、想象、希望等，并负责元表征的加工。

第三节　青少年认知发展的特点

认知发展在不同的年龄阶段具有不同的特点，下面我们从注意、记忆、感知、想象、思维等认知的主要方面着手，详细阐述一下青少年认知发展的特点。

一、青少年注意发展的特点

青少年注意发展的特点，具体来说有以下两个。

（一）注意品质得到全面发展

1.注意稳定性迅速提高

青少年随着自身意志力的不断发展，对自己的注意进行控制的能力会显著增强，注意稳定性也会得到迅速提高。林镜秋等人的研究表明，中学生无干扰注意稳定性是随年龄增长而上升的，且女生优于男生，但到了高中女生与男生相比优势不再显著，与初中女生的差异也不大。这说明，女生注意稳定性从初中到高中发展缓慢。

2.注意的广度获得长足发展

除了注意的稳定性得到发展外，青少年注意的广度也有了长足的提高。青少年时期是知识经验迅速积累的时期，因此注意的广度也会迅速提高。陶惠芳等人的研究表明，随着年龄增长，个体的注意广度日益扩大，并且13岁儿童的注意广度已接近成年人水平。

3.注意的分配能力有一定发展但发展缓慢

据相关研究表明，青少年的注意分配能力相比之前来说会有一定的提升，但发展的速度总体来说是比较缓慢的。

(二)注意逐渐向高级形态发展和深化

注意的发展是分阶段进行的，而最初发展的是无意注意。个体的无意注意在最开始时是因为外部刺激物而产生的，后来随着个体兴趣、爱好等的逐渐稳定，其对无意注意的影响越来越大。这表明，兴趣、爱好的稳定是促进个体无意注意发展的重要因素。青少年无意注意的发展，从总体上来说呈现出先快速增长再缓慢下降的趋势，其中在初二时达到顶峰。

青少年除了无意注意得到一定的发展外，有意注意也得到迅速发展，并且呈现出主导无意注意的趋势。这具体表现在青少年有了较强的学习自觉性、目的性和计划性；青少年能够对注意进行良好的自我组织、调节与控制；青少年在某一事物或某一事件上保持较长的注意力等。此外，青少年的有意注意伴随着其年龄的增长、经验的丰富等会逐渐稳定，并会出现一种更为高级的注意形态——有意注意。

二、青少年记忆发展的特点

青少年记忆发展的特点，具体来说有以下几个。

(一)识记方法以理解识记为主

在对记忆对象进行记忆时，依据其与已有知识的联系进行识记，便是理解识记。理解识记是与机械识记相对的，而且记忆效果通常会比较好。

青少年在进行记忆时，机械识记和理解识记这两种方法都会用到，但会呈现出理解识记逐渐取代机械识记的趋势。此外，青少年的理解识记是逐渐发展的，但机械识记在达到一定的水平后几乎保持不变。

（二）有意识记占主导地位

个体在对识记对象进行识记时，若是表现出一定的目的性与计划性，便是有意识记。有意识记的实现，通常需要个体付出一定的意志努力。

青少年自初中阶段起，其有意识记便逐渐占据了主导地位，但此时青少年的有意识记在很大程度上依赖于成人的帮助。进入高中阶段后，青少年开始能够对自己的识记目的、识记任务等进行自觉的、自主地、独立的规划与安排，并能依据自身的实际情况选择适合自己的识记方法，对识记的过程与效果进行自觉地自我监控与自我检查。

（三）抽象记忆占优势

青少年在进行记忆时，抽象记忆法和形象记忆法也是两种经常会用到的方法。从总体上来看，青少年的抽象记忆的水平是远远超过形象记忆的。虽然如此，形象记忆对于青少年来说仍是不可或缺的。只有在形象记忆的基础上，青少年才能更好地理解抽象材料，继而实现抽象记忆。

三、青少年感知发展的特点

青少年感知发展的特点，具体来说有以下几个。

（一）感知觉具有较强的随意性

个体按照预定的目的自觉地调节自己的感知活动能力，便是感知觉的随意性。它是个体顺利完成学习任务必备的心理品质。青少年的感知觉的随意性，主要表现在两个方面：一方面是青少年在进行观察时，能够对有意注意和无意注意进行交替运用，从而使得观察能够持续更长的时间；另一方面是青少年在进行观察时，开始能够自主地制订观察计划，并能够在观察活动中进行有效的自我监控，从而使观察能够持续较长的时间。

（二）感知能力逐步增强

个体的感觉能力，在青少年时期会获得较大发展。朱智贤的研究表明，个体在15岁前后，其视觉和听觉等感觉能力甚至超过成人。除此之外，青少年的其他感觉也有很大的发展，特别是关节、肌肉的感觉能力得到很大的提高。这为青少年从事写字、绘画、体育等活动提供了必要的条件。

（三）时空知觉获得较大发展

1.时间知觉获得较大发展

青少年相比儿童期来说，在时间知觉方面会获得重要发展，这主要是通过以下几个方面表现出来的。

第一，青少年对于时间单位的理解越来越准确，即几乎对各种时间单位都有了确切的理解。

第二，青少年对历史事件单位如纪元、世纪等，开始有了一定的理解。

第三，青少年开始能较好地感知某一事件或现象的时间顺序。

2.空间知觉获得较大发展

青少年相比儿童期来说，在空间知觉方面也会获得重要发展，这主要是通过以下两个方面表现出来的。

第一，青少年在对空间进行知觉时，表现出日益明显的抽象性。

第二，青少年的空间观念呈现出越来越宏观的趋势。

四、青少年想象发展的特点

青少年想象发展的特点，具体来说有以下几个。

（一）随意性较强

想象的随意性，主要是通过两个方面表现出来的：一方面是个体能够自觉地对想象的目的、任务等进行明确；另一方面是个体在展开想象时，能始终围绕着目的进行。

处于初中阶段的青少年在进行想象时，能够在想象的过程中始终围绕着主题进行，并能在一定程度上抵御其他因素对自身想象的干扰。但是，这一时期青少年的想象具有很明显的被动性，而且在明确想象的任务时不够主动。进入高中阶段后，青少年不仅能够对想象的任务进行主动构建，而且能较好地完善内容复杂的想象任务。

（二）创造性想象逐渐凸显

青少年伴随着自身日益提高的想象认知操作能力以及对表象内容的理解越来越深刻，其想象的创造性也获得了迅速发展。从总体上来看，青少年的想象创造性呈现出普遍提高的趋势，但是不同的青少年在想象的创造性水平方面存在较大差异。

（三）想象更富于现实性

青少年随着自身不断发展的词语发展能力以及感知能力，在进行想象时能够对客观现实进行更为全面与准确的反映。也就是说，青少年的想象更加富有现实性。此外，青少年在进行想象时，能主动对与实际不相符合的想象进行抑制，从而使想象中的虚构成分大大减少。虽然如此，青少年在中学阶段，不切实际的想象还时有发生，个别学生还会胡思乱想。这不仅严重影响了初中生的正常学习，而且可能导致初中生的人生道路走偏，因此中学生在进行想象、发展自己的想象能力时，要切实使其保持一定的现实性。

五、青少年思维发展的特点

青少年思维发展的特点，主要有以下几个。

（一）思维的整体结构日渐形成并趋于稳定

青少年伴随着教学活动的开展，思维的整体结构会日渐形成并趋于稳定，这主要表现在以下几个方面。

1. 抽象逻辑思维得到较快发展

抽象逻辑思维是一种假设的、形式的、反省的思维，其发展能够为青少年学习各种理论提供必要条件。青少年的抽象逻辑思维发展较快，并在初中阶段开始占主要地位。在高中阶段，青少年的抽象思维不仅占绝对的优势，而且由经验型向理论型过渡。此时的青少年已经能运用理论做指导，来分析各种事实材料，从而扩大自己的认识领域。

2. 形式逻辑思维得到进一步发展

形式逻辑思维是一个从具体到抽象的过程，它撇开事物之间的个别性、差异性和矛盾性，反映事物的本质或属性，是一个片面、静止和抽象的过程。青少年的形式逻辑思维已经获得了大幅度的发展，并在其思维活动中占主导地位，具体表现在以下几个方面。

（1）能够运用假设进行思维

青少年相比于儿童来说，能够更高程度地建立和检验假设。假设是猜想、推测因果之间的关系。青少年在初中阶段，相比于小学阶段来说能够在更高的程度上建立假设并对其进行检验，而且他们在面临和解决问题时通常通过仔细分析问题情境，找出存在于问题情境中的各种可能性，然后提出多个假设，再通过逻辑分析对这些假设逐一进行验证。到了高中阶段，青少年则使用更加完整和完善的步骤来进行假设思维。在面临问题时，他们通常有一个完整的解决问题的方案，首先提出问题，再明确问题，接着提出假设，然后制订解决问题的方案，最后实施方案来检验假设是否正确。

(2)推理能力不断发展

青少年从初一起，便已具备了各种推理能力，但还属于初级水平。有关研究表明，初中、高中学生在形成推理能力的发展上存在着一定的年龄特征。另外，初中生逻辑推理能力的发展是不平衡的，总体来讲归纳推理的能力高于演绎推理的能力。高中二年级以后，学生的推理能力已基本达到成熟，各种推理能力都达到了比较完善的水平。

(3)运用逻辑法则的能力发展但具有不平衡性

青少年运用逻辑法则的能力也在不断发展，他们已经基本上掌握并能运用逻辑法则，而且对各类逻辑法则的掌握主要表现在对于矛盾律、排中律和同一律的认识上。不过，青少年虽然运用逻辑法则的能力有了很大发展，但具有显著的不平衡性。其中，矛盾律掌握最好，同一律次之，排中律最差。

3. 辩证逻辑思维得到进一步发展

辩证逻辑思维是更高级的思维过程，它统一事物的个别性、差异性和普遍性，对事物之间的矛盾运动进行反映，从而帮助个体全面、灵活、具体地认识事物的本来面貌。

青少年的辩证逻辑思维也在迅速发展，其发展趋势是在初一已经开始掌握辩证逻辑的各种形式，但水平较低；在初三辩证逻辑思维则处于迅速发展阶段，是一个重要的转折时期；到了高中阶段，辩证逻辑思维达到基本成熟的水平，并已处于占优势的地位。青少年辩证逻辑思维的成熟，标志着青少年思维的整体结构的形成。

除此之外，青少年的动作思维和形象思维仍在发展，并与抽象逻辑思维和辩证逻辑思维相融合。动作思维的发展促进了青少年技术能力的发展,形象思维的发展促进了青少年艺术能力的发展。

(二)思维的创造性日益增强

思维的创造性即创造性思维是“重新组织已有的知识经验,提出新的方案或程序,并创造出新的思维成果的思维活动”[①]。

青少年随着年龄的增长以及自我意识的增强,其创造性思维水平呈现出不断向前发展的趋势,而且年级越高,创造性思维成绩越好,但发展速度是不均匀的。不过,青少年的创造性思维是不成熟的,具体表现为鉴别力不强,易受错误思维的影响;在遇到困难时,容易动摇等。

(三)思维的深刻性日益提高

青少年在初中阶段时,随着抽象逻辑思维水平的提高和知识经验的不断丰富,能较好地利用各方面的知识来加强对抽象材料的理解。这表明了处于初中阶段的青少年的思维已经具有了一定的深刻性。但是,青少年这一时期的思维还存在着一定的表面性和片面性。

进入高中阶段后,青少年的思维基本上接近于成人,处于成熟水平,这主要表现在以下几个方面。

第一,青少年在高中时期能摆脱具体事物的限制,较好地运用理论假设进行思维活动。

第二,青少年在高中时期的思维具有较高的预见性,这反映出高中生对事物间的关系已有了深刻了解。

第三,青少年在高中时期能自觉地使用形式逻辑规则进行思维活动。

需要特别指出的一点是,青少年在高中阶段的思维深刻性虽然高于初中阶段,但有时也存在着一定的片面性。

---

① 王振宏.青少年心理发展与教育[M].西安:陕西师范大学出版总社有限公司,2012:40.

第四节 青少年对权威和社会规则的认知

在青少年的社会认知发展中，对权威和社会规则的认知是十分重要的一项内容，而且会对青少年的行为与社会适应产生重要的影响。

一、青少年对权威的认知

（一）权威的含义

权威是指在社会体系中表现出来的制度化的合法权力，以及行使这种权力的个人。

一般而言，权威有两种表现形式：一种是正式权威，主要是法律法规、条例等通过正式的程序赋予某个群体或个人某种权力。由于掌握这种权力在解决具有社会意义的问题时所产生的影响，这种权威受主体在群体中的角色所制约。另一种是非正式权威，主要是某个个人由于其本身具有一些突出的品质、经历、学识等而在群体中产生影响并得到群体其他成员的承认。具有这种权威的人本身并没有权力，然而由于他的某些突出的个性品质，特殊的生活经历或某种学识在广大人民群众中的影响，或在非正式小群体中出于某人在人际关系中的吸引力和所处的地位而产生的影响，并得到其他成员自发的承认。

（二）青少年对权威认知的特点

权威认知是社会认知的重要组成部分，是个体社会化发展的重要途径。个体对权威的认知大约起源于 4 岁左右，随着年龄的增长而增长。对于青少年来说，权威意味着父母、教师和有影响力的同伴，权威认知包括对权威关系及权威特征的认知。

在个体权威认知的研究方面，最为著名的研究者是美国心理学家达蒙。他采用道德两难故事法，研究了4～9岁儿童的权威认知发展。在故事中，他设计了儿童熟悉的生活情境，并围绕父母权威与同伴权威的约束、实施权力的依据或基础提出一系列问题。之后，他根据不同年龄的儿童对两难问题的反应，推断其对权威与服从的认知发展的趋势。经过研究，达蒙将儿童的权威认知发展分成以下六个阶段。

第一阶段，处于这一阶段的儿童无法把权威人物的要求与自己的需要区别开来，对权威持一种盲目崇拜和依赖的态度，在行为上倾向于无条件服从。

第二阶段，处于这一阶段的儿童能够意识到权威人物的要求与自身愿望之间的冲突，并通过对权威的单向服从来消除这种冲突，避免可能发生的麻烦。同时，儿童由于权威具有比自己更大的力量，因而认为权威的要求就是合理的，如果拒绝服从的话就会受到惩罚。

第三阶段，处于这一阶段的儿童把权威看成是什么都懂得的、十全十美的人，认为权威的看法绝对正确，由此对权威产生了无比的崇敬，对权威的惩罚非常惧怕。

第四阶段，处于这一阶段的儿童开始将服从建立在交换和互惠原则基础上，即将服从看成对权威的报答或为了获得某种补偿而进行的投资。

第五阶段，处于这一阶段的儿童开始抛弃对权威的盲目崇拜和无条件服从，同时理性的评价逐渐形成，并越来越意识到服从是有条件的。此外，处于这一阶段的儿童认为权威是权力相同但能力和经验不同的个体之间的一种关系，而权威的合理性则在于领导和控制他人的特定能力。

第六阶段，处于这一阶段的儿童只把能够为集体成员带来福利的人作为权威来对待，同时这一阶段的儿童认识到权威不是绝对的而是相对的，因此将对权威的服从与具体情境相联系，而不是与绝对地位相联系，即在不同的情境中，具备相应的品质和特点的人才是权威。

对于青少年，个体的权威认知与儿童相比有了明显的变化，这通过我国学者张卫等人对我国5～13岁儿童的权威认知进行的研究便能得到证明。他们运用设置权威情境和两难故事的方法，分别研究了5岁、7岁、10岁和13岁儿童对父母权威的认知。结果发现，儿童服从父母的因素随年龄增长而变化，学前期主要是父母的行为和身份定向，而到了13岁左右时则更加注重知识、回报和关心。在公平与父母权威冲突中，年幼儿童不能分辨公平与权威；随着年龄的增长，儿童逐渐由盲目服从发展到追求公平，再发展到追求"公道"（即考虑到自己的地位、自己与父母的关系等因素）；而到了13岁时又因为进入青春期后自主性和独立性增强，活动范围进一步加大，儿童又再次反抗父母而追求公平。

二、青少年对社会规则的认知

（一）社会规则的含义

社会规则是人们行为模式的明确规定，起着指导、协调人们行为的准则或标准的作用。同时，社会规则是社会范围内所形成的共识或价值观念的一种公开的和权威性的表示。社会规则根据适用范围的不同，可以分为三类，具体如下。

1.道德规则

道德规则的适用面最广，它出于维护公平和所有社会成员的利益而被绝大多数人所认同并严格地被遵守，比如不能对他人进行身体和心理上的伤害、在公交车上应该给有需要的人士让座等。一旦违反道德规则，个体就要承担起相应的责任和承受社会成员的谴责。

2.社会习俗

社会习俗是适用于某一社会的规则，诸如关于男性和女性的恰当行为是什么的描述，或者谁具有权威、这些权威如何实施、怎样得到认可等的规定。适用于更小范围或群体的习俗规则，如某一社区、同伴群体或职业群体的规则，则为群体规范。

3. 个人规则

个人规则是个体为调节自己行为和生活而制定的，比如个人卫生要求、作息时间表等。

（二）青少年对社会规则认知的特点

青少年在童年期认为道德是绝对的，道德规则来自于父母和教师的权威，是非判断的依据，是具体的规则。然而在青少年阶段，道德的强制性受到了质疑，因为青少年开始明白道德规则是主观的、是可以改变的。到青少年晚期，青少年的道德推理建立在公正、平等的基础上，即道德规则超越了具体的情景，可用于大量的两难情境中。

青少年对于社会习俗的认知，与道德认知的顺序是相同的。他们在童年中期认为社会习俗（如排队结账）来自于权威。然而在青少年早期，他们认为社会习俗不论从起源上还是从执行过程来看都是可以改变的，习俗仅仅是社会的期望，即习俗对于人们来说不是被迫的。到青少年晚期，青少年会逐渐明白社会习俗是社会用以管理人们行为的方法和手段。而且遵守社会习俗并不是为了自己的行为符合任何规则，而且为了维护每一个人的利益。由此以来，青少年便会习惯性地去遵守社会习俗。

第五节　青少年互联网信息焦虑分析

进入21世纪以来，互联网得到极大普及，越来越多的青少年开始接触和使用互联网。不过，青少年在使用互联网的过程中，很容易产生“信息焦虑症”，影响其对互联网的合理运用。

一、互联网信息焦虑的含义

（一）信息焦虑的含义

信息焦虑是一个新的社会现象，目前学者对其含义还未形成一致观点。美国学者 Wurman 认为，信息焦虑是"数据与知识间的黑洞，当所得到的信息不是所需的"或者"已经理解的信息与本应理解的信息差距过大时产生的紧张状态"[①]。

信息焦虑从信息用户的心理和行为角度看，是指用户在心理上产生信息匮乏感，同时由于信息更新速度过快、新信息过多，人的大脑负担过重，变得思绪混乱、言语吞吐、行动犹豫不决、判断力下降等。

信息焦虑从信息技术应用的角度来看，是指用户由于对信息技术的恐惧而不能利用先进的技术手段获得所需要的信息，从而产生的信息焦虑。这一信息焦虑主要是指使用技术困难而产生的信息匮乏导致的焦虑。

通过以上对信息焦虑的界定，我们可以这样定义信息焦虑——信息焦虑是个体没有获得所需信息，或者获得的信息量大大超过大脑认知负载时产生的紧张和焦虑的情绪，包含着图书馆焦虑和互联网环境下的信息焦虑。

（二）互联网信息焦虑的含义

互联网信息焦虑，指的是用户在使用互联网获取信息时产生的紧张焦虑情绪。互联网信息焦虑主要是通过两个角度反映出来的：一个是互联网搜索技术角度，另一个是互联网的信息内容角度。

国内外学者普遍认为，互联网信息焦虑是互联网焦虑的一个

① 雷雳. 鼠标上的青春舞蹈：青少年互联网心理学[M]. 上海：华东师范大学出版社，2010：223.

方面。而且在当前，国内外学者对互联网信息焦虑的研究还停留在最初阶段，未来还需要进行更为深入细致的研究。

二、青少年互联网信息焦虑的产生原因

在当前，互联网的普及范围越来越广，能够接触和使用互联网的青少年数量也越来越多。从近几年中国互联网发展报告可以知道，青少年对互联网功能及服务的应用结构极不平衡，信息渠道功能（浏览新闻、搜索引擎）使用远远少于娱乐功能（网络音乐、游戏和视频）和社交功能（即时通信）的使用。不过，青少年的互联网信息功能使用虽然少于娱乐功能和社交功能使用，但是其搜索引擎和网络新闻的使用仍然是很高的。

互联网为青少年提供了重要的信息资源，也几乎提供了青少年心理行为发展所需要的一切信息。青少年好奇心和求知欲望强烈，急需拓展知识面，探索外部世界以及追求新体验，互联网信息的多样性和巨大容量的特点正好与他们的特点相符合。因此，青少年伴随着年龄的增长，对互联网信息服务的使用会越来越多。可是，互联网信息是极为多样化的，而且数量极大。这虽然为人们提供了便利的信息需求渠道，但也使互联网信息数量的增加和信息质量的增加不成比例，造成了信息质量的相对降低。用户使用信息功能时，如果接受的信息超过其所能够消化或负载的信息量时容易紧张焦虑，产生“信息焦虑症”。这对于使用互联网的青少年来说，也是一个不可避免的现象。

具体而言，青少年在受到信息网络的负面影响后，信息超载容易造成认知负载，从而使自己的认知压力加重，兴趣过于泛化和注意力不稳定，继而容易出现焦虑现象。

三、青少年互联网信息焦虑的现状

在当前，青少年互联网信息焦虑呈现出以下几个鲜明的状况。

第一，青少年的互联网焦虑程度比较低，但也有一部分青少

年的焦虑程度比较高，且青少年在互联网信息环境上的焦虑和不安等级最高。

第二，青少年在互联网信息焦虑的情感维度上，年级与性别交互作用显著。比如，男生在情感维度上的焦虑得分从初一到初二有所下降，但是从初二到高一急剧上升，差异达到显著水平，但高一和高二得分差距不太大。也就是说，男生的互联网信息焦虑程度变化曲折，并且高中男生针对互联网信息内容和网络信息搜索中的消极情绪认知要高于初中男生。女生的互联网信息焦虑程度比较高，且高中女生针对互联网信息内容和网络信息搜索中的消极情绪认知也要高于初中女生。

第三，青少年在高中阶段的互联网信息焦虑要高于初中阶段。这可能是由于网络经验对年级和互联网信息焦虑的关系的影响，现在高中的学生上网时间和次数都要少于初中学生，上网经验相对比较少，容易在使用互联网时出现紧张焦虑的情绪。

第四，青少年互联网自我效能感对青少年互联网信息焦虑具有反向的预测作用，同时青少年互联网自我效能感越高，互联网信息焦虑程度越低。

第五，青少年搜索策略的类型对其互联网焦虑有显著影响，即分析式搜索策略比混合式搜索策略在网络信息搜索中引起的互联网信息焦虑程度高。

四、青少年互联网信息焦虑的缓解策略

青少年互联网信息焦虑的缓解策略，具体而言有以下几个。

第一，政府和有关网络技术工作人员要规范网络信息环境，提高信息质量，为青少年有效使用互联网信息功能提供前提和保障。

第二，学校在开展信息技术教育时，要注意教会学生灵活使用各种搜索策略，这样会大大降低其互联网信息焦虑程度，促进学生在学习和日常生活中对互联网信息功能的使用。

第三，学校在开展信息技术教育时，要注意提高学生使用网络的自我效能感，提高他们对自己使用网络获取有效信息的信心，从而预防其互联网信息焦虑的产生或降低其互联网信息焦虑程度。

第四，家庭要注意为青少年营造良好的家庭网络环境，并且可以通过鼓励与表扬、为青少年创设使用网络信息的机会、增加上网经验等多种方式，提高其内在自信心和使用网络获取信息的兴趣。

第七章　互联网时代青少年道德发展研究

互联网的发展催生了新的网络文化，网络与人们的联系也将更加密切。但网络文化包罗万象、良莠不齐，作为一把“双刃剑”，它对青少年思想道德建设的影响也具有双面性。在互联网时代，对青少年道德发展的研究更加具有现实意义。

第一节　道德的基本认知

一、道德的概念

“道德”一词，在汉语中可追溯到先秦思想家老子所著的《道德经》一书。老子说：“道生之，德畜之，物形之，势成之。是以万物莫不尊道而贵德。道之尊，德之贵，夫莫之命而常自然。”其中“道”指自然运行与人世共通的真理；而“德”是指人世的德行、品行、王道。但德的本意实为遵循道的规律来实现自身发展变化的事物。在当时道与德是两个概念，并无道德一词。“道德”二字连用始于荀子《劝学》篇：“故学至乎礼而止矣，夫是之谓道德之极。”在西方古代文化中，“道德(Morality)”一词起源于拉丁语的“Mores”，意为风俗和习惯。

对于道德，我们可以做如下定义：道德是以善恶为标准，通过社会舆论、内心信念和传统习惯来评价人的行为，调整人与人之间、个人与社会之间相互关系的行为规范的总和。道德可以分为私德和社会公德两种，私德指的是只涉及个人的家庭等私人关系的道德，社会公德指的是涉及社会公共部分的道德。通常而言，在一个社会里，存在着为大众所公认的道德规范。但是，在不同的时代和不同的社会环境中，其存在的道德观念是具有较大差异的。而且，在不同的文化环境中，人们所重视的道德元素、所持有的道德标准也是不尽相同的，随着时间的推移，这种差异也会随之改变。总之，道德属于一种社会意识形态，它为人们共同的生活提供了一定的行为准则和规范。

二、道德的特征和功能

（一）道德的特征

1. 共同性

共同性是道德的一种重要特点，在同一个社会当中，不同阶级所具有的道德，因为可能拥有相同的经济条件、文化背景和民族心理等，从而具有一些相似的特性。甚至在不同意识形态的社会中这种道德的共同性也是存在的。

2. 民族性

民族性是一个民族区别于其他民族的个性特征，包括民族精神、气质、心理、感情、性格、语言、风俗、习惯、趣味、理想、传统，以及生活方式和理解事物的方式等诸多方面。不同民族之间道德的原则标准也有所不同。

3. 阶级性

道德的阶级性指的是在阶级社会中，几乎所有的道德都是为了特定的阶级利益所服务的，所以这些道德就具有了特定的阶级属性和特征。

4. 历史继承性

道德作为一种社会意识形态，是会随着社会的发展不断进行完善和发展的，这就是道德的历史继承性，在继承的过程中，很多美德历久弥新。

5. 自律性

自律性是道德的一个鲜明的特征，因为严格来讲，道德并不是法律并不具有强制性。道德主体借助于对客观世界的认识，借助于对现实生活条件的认识，自愿地认同社会道德规范，并结合个人的实际情况践行道德规范，从而把外部的道德要求变为自己内在良好的自主行为。

（二）道德的功能

1. 认识功能

认识功能是道德的首要功能。道德教导人们认识自己，认识自己对自己、对他人、对家庭、对社会所应该尽到的责任和义务，教导人们选择符合社会规范的行为。

2. 调节功能

道德对于社会而言是一个极为有效的调节器。人们生活在社会中，和各种各样的人打交道，发生各种各样复杂的关系，那么不可避免地就会产生各种矛盾。而道德的存在可以非常有效地调节这些矛盾，调节人和人之间的关系。

3. 教育功能

道德是催人奋进的引路人。它培养人们良好的道德意识、道德品质和道德行为，树立正确的义务、荣誉、正义和幸福等观念，使受教育者成为道德纯洁、理想高尚的人。

4. 评价功能

道德虽然不是法律，不具有强制性，但是它依旧具有强大的规范力量。道德评价是一种巨大的社会力量和人们内在的意志力量。道德是以人的评价来把握现实的一种方式，它是通过把周围社会现象判断为“善”与“恶”而实现的。人们往往会因为道德的评价功能而去改善自己的行为。

5.平衡功能

道德不仅调节人与人之间的关系，而且平衡人与自然之间的关系。它要求人们端正对自然的态度，调节自身的行为。环境道德是当代社会公德之一，它教育人们应当造福于而不贻祸于子孙后代的高度责任感，从社会的全局利益和长远利益出发，开发自然资源，发展社会生产，维持生态平衡，积极治理和防止对自然环境的人为性的破坏，平衡人与自然之间的正常关系。

三、道德和法纪的关系

（一）道德和法纪的不同

遵守道德需要按照社会道德规范行事，不做损害他人的行为。遵纪守法是指遵守纪律和法律，按照规定行事，不违背纪律和法律的规定条文。

法纪属于制度范畴，而道德属于社会意识形态范畴。道德侧重于自我约束，是行为主体“应当”的选择，依靠人们的内心信念、传统习惯和社会舆论发挥其作用和功能，不具有强制力；而法纪侧重于国家或组织的强制，是一种“必须”，是国家或组织制定和颁布，用以调整、约束和规范人们行为的权威性规则。

（二）道德和法纪的联系

法纪与道德既有区别又有联系。它们是两种重要的社会调控手段，自人类进入文明社会以来，任何社会在建立与维持秩序时，都必须借助于这两种手段。遵守道德与遵纪守法是这两种规范的实现形式，两者是相辅相成、相互促进、相互推动的。

第二节　道德发展理论

一、皮亚杰的道德发展理论

（一）儿童道德认知发展的特点

皮亚杰是从儿童对规则的态度、对行为责任的判断、儿童的公正观念以及对惩罚公正性的判断这几个方面，来对儿童道德认知发展进行研究的。儿童道德认知发展具有以下几个特点。

1.从单纯的规则到真正意义的准则

皮亚杰对儿童道德判断的研究是从考察儿童对规则的态度开始的。他并没有研究儿童对从成人那儿接收来的道德准则的态度，而是研究儿童在玩弹子游戏时对游戏规则的态度。他和他的合作者分别同日内瓦的5～13岁的孩子们玩弹子游戏，向儿童提出这样一些问题，如“这些规则是从哪里来的?”“这些规则每个人都必须遵守吗?”以此来考察儿童的规则意识和对规则的执行情况。观察发现，年幼儿童虽然都说自己是按规则进行游戏的，而实际上却是各自按照自己的想象去执行规则，玩着“自己”的游戏，而不理会规则的规定。年长一些的儿童由于产生了真正的社会交往和社会合作，逐渐意识到有义务去遵从这些规则，只有在此时，单纯的规则才变成了行动的准则，规则才成为对儿童行动具有约束力的东西。

2.从客观责任到主观责任

皮亚杰采用对偶故事法，研究儿童在面临一定的道德情境时，是如何对行为责任进行判断的，是从行为意向去判断，还是从行为结果去判断，对偶故事涉及过失行为和说谎行为。下面是两个对偶故事的实例。

对偶故事一：

A. 一个叫约翰的小男孩正在他的房间里玩，妈妈叫他去吃饭。他走进餐厅时，门后有一把椅子，椅子上有一个盘子，盘子上有 15 个杯子。约翰推门时无意间碰到了盘子，打碎了 15 个杯子。

B. 有个叫亨利的小男孩。一天，妈妈出去的时候，他想偷吃饭橱里的果酱。他爬到椅子上去拿果酱，但是够不着。他使劲够，结果碰掉了 1 个杯子，打碎了。

对偶故事二：

A. 有一个小孩叫朱利安，他的父亲出去了，朱利安觉得玩他爸爸的墨水瓶很有意思，于是就玩起来。后来，他把桌布弄上了一小块墨水。

B. 一个叫奥古斯塔斯的小男孩发现他爸爸的墨水瓶空了。在他爸爸外出的那一天，他想帮爸爸把墨水瓶灌满，这样他爸爸回来时就能用了。但在打开即将空了的墨水瓶时，奥古斯塔斯把桌布弄上了一大块墨水。

针对以上对偶故事，要求儿童回答的问题是：这些孩子的过失是否相同？这两个孩子中哪一个更不好，为什么？通过答案的收集发现，年纪较小的儿童一般都是根据行为造成的客观损失后果的大小来判断错误行为的严重程度，即注重行为的客观责任；年长儿童则能够根据行为者的意向来判断行为，即注重行为的主观责任。这两种道德判断形式有部分重叠的现象，随着年龄的增长，主观责任感逐渐取代客观责任感而取得支配的地位。这一过程正是道德法则内化的过程。

3. 从服从的公正到平等和公道的公正

皮亚杰利用教师和家长偏爱顺从他的学生和孩子的日常事例，编制一些故事，要求不同年龄的儿童对这种偏爱行为是否公平作出判断。结果发现，7 岁、10 岁、13 岁是儿童公正观念发展的三个主要时期。这三个阶段的儿童在进行公正判断时，分别以服从、平等、公道为标准。7岁前的孩子认为听话的行为就是好的行为，按自己意愿行事就是坏的行为，分不清服从和公正的区别。10岁左右的孩子认为平等(公平)的行为就是公正的。13岁左右的孩子已能用公道不公道作为道德判断的标准。这意味着他们已不是根据单纯的、僵化的规则来判断，而能够考虑到他人的具体情况，出于同情和关心来作出道德判断。公道是一种高级的平等，是公正的高级形式。

公正观念的发展与儿童的社会交往和社会合作的发展有关。儿童的公正观念不能在成人的约束和强制条件下得到发展，它的发展恰恰要以成人放弃约束和强制为代价。

4.从抵罪性惩罚到报应性惩罚

皮亚杰以儿童日常生活中常犯的过错行为为内容，设计了一些惩罚的故事，每个故事后都提出了两三种惩罚方式供儿童选择，以便了解在儿童心目中什么样的惩罚最公正，什么样的惩罚最有效这两个重要的问题，结果表明，年纪较小的儿童认为自己犯了过错，遭到成人惩罚是理所当然的。而且，犯错的内容和惩罚的大小可以是没有关系的，在他们的认识中，对惩罚是为了抵消所犯的错误，惩罚越严厉，效果越明显。年长儿童认识到，犯错无须从外部施加强制性惩罚，因为过错行为本身就为社会或群体所不容，会被同伴嫌弃。犯过错的内容与惩罚的性质有着密切的关系，有效的惩罚应该是报应性惩罚。

(二)儿童道德认知发展的三个阶段

皮亚杰认为儿童道德认知发展可分为以下三个阶段。

1.前道德阶段

此阶段大约出现在五六岁以前。这一阶段的规则实践纯粹是运动性质和个人性质的。在这个阶段，规则是不具备强制性的。因为这些规则纯粹是运动性质的，或者因为儿童好像是无意接受这些规则的，或者仅仅是因为儿童觉得这些规则是有趣的才接受它们，所以，在这个阶段的儿童心里，它们并不一定要体现在自己的行为中。在前道德阶段，规则对儿童的行为是没有约束力的，儿童还不能对个体的行为做出恰当的判断。

2. 他律道德阶段

此阶段大约出现在五六岁至10岁、11岁之间。在这一阶段，儿童对于规则的看法发生了巨大的变化，他们认为规则是神圣的，是不可违背的。此阶段的儿童只是严格地从字面意义上理解外部规则，所以又被称为“道德实在论”者，即儿童把责任和依附于责任的价值看成是固在的、不受内心支配的。它至少具有三个特征：一是责任受外界所支配，强调对外界既定规则的服从；二是道德实在论要求遵守规则的词句，而不是它的精神实质；三是道德实在论导致客观的责任感，即个体评价行为的依据是行为的后果而非行为的动机。

3. 自律道德阶段

这个阶段指的是11岁以后。在这一阶段，儿童不再认为规则是不可更改的，他们已经逐渐意识到规则是人们经过一定的协商制定出来的，是可以改变的。如果个体能够说服别人，使公共舆论赞同他的意见，他就可以让这些规则发生改变。在这一阶段儿童对行为的评价，除了看行为的结果，还要考虑当事人的动机，故而称之为道德相对主义。

二、柯尔伯格的道德发展理论

柯尔伯格沿着皮亚杰开辟的研究儿童道德认知发展的路线，在儿童道德认知发展与道德教育领域取得了丰硕的研究成果，构建了其关于道德发展的哲学、道德发展的心理学以及道德发展的实践策略的庞大理论体系。这些观点在其道德发展理论中具体表现为其关于道德问题的观点(道德涉及什么)、道德发展的观点以及道德教育的观点。

关于道德涉及什么,柯尔伯格认为道德问题不再是反思维多利亚时代的那些不可容忍的世俗态度,而应该是关于人类事业的公正原则及其行动,这一道德原则是普遍的、必然的。他在其著作中多次表达了这一思想。

在道德发展问题上,同皮亚杰一样,柯尔伯格认为儿童能够主动地建构其内心世界、行动的意义以及认识世界的工具。儿童的道德认知发展是整个认知发展的一部分,儿童的道德成熟过程就是道德认知发展过程。儿童有他们自己的关于价值观问题的思考方式,能主动地形成他们的道德观念,这些道德观念又形成有组织的思维方式。柯尔伯格区分了道德判断的内容和结构。道德判断的内容是指思考了什么,包括有关的道德事实,供参照的道德观念及其相应的看法,具体指个体在对道德两难故事反应中所用的问题、规范和要素。道德判断的结构是指怎样思考问题或思考的方式,是对具体道德内容进行思维加工的方法和过程。柯尔伯格指出:“我们强调思维的形式而非内容。”柯尔伯格根据道德判断的结构对道德发展的阶段做出界定,按照道德判断的结构的不同,将个体的道德发展划分为三个水平六个阶段。其中,道德发展阶段的概念是柯尔伯格道德发展理论的核心。柯尔伯格认为道德发展阶段具有四个基本特征,即结构的差异性、不变的顺序性、结构的整体性和层级的整合性。

第三节　道德发展的影响因素与道德教育

一、道德发展的影响因素

作为个体心理发展的一个方面,道德发展同其他的心理方面一样受多种因素的影响，包括个体自身的内部因素与外部因素。

（一）外部因素

1.社会风气

社会风气由社会舆论、大众媒体、各种榜样等因素构成。这些因素潜移默化地影响着青少年的价值选择。电视、网络等大众传媒对青少年道德社会化也起到了很大的影响，积极和消极并存。媒介中的社会角色为青少年提供了榜样，青少年在模仿各种社会角色的过程中可以体验到各种行为规范，有助于培养青少年助人、合作、友好、自制的行为。同时，爱情、暴力、江湖仇杀，甚至其中有些不真实、不健康的内容对涉世未深的孩子有百害而无一利。

2.家庭因素

儿童最先同时也是最广泛地接触道德规则是在家庭中。埃姆勒和霍根推测，道德或者说对社会规则的遵守，是在依恋的形成过程中开始的。他们指出，安全型依恋的婴儿更愿意积极地遵从父母的指令。凯利和鲍尔指出，儿童对不同犯罪类型的区分与他们的父母非常相似，特别是对一些父母已清楚解释过的犯罪类型的区分。对年长儿童的其他研究显示，父母的道德价值观与儿童的道德价值观之间存在连续的相关。显然，家庭中的亲子关系以及父母的特征会对儿童的道德价值观及其社会规则遵守情况产生直接影响。

鲍尔斯考察了青少年与父母的互动对其道德发展的影响。她提出了一个分类系统以分析家庭中关于道德两难问题的谈话，发现了与青少年道德发展有关的三个消极特征和三个积极特征：经常就一个问题展开讨论，互相挑战（但不是冲突），以及积极、坦诚交流的家庭气氛有利于道德发展；而争吵，虚伪，拒绝的消极的家庭气氛阻碍道德发展。同时，她的一个最重要的发现是：家庭的情感氛围非常关键，其中表扬、鼓励和非竞争的幽默能促进家庭成员公开的参与；讽刺、敌意、威胁和贬低价值等会引发紧张和冲突，阻碍成员的参与和发展。显然，参与、支持和澄清性的讨论对于促进青少年推理能力的发展非常重要。鲍尔斯指出，与父亲的冲突和紧张会导致道德判断的水平较低。而道德判断水平较高的母亲更能耐心地去澄清不同的观点，从而更有利于青少年的道德发展。对青少年所持的不同观点，母亲不易为自己辩护以至于与青少年相对立。总之，父亲几乎总是想使孩子顺从自己，而母亲可以倾听孩子的心声，与孩子进行很好的交流。

沃克和泰勒对家庭互动模式的考察发现，父母在谈话中的讨论风格可以很好地预期儿童的道德发展，父母用归纳式或苏格拉底式的方式——鼓励儿童表达自己的道德观点——儿童在道德推理测验上得分较高。我国研究者寇域对青少年的道德判断发展与家庭亲密度的关系进行了考察，结果发现道德判断与家庭亲密度有显著正相关，其中特别是情感亲密度、相互作用亲密度以及思想观念亲密度对道德发展有显著的正向影响。这些研究发现从正面证实了上述鲍尔斯的研究发现。

（二）内部因素

1. 认知失衡

当青少年的认知不平衡或不协调时，内心就会有不愉快或紧张感，个体试图通过改变自己的观点以达到新的平衡。这对道德发展的影响是非常大的。

2. 态度定式

个体由于过去的经验，对所面临的人或事可能会具有某种肯定或否定、趋向或回避、喜好或厌恶的内心倾向，这种事先的心理准备和态度支配着个体对事物的预料或评价。

3.道德认知

道德的形成与改变取决于个体头脑中已有的道德准则和对规范的理解水平与掌握程度，取决于已有的道德判断水平。此外，个体智力水平、受教育程度、年龄因素也对品德的形成和改变有不同程度的影响。

二、道德教育

（一）道德教育的原则

1.坚定正确的政治方向

这是进行道德教育的根本依据。贯彻这一原则，必须用马列主义的立场、观点和方法，教育青少年。要求他们认识社会主义事业的伟大，培养他们献身于这一伟大事业的志愿，教育他们认识我国社会主义制度的优越性，要求他们为祖国的现代化建设而学习、工作；教育他们懂得什么是高尚的、正确的动机和行为，什么是低下的、不正确的动机和行为，从而端正动机，正确地计划自己的行动。

2.理论和实际的统一

道德绝不是空谈，而是理论和实践一致、认知和行动一致；言行一致，表里如一。贯彻这一原则，必须向青少年进行中国特色社会主义基本理论的教育。没有革命的理论，便没有革命的行动。同时，要注意组织他们参加各种实践活动。对道德的认识和理解，目的在于指导行动，也只有在实践活动中巩固与发展道德品质，才能成为一个有高尚道德的人。因此，我们在帮助青少年形成共产主义道德意识的同时，也要给他们具体任务。如在讲到有礼貌和尊敬师长时，就应当要求他们在学校见到老师时要行礼、问好，在公交车上对老年人和妇女要让座等，使知与行统一起来。

3.正面教育,发扬优点,克服缺点

青少年正处于长身体、增知识、练思想的时期,可塑性是非常大的。对他们的道德教育应该以正面教育为主,耐心说服,循循善诱,启发他们的自觉性,而不能一味地批评指责,使之无所适从。要坚持辩证的观点,善于发现青少年自身中的点滴积极因素,还要善于在青少年的某些消极行为中发掘有利因素,引导向积极方面转化;发展积极因素,克服消极因素。现实生活中大量事实证明:以正面教育为主,做好后进青少年的转化工作,是行之有效的。

4.适应青少年的年龄特点和个性特征,讲求实效,克服主观主义

青少年的思维特点是偏于形象的、具体的。他们模仿性、依赖性较强,自我约束能力差,分辨是非能力差,容易受外界影响,不仅易做错事,而且会反复重犯。所以在进行道德教育时,要针对青少年特点,多用实例,多示范,多加督促和帮助。

(二)道德教育的方式

道德教育的方式主要有课堂道德故事讨论和移情训练等方法。

1.课堂道德故事讨论

目前,运用最普遍的促进初中及高中阶段青少年道德发展的技术,是提供一系列开放式的道德困境故事来讨论和分析。这一方法是基于道德认知发展概念,是在柯尔伯格的学生布拉特的博士论文的基础上,经验证和充实而发展起来的。其基本方法是,通过教师引导学生讨论道德两难故事,引起学生的道德认知冲突,激发学生进行积极的道德思考以促进学生道德判断水平的提高。因为这种讨论主要是在课堂上进行的,所以称之为“课堂道

德故事讨论”。

课堂道德故事讨论方法的实施包括两个重要方面：一是引发儿童的道德冲突和不确定性，二是向儿童提供高于其原有发展水平一个阶段的道德推理方式。具体来讲，这一方法的程序如下。

(1)测验并进行分组。运用专门的测验技术评估青少年的道德发展水平，并在评估的基础上进行分组。分组的原则是：每组学生分属连续的 2 个或 3 个阶段；组内每个阶段的学生人数要大致相等，约 8～12 人。

(2)选择和准备道德两难故事。道德两难故事要包含真正的冲突；要考虑小组成员的理解能力和水平，能为大家所理解；要有新奇性，能够引发学生的讨论。

(3)形成讨论的正确方向，包括向学生解释讨论的目的、原理和意义，解释学生在小组和小组讨论中的作用，以及解释教师在讨论中的作用。

(4)引导学生进行讨论。

(5)停止。一旦小组成员按阶段依次讨论了一个道德两难故事的所有论点后，这次讨论可以宣布结束，或者提出另外一个道德两难故事，留给学生课后讨论。

2. 移情训练

移情训练的具体活动方法如下。

活动一：情绪追忆。要求学生追忆自己生活经历中亲身感受过的情绪情感体验(包括悲痛、快乐、烦恼、愤怒、沮丧、惊恐等)，从中选择印象最深刻的情绪情感体验，向别人诉说，并如实地表述引起这一体验的具体情境、原因和事件内容。

活动二：情感换位。从现实生活中出现的具有代表性的问题出发，编制一些假定的替代性社会情绪情感的情境。这些情境要求学生从他人的角度体验特定的事件，并让被试者针对假定的情境展开讨论，使之正确体验处于这些情境中的他人的情绪情感反应，并产生积极的行为反应倾向。

活动三:作品深化。在活动二的基础上,因势利导,把学生对假定情境的感受和认识引向更深的层次,提出“做人,应该将心比心,设身处地为他人着想”的主题,让学生结合自己的生活实际写一篇作文。

活动四:作品评析。通过对作文的反馈来加深个体对主题活动的理解。

在这一系列的活动中,活动一和活动二由班主任主持,活动三和活动四由语文老师主持。主试在活动前要指导主持者理解和掌握活动内容,在活动后要听取主持者关于活动情况的汇报。

课堂道德故事讨论主要是为了促进道德判断和道德推理的发展,移情训练是为了培养道德情感。除了这两种方法外,我们还可以从道德行为习惯的培养、道德价值观的形成、道德社会化等方面进行道德教育。

第四节　青少年道德发展的总体趋势

一、小学生道德发展的总体趋势

(一)逐步形成自觉运用道德认识调节道德行为的能力

从小学阶段开始,儿童就已经逐步形成了系统的道德认识以及与其相对应的道德行为习惯。需要注意的是,这种认识并非主动积极的,而是带有非常大的依附性。

小学生的道德认识表现出从具体形象性向抽象逻辑性发展的趋势。首先,在道德认识的理解上,小学生从比较肤浅的、表面的理解逐步过渡到比较精确的、本质的理解,但具体性较强,概括性较差。其次,在道德品质的判断上,他们不再只对行为的效果产生注意和重视,而且可以较为全面地考虑到动机与效果的统一关系,虽然这种认识具有很大的主观性,而且没有那么全面。最后，在道德原则的掌握上，儿童的道德判断从简单依附于社会的、他人的规则，逐步过渡到受内心的道德原则所制约。但是在很多情况下，判断道德行为还不能以道德原则为依据，缺乏道德信念，常常受外部的、具体的情景所制约。

总之，小学生对于道德的范畴有了初步的掌握。具体而言，比较对他人、对己、对社会三方面的道德认识，对己方面的道德概念发展水平较高，对社会方面的道德概念的发展水平次之，对他人方面的道德概念的发展水平最低。小学生的道德知识已初步系统化，即初步掌握了社会范畴的内容，开始向道德原则水平发展。

（二）小学生的道德言行从比较协调到逐步分化

在整个小学时期，儿童在道德发展上，认识与行为、言与行基本上是协调的、相称的。年龄越小，言行越一致，随着年龄增长逐步出现言行一致和不一致的分化。

对于年龄较小的儿童来说，因为年龄的限制，他们的行为是比较简单的，相应地，他们关于道德的组织形式也比较简单，而且呈现出外露的特点。首先，从道德定向系统来看，他们一般都是在家长和教师的指导下来定向的，光靠他们自己是无法意识到具体道德情境作用的。其次，就道德操作系统而言，他们缺乏道德经验，动机比较简单，缺乏道德活动的策略，还不善于掩蔽自己的行为，自我调节技能较低，较难按原先制订的计划去行动。最后，就道德反馈调节系统而言，他们的行为主要受教师和家长的“强化”，还难以进行自我反馈。由上可知，在小学低年级，儿童的道德认识和言论可以在很大程度上直接反映出教师的教育内容。正因为如此，他们的言行呈现出水平较低的一致性。

对于年龄较大的儿童来说，他们的行为相对而言就比较复杂了。首先，在其道德定向系统中有了一定的原则性，不再完全根据教师和家长的指导。其次，在道德操作系统中，他们开始学会了掩蔽自己的行为，有了一定的自主性。最后，在道德反馈系统中，出现对他人评价的一定的分析，儿童的行为与成人的指令产生一定的差异性。这样，言行一致与不一致的分化也必然会越来越大。

当然，一般而言，小学生言行的分化只是初步的，即使高年级学生，还是以协调性占优势。他们所存在的言行脱节不是来自内部的道德动机，而是受到道德的组织形式及发展水平的限制。

（三）自觉纪律的形成和发展

自觉纪律的形成和发展不仅是小学生出现协调的外部和内部动机的一种标志，而且是小学生的道德知识系统化及其相应行为习惯形成的一种表现形式。

所谓自觉纪律，顾名思义，就是依靠自身的自觉而不是依靠外力强制的纪律。具体而言，自觉纪律指的是小学生在对纪律认识和自觉要求的基础上形成的一种发自内心的纪律。因此，自觉纪律的形成过程是一个纪律行为从外部的教育要求转化为儿童内心需要的过程。

这个过程一般可分成三个阶段：第一阶段，依靠外部教育要求，依靠教师制定的具体规定和教师及时的检查；第二阶段，儿童还未形成自觉纪律，但已经体会到纪律要求，一般能够遵守纪律；第三阶段，把纪律原则变成自觉行动。研究指出，在教师的细心引导下，低年级儿童也完全可能形成自觉纪律。当然，小学生违反纪律或缺乏自觉纪律的现象也是存在的。一般来说，年龄小的儿童出现违反纪律行为，常常是由于不了解纪律的性质，或出自对某一行为的好奇而分散了注意力，或是因疲劳而不能坚持。年龄大的儿童，原因更加复杂，明知故犯的现象也存在，但有意捣乱是个别的，更多的是出自个体差异：不理解或未正确理解纪律要求，或者对纪律要求的正确理解尚未转化为指导行为的自觉原则；对教师持有对立情绪；意志、气质上有缺陷；没有养成纪律行为所必需的习惯；特殊爱好没有得到适当的满足，或旺盛的精力无处发泄等。

总之，小学生的道德是从习俗水平向原则水平过渡，从依附性向自觉性过渡，从外部监督向自我监督过渡，从服从型向习惯型过渡。从这个意义上说，小学阶段的道德是过渡性的道德，这个时期道德的发展比较平稳，显示出协调性的基本特点，冲突性和动荡性较少。

二、中学生道德发展的总体趋势

初中阶段孩子生理上发生突变，身体各器官发育以及四肢发育逐渐接近成人。尽管他们半幼稚、半成熟，却总希望别人把他们当大人看待。初中阶段是良好道德形成和发展的第二个关键期。初中阶段即少年期的道德虽然具有伦理道德的特性，但仍旧不成熟、不稳定，具有动荡性，表现为道德观念的原则性、概括性不断增强，但还带有一定程度的具体经验特点；道德情感表现丰富、强烈.但又好冲动；道德行为有一定的目的性，虽渴望独立自主行动，但愿望与行动经常有距离。此时期既是人生观开始形成的时期，又是容易发生道德两极分化的时期。青少年道德不良、违法犯罪多发生在这个时期。根据研究，初中二年级是道德发展的关键期。道德发展表现出以下趋势。

第一，道德认识快速提升。在此阶段，个体表现出明显的积极性、主动性和独立性。他们开始意识到个人对他人、对集体和社会的责任，尽管他们会遇到个人力量不足的问题。他们开始主动了解自己的精神世界和他人的思想品质，并自觉地进行评价。只是这种评价是模仿他人的评价尺度，缺乏一定的客观性。

第二，自我意识提高，自律性加强。这一阶段，小学时的任性和游戏色彩会逐渐减少，被较为自觉的意识所代替，他们开始关注自身生理、心理的变化，关注自身道德修养的提高，对道德修养的反省和监控比小学阶段明显增加，这为产生自觉的道德行为提供了必要的前提。

第三，道德理想、道德信念开始形成。这一时期，他们常以具体的道德形象作为自己追求的目标，对于崇拜的人物或道德行为，会努力去模仿。有时带有主观性和片面性，还没有完全摆脱情感冲动的特点。

三、高中生道德发展的总体趋势

高中生道德的发展是随着其身体的发育、心理的完善而逐渐成熟起来的，与个人的认知发展水平、心理发展水平、所处的社会环境、家庭教养以及学校教育都有密切的联系。归纳起来，高中生道德发展的总体趋势表现在以下几个方面。

第一，形成道德信念与道德理想。高中阶段是道德信念和道德理想形成并以其指导行为的时期。高中生逐渐掌握伦理道德并服从于它。表现出独立、自觉地依据道德信念、价值标准等去行动，他们的道德行为更有原则性、自觉性。

第二，自我意识增强。在道德发展的过程中，高中生更加关注自我道德修养，并努力加以提高。可以说高中生对自我道德修养的反省和监控有明显的提高，这为产生自觉的道德行为提供了可靠的前提。

第三，道德行为习惯逐步巩固。由于不断地实践、练习，加之较为稳定的道德信念的指导，高中生逐渐形成了与道德伦理相一致的、较为定型的道德行为习惯。

第四，道德结构更为完善。高中生的道德认识、道德情感与道德行为三者相互协调，形成一个较为完善的动态结构，这使他们不仅按自己的道德准则去行动，而且其道德结构也逐渐成为稳定的个性心理结构的一部分。

第五节　青少年的价值取向与人生价值观

一、青少年的价值取向

（一）青少年价值取向的特点

日新月异的科学技术，日趋完善的经济体制，提高了社会的文明程度，推动着社会的进步发展，在悄然改变世界的同时，也改变着人们的世界观、价值观、人生观，特别是影响和改变着正处于心理、身体快速成长的青少年的价值取向。为了全面深入了解当前青少年的价值取向，课题组通过问卷调查、走访谈话等方式对当前青少年的价值取向进行研究，并对调查情况进行汇总分析，经分析，当前青少年的价值取向表现出如下几个特点。

1.多元性

当前青少年价值取向的主流是向上的、进取的，大多数青少年学生有理想、有追求，对于人生态度和职业选择都有自己的看法，但同时也呈现出复杂性、多元化的特点，一些消极、落后的价值取向与一些积极、向上的价值取向交织呈现，此消彼长。他们不仅有立志报国、造福社会的人生规划，也有追求享乐、追求自由的狭隘思想；不仅有对英雄的热切赞美和崇敬，也有对明星的狂热追求和崇拜。他们积极关注国家大事，关心国家的前途和命运，关心集体的荣辱，但狭隘的个人主义现象也很严重，比较看重自己的利益，关注个人的得失成败，事事只为自己着想，很少顾及他人的感受。他们一方面接受着勤俭节约的传统美德教育，另一方面又挥霍着父母的血汗钱，盲目地赶时髦、讲攀比。课题组曾有针对性地调查部分痴迷于网络的青少年，问及他们的感受时，他们坦诚道：上网的钱都是从父母处讨来的！而他们的父母大都是面朝黄土背朝天的农民或是街头摆摊设点的小商小贩。他们也认识到拿着父母的血汗钱去上网、追星或赶时髦是不对的，对不起父母的辛苦劳作，但这种现象又很普遍，不这样做，害怕被同学们嘲笑为落伍的乡巴佬。所以说现在的青年一代是有梦想、有追求的一代，但这种梦想和追求是基于拜金主义、流行主义的，呈现出极强的多元性和不稳定性。

2.功利性

社会经济的飞速发展、科学技术的日新月异、物质生活的极大丰富，为青少年了解世界、增长知识、开阔视野提供了更加便利的条件。与此同时，现代文明所附生的各种不良文化思潮也在严重侵蚀着青少年的思想、精神，影响着青少年的道德观念和价值取向，使青少年学生的人生观向“自我”倾斜，被“金钱”扭曲，使他们把“挣大钱”“当大官”作为人生幸福的标准，把奢侈、享乐作为人生追求的最大目标。调查表明，86％的学生把金钱作为第一价值取向，78％的学生把权力作为第二价值取向。一些青少年产生厌学情绪，沉溺于挣大钱的幻想中，不思进取，虚度年华；也有一些青少年将学习的动机建立在考名牌大学、找高薪工作、享受优质生活下，即在高考“指挥棒”的指挥下，在全社会普遍重视“高分”的环境下，青少年的学习动机也呈现功利性的一面。此外，在社会大环境下，在某些家庭教育的影响下，一些青少年的价值观也在潜移默化中趋向名和利，攀比衣食住行就是这种功利性价值取向的外在表现。

3. 现实性

中国古代，至善至美的圣人境界就是人生最高的价值追求，中华人民共和国成立后，为实现共产主义、解放全人类而努力奋斗就是最高的价值规范；今天，实现中华民族伟大复兴的中国梦是包括青少年在内的每一个中国人的价值追求。然而，调查表明，这些价值观念对青少年的影响正在逐渐减弱。不少青少年认为，上述理想太遥远，太空洞，不切实际，而自身的状态和现实的利益更为重要。

在学校组织的“中国梦·我的梦”征文比赛中，相当一部分学生流露出拜金主义、享乐主义，凸显体现个人价值和个人利益的现实主义、实用主义价值观，而过去的理想主义、英雄主义的价值观念明显弱化。加之一些网络文化极力传播当下主义，宣扬及时享乐主义，也影响到青少年的价值取向，使他们只看到眼前利益，没有远大的理想追求，没有长远的人生规划。

4.唯我性

当前青少年“以自我为中心”倾向明显,在价值取向上表现出明显的唯我性。不论是小学生还是初中生、高中生,都不同程度地表现出以自我为中心的唯我性。他们有着过于浓厚的自我中心观念,凡事都只想满足自己的欲望,要求人人为己,却置别人的需求于不顾,一味要求别人实现自己的意愿。如有的学生拿着父母的血汗钱胡吃海喝、盲目攀比、大肆挥霍,却很少去想父母养家糊口的不易;有的学生因父母一时不能满足自己的意愿动辄以出走、自杀相威胁,全然不体谅父母劳动的艰辛。网上曾流传过一个中学生因不满母亲阻止其玩手机,而在大庭广众之下对亲生母亲拳脚相向,这不仅暴露出感恩教育的缺失,也暴露出青少年自我主义的膨胀。

5.不稳定性

青少年的价值取向随其成长及生活环境的变化也在发生变化,具有明显的不稳定性。如长期生活在农村的青少年一直处于淳朴的环境中,他们易于满足,对金钱、物质的要求不高,自主性、独立性较高,而一旦进入城市读书,原来的价值取向就会在城市环境的影响下悄然改变,对精神需求及金钱、权力等方面产生渴望,也会去狂热地追星、盲目地赶时髦。再如学生在小学阶段比较看重从众、金钱、法律规范和家庭因素,而进入中学后随着知识和技能的增长、眼界的开阔,他们逐渐有了要求独立和追求个性的意识与想法,越来越重视正义、公理、独立,更加关注自身以外的事物,如国家和社会等。

青少年的价值取向也可能因受到家庭变故、人身伤害等意外事件的影响而发生改变,所以说青少年价值取向具有不稳定性。

6.差异性

从实际情况来看,不同年龄、气质、道德认知水平和成长背景的青少年表现出不同的价值取向。如农村的孩子更多地是想跳出“农门”,走出农村的狭小天地,而城市生活的孩子则希望到别的城市乃至国外留学、生活。同时,青少年的价值取向呈现出性别和年龄的差异性。如小学生和初中生看重忠诚、孝顺、公正,高中生则强调学习努力、宽容,不强调服从、分享、珍惜生命。在性别方面,男生注重公正、平等、正义、自由,女生则偏向关怀、同情的个人感情,强调个人需要和自身发展。随着年级的升高、年龄的增长,高年级学生越来越重视正义、公理、独立个性和爱情,而年级较低的学生则更看重权利、金钱、法律规范和家庭因素。同时,随着身心发展中“成人感”不断形成和性成熟带来的性意识增强,高年级的学生对爱情的需要日益强烈,特别是高中阶段,早恋早性的学生数量呈增长态势。但这些早恋学生的爱情取向又是稚嫩的、青涩的,是建立在不成熟的人生规划上的,所以大多最终是失败的。而年级较低的中学生在生活和精神上还依赖于家庭及所处的社会环境,他们的生活学习和各个方面都受到家庭和社会规范的约束与限制,所以他们容易被成人社会的各种观念所左右,在处理问题上也多是听取他人的意见,而很少有自己独立的、坚定的想法。

总之,在当前开放的社会环境下,青少年的价值取向直接受到社会、经济、文化等多方面的影响,正确引导并使之树立正确的价值取向是全社会都应该关注的问题。

(二)互联网对青少年价值取向的影响

1. 网络媒体对于青少年价值取向的积极作用

首先,网络媒体为青少年的价值取向提供了正确的导向因素。网络媒体是集众多信息于一体的平台,因此承载着多元化的价值观。而网络信息中的正面价值观念能够发挥引导青少年树立正确的、健康的、符合社会发展要求的思想观念的作用,有利于引导青少年塑造出符合社会发展要求的正确价值取向。

其次，网络媒体可以增强青少年自身的价值认同感。网络媒体具有多元化的呈现方式，青少年可以通过这些多元化的信息载体浏览并获取对自身有意义和有价值的相关信息，同时可以借助这些平台实现与他人的沟通和交流，让青少年在与他人良性互动的基础上，获取平等参与的满足感。

2. 网络媒体对于青少年价值取向的消极作用

首先，网络信息容易影响和误导青少年的价值判断。目前的网络信息内容良莠不齐，广泛涉有黄、赌、毒等不良炒作信息，青少年在好奇心理的驱使下，很容易受到这些不良信息的诱导，由此产生不正确的价值取向。

其次，多元化网络信息阻碍青少年的价值观塑造。在全球化的发展趋势下，各国除了经济和政治上的交流之外，文化上的交流也趋向增强，在网络媒体的开放背景下，西方国家利用青少年可塑性较强的特点，借此传播自身的文化价值观念，将西方国家的价值观念渗透到中国青少年的价值取向中，而对于心理发展成熟相对弱势的青少年群体来说，很难抵挡来自西方国家的网络、影视等传播价值观念的文化载体，因此会对我国青少年的价值取向及其思想道德带来巨大的冲击和影响。

二、青少年的人生价值观

人生价值观是一种信念，表现为个体的人生目标是什么，选择什么样的生活道路和方式。其中，价值目标是个体人生价值观的核心。人生价值观对青少年的生活道路与生活方式的选择起指导作用。

（一）青少年人生价值观形成的影响因素

价值观是个体在社会实践活动中逐渐形成和发展的，人生来是没有价值观的。在社会化过程中，个体通过学习逐渐掌握了一定的价值判断标准，这些标准最初是零散、片面、直观的，随着社会化的进程，这些标准逐渐融合完善并经内化构成了个体的价值观。可以说，青少年价值观的形成和发展是个体社会化的进程。在这一过程中，青少年自身的内部因素是个体社会化的内因，而自身以外的外部因素是个体社会化的外因。内外因相互作用使青少年的价值观得以形成和发展。随着年龄的增长而产生的变化是影响价值观形成和发展的重要因素，而这一因素即是青少年自身的内部因素，它既包括随年龄增长积累的知识经验，也包括随年龄增长而产生的身心变化。

除了内因以外，客观因素是青少年价值观形成和发展的重要外因。客观因素包括社会因素和自然环境因素，其中社会因素对价值观的形成和发展起着决定性的作用。社会因素主要包括社会环境、家庭环境和学校环境三个方面。对于青少年价值观的形成和发展来说，社会环境起着潜移默化的作用，学校环境起着主导作用，家庭环境起着奠基作用。加藤等人的调查研究也说明了这一点：由书籍、老师、朋友等构成的学校环境因素对青少年的价值观形成和发展起着巨大的作用。除此之外，社会、政治事件和家庭生活等也具有较大的影响作用。

（二）青少年人生价值观的特点

我国青少年的价值取向与人生价值观总体上表现出我国文化背景下特有的特点，如看重国家与集体利益，倾向于集体主义，与西方文化背景下的青少年的价值观有明显不同。并且表现出这一年龄段的发展特点，如倾向于平等主义，在人生目标上看重有所作为、事业成功、自由、爱情、友谊等。显然，这些价值取向的形成是个体在成长过程中内化社会的价值取向的结果。同时，社会经济的发展变化对青少年的价值观念存在影响，他们在总体上倾向于集体主义的同时，也要求保持自我与个性，城市青少年比乡村青少年更多地表现出个人主义。青少年时期的价值取向与人生价值观也表现出较大的变异性。

第六节　互联网时代青少年道德发展特征

一、互联网时代的道德特点

(一)互联网时代的网络环境

互联网时代的网络环境主要呈现出以下几种面貌。

1. 网上道德相对主义盛行

在道德心理的道德意识方面,网络空间的特性就为道德相对主义提供了温床,容易导致道德上的怀疑主义、虚无主义和个人主义。

道德相对主义,就是相对地看待道德,否认道德的普遍性,将个人视为自己道德行为的唯一判断者,对历史上的优秀道德传统与他人高尚的道德也持怀疑的态度。以自我为中心、个体是正确的,只要自己有道理,就是可以肯定的等,就是道德相对主义所奉行的基本原则。

道德相对主义,在人类历史上早已有之,是前网络时代的农业时期在意识形态方面的产物,在前网络时代的工业时期,得到迅速发展,尤其是在网络时代,它找到了最适宜生长、繁衍的环境。形象地看,互联网犹如覆盖在地球上的一张网,没有开始的地方,也没有结束与终极。一进入这个由光纤电缆和调制解调器构成的世界,人就变成了电子化飞速运行的存在。这种状态,除了使人忘记对终极目标的追求外,也会让人放飞心情、不负责任。实际上,小小的个人在无边无际的网络中的无能为力,为道德相对主义提供了最好的土壤和借口,造成道德相对主义的盛行。

有人认为网络是一个自由的无政府世界,没有对错之分,没有高尚卑下之分。不少人在网络中的不道德并不是现实中的不道德。在网上,个人可以随心所欲,自己既不能驱使、命令别人,也不会受他人指挥,处在茫茫网络之中,就会有失重的感觉,我是谁?在哪里?当个体符号在虚拟空间飞行的时候,容易出现忽视道德普遍性和个人主义、道德相对主义盛行。

道德相对主义,它实际上也是后现代主义的基本主张在道德中的体现。后现代主义主张的非中心主义、多元化、表面化、无终极目标等,与互联网所具有的没有中心、没有边际的起始等特征是极其相似的。这也是网上道德相对主义泛滥的重要因素。

2.网络冲击着传统道德规范

网络社会是人类为自己开拓的另一个生存空间,这个崭新的虚拟世界,以独特的自由方式显示着自己的魅力。与现实道德规范相比,网络上的道德规范带有随意性,网上的不道德行为更不容易监督,不像现实社会中的道德要靠社会舆论、传统习惯、内心信念三者来维持。

3.无政府主义的泛滥

没有了责任、缺乏了管理,杂草就会丛生。所有人都是网络的一部分,当道德责任感缺失时,一些网民变得无法无天,说话做事不负责任,滥用自由权利。

(二)网络道德的特点

与传统道德相比,网络道德具有一些不同于现实社会的特点,主要表现为以下两点。

1.自主性

在现实社会中,人们去做有道德的事情有两个方面的原因,一方面是因为自律,是因为“我要道德”而不是“要我道德”;另一方面是因为他律,也就是说是出于别人对自己的看法和议论才去做道德事情,而后者是常态。

而在网络社会里，网民们很多时候是在匿名的条件下进行交流的，他律的作用在很大的程度上被淡化，所以其行为更多受到自律的影响。因此，网络社会的道德更受网民自身的控制，更具有自主性。

2. 开放性

与现实社会的道德相比，网络社会的道德呈现出一种更少依赖性和更多开放性的特点。在网络社会中，出现了新的情况，首先，人和人之间的交往面急剧扩大，并且无限蔓延；其次，网络社会的交往层次开始增多，交往的方式也更加多样。在信息化时代，网民们每天要面对的都是各种各样不同的价值观念、生活方式和道德规范。网络的巨大开放性使得网络道德也具有开放性的特点。

二、互联网时代青少年道德发展的现状和特点

（一）互联网时代青少年道德发展的现状

随着社会经济的飞速发展和生活环境的急速变化，当前青少年道德状况呈现出与以往大不相同的面貌。从整体而言，青少年道德水平呈良性发展态势，但同时这一群体的道德问题却又不断涌现。下面我们从道德的不同领域，来对青少年道德的现状做一些具体的分析。

第一，对公德和私德界限的定位逐渐清晰。在公共领域，对体现公德的行为要求相对严格，而在私人领域，对体现私德的行为则表现得相对宽容。在公共领域，有相关的调查报告显示，传统的孝悌观念在当今的青少年群体中事实上得到了很好的继承，大家对不敬重父母或老人这样的行为普遍不予接受，并对此种行为不予宽容，而对当今社会中大量涌现的诸如卖淫、贪污受贿等丑恶现象，青少年群体更是表示出了极大的不满。但是一旦转到私人领域，情况就发生了很大的改变，很多以前并不被社会认可

的行为，比如离婚、独身等行为，相当多的青少年虽然承认自己也许不会这么做，但对他人的此种行为则表示了尊重。在此类问题上，他们普遍表现出了极大的宽容态度。

第二，对社会公德的体认度较高，并且绝大多数青少年能够将对基本公德的体认付诸行动，但也存在部分青少年连基本的公德要求都无法实践的情况，同时，公德领域内某些极端的要求对青少年群体也存在要求过高而无法为大部分青少年所践行。有调查表明，青少年在一些基本的文明素质方面表现出较高的素养，比如说在公交车上给更加需要的人让座，捡到贵重物品归还失主等，青少年们都做得很好，对这种行为和观念也深深地认同。与此同时，对于一些有损公德的行为他们也是敢于做斗争的，比如遇到有人在景区刻字等行为，多数青少年都敢于去制止。但也有部分青少年尽管对不良道德行为表现出强烈不满，却在行为选择方面没有采取相应行为来制止，甚至还有一些青少年自己也会去做同样的事情；而对于一些危险性较高的道德行为，比如见义勇为，大多数青少年虽然观念上认同并且由衷地表示钦佩，但在实际行为中更多地选择了明哲保身的态度。

第三，对道德在观念上有着良好的认知，但在行为上却往往有着不同的选择。大多数青少年对诚实守信、集体主义等基本道德要求有着良好的、正面的认知，但在具体的行动中却往往不能落实。例如，在学校班级中，青少年具备良好的集体主义观念，注重团结友爱等品质，但是一旦涉及个人利益时，大多数青少年往往会选择有利于自己的行为而背离集体利益或集体中其他人的利益；又如，大多数青少年认同诚实守信的道德价值，但是在当下中国的大学、中学、小学尤其是大学中，学生考试作弊的现象却大面积地存在。这样的认知和行为不能合一的情况，在青少年群体中是比较普遍的现象。

第四，对家庭美德在观念和行为上都有良好的表现，同时也有一些新的倾向值得注意。如对传统美德的认知和传承有价值观念上的认同，但对传统美德的实质和核心缺乏系统的了解。在婚恋道德方面，当代青少年也呈现出新的特征，他们的态度显得更为开放和包容，注重对婚恋道德主体的尊重，但较少考虑婚恋问题的社会影响。

（二）互联网时代青少年道德发展的特点

互联网时代青少年道德发展的特点主要体现在以下几个方面。

第一，青少年道德价值观呈现矛盾化的特征。这种矛盾化体现在他们的认知和行为有所不同，他们目前在道德认知方面是良好的状态，但是一旦落实到实践中，落实到他们的具体道德行为上时，他们往往做不到认知和行为一致。具体的表现就是他们在特定的场合和环境中会展现出完全不同的面孔，比如说，在家里他们乖巧听话、懂事孝顺，在学校里他们尊师敬友、热爱学习。但是一旦脱离学校和家庭的环境，他们就会表现出虚伪和自私等不良道德，甚至走上犯罪的道路。

第二，当代青少年对社会道德和自身道德总体评价积极，对丑恶社会现象深恶痛绝，但对个体的自身道德状况评价不高。当代青少年对社会道德状况和自我道德状况的总体评价是积极的。虽然部分青少年承认当前道德建设存在问题，对目前道德状况表示不满，认为存在诸多的问题，道德状况呈现出滑坡现象，但同时他们也认为当前道德建设的主流是健康向上的，对道德状况好转有信心。

第三，青少年的价值取向由社会本位向个人本位转移，呈现自我化倾向。造成这个特点的一个主要因素是市场经济浪潮的冲击，在这种大环境下，青少年的价值观很容易失衡，特别容易只关注自身的切身利益。大部分的时候，青少年都以自我为中心，集体主义精神和社会责任感渐渐减弱，具体表现为只积极地去做对自己有益的事情，而在对社会、对他们有益的事情中见不到他们的身影。

第四，当代青少年大部分认可道德对个体和社会的积极作用，重视道德的协调功能，但同时又在道德观念上存在着明显的相对主义倾向。

第五，少数青少年道德评价标准不一，是非不分，呈现模糊化、多重化倾向。最明显的一个表现就是，在进行道德评价的时候，有些青少年特别容易执行双重标准，也就是对自己要求较低，而对别人高标准严要求，呈现出极为明显的差距。

第六，部分青少年道德价值取向重现实、重利益，呈现功利化、实用化倾向。在市场经济条件下，社会上出现的功利主义、利己主义、享乐主义、拜金主义思想对青少年产生了极大的影响。让他们在学习上轻理论、重实用，在物质和精神的关系上重物质、轻精神。崇尚实用、追求实惠已成为普遍现象。享乐主义和拜金主义思想严重腐蚀了青少年的思想和心灵，使青少年为追求物质享受和名利不择手段，甚至由此走上犯罪道路。

第八章　互联网时代青少年同伴关系发展研究

青少年处于儿童向成人过渡的时期，在这这一时期，他们不仅会在生理、心理上发生重大变化，而且在社会关系上呈现出新的人际交往模式。他们开始疏远成人而乐于与同年龄阶段的伙伴交往，也逐渐对同伴倾注了越来越多的情感，友谊在青少年的发展中占据的作用越来越明显。同时，青少年还开始萌生了与异性交往的强烈愿望，男女生之间的接触显著增加。总之，与之前相比，青少年的社会性发展中，同伴的影响力越来越强，同伴关系对青少年发展的作用也越来越显著。

第一节　同伴关系概述

随着年龄的增长和活动范围的扩大，青少年从家庭走向学校并参与其他社会生活，逐渐减少与父母的交往，更多地生活在同伴世界里。个体在与同伴的交往中会学到很多关于社会的知识和技能，这是其他人际关系所无法取代的。重视青少年的同伴关系，将对其成年后的社会交往能力的良好发展产生深远影响。

一、同伴关系的概念及性质

同伴关系主要是指同龄人间或心理发展水平相当的个体间交往过程中建立起来的一种人际关系，是个体同伴经历的重要内容。

同伴关系具有平等、互惠、自由的性质，这就和与父母、师长之间的关系形成对比——后者的性质是服从与被服从、教导与被教导的。《韦氏新大学词典》将同伴定义为“彼此间地位平等的人”，即体现了这层含义。

二、同伴关系对青少年的影响

同伴关系的正常健康发展对于青少年发展具有较大影响，具体表现在以下几个方面。

（一）提供了共同活动和亲密交往的机会

在童年期和青少年早期阶段，友谊的基础是共同的活动，朋友是在一起进行游戏的伙伴；对于青少年而言，朋友则扮演情感分享者、思想交流者的角色，彼此关心和照顾。这些都为个体社会性的正常发展提供了条件。

（二）影响了青少年的自我概念

研究者都提出了和谐融洽的同伴关系可以提高青少年的自我概念水平。青少年处在一定同伴群体中，同伴群体以接纳或拒绝的方式告诉个体应该或不应该做什么。青少年自然渴望被同伴接纳，但要想被同伴接纳，自己必须学会约束自己的行为，与群体保持认同，因而这一时期从众行为增加。在与同伴的交往碰撞中，青少年学会了肯定自我，反省自我，发展健康的自我概念，习得新角色、新技能、新行为。当自己没有受到或没有受到太多他人关注时，可能会对自己产生疑问，影响自我概念的水平。

（三）促进青少年学习进步

青少年日常生活中的主要任务是学习，他们的同伴关系也主要是在共同学习的过程中建立起来的。郑和均等人对 230 名高中生与同伴的活动内容进行了调查，发现他们在一起学习的百分比为 38.9％，显著高于他们在一起从事的其他活动。

（四）影响青少年社会行为和反社会行为

社会行为包括亲社会行为和反社会行为两种。亲社会行为一般指对社会发展有利的行为，在青春期，良好的同伴关系可以减缓童年期攻击性的消极影响，增加青少年的亲社会行为（如礼貌待人、助人为乐、宽恕他人等）。例如，在青少年的同伴关系中，拥有同样的积极发展观念的同伴关系将会引导同伴群体中的成员走上积极发展的道路，出现亲社会行为。

反社会行为是指可能会社会造成危害，或不利于社会发展进步的行为。同伴关系也可能导致青少年反社会行为的出现，如同伴群体对冒险行为、对刺激行为的追求可能导致群体中的成员可能在川流不息的道路上逆行寻求刺激，可能去安全系数较低的区域冒险，而这些都有可能导致青少年安全问题的出现，严重的还有可能造成一定的社会危害。又如同伴对吸烟、饮酒、吸大麻以及性行为的错误观念也可能导致青少年出现各类危险行为。

（五）推动青少年情绪的发展

同伴关系对青少年的情绪发展会产生重要影响，一方面，同伴关系是满足青少年交往需要的重要工具；另一方面，同伴关系也是消除青少年在社会生活中产生的各类恐惧、焦虑、自卑等消极情绪的重要方式。通过同伴的理解和支持，青少年可以获得情绪慰藉，提升积极的情绪体验。另外，同伴关系也能让青少年在共享兴趣、分担恐惧、肯定自我价值、提供坦露的机会的过程中获得亲密的情感体验，有助于青少年情绪的发展。

（六）是使青少年获得安全感、归属感和社会支持的重要源泉

同伴关系有利于情绪的社会化，有利于培养青少年对环境进行积极探索的精神。很多学者指出，良好的同伴关系有利于青少年的情绪健康，能减少焦虑与抑郁等负性情绪。同伴关系较差，同伴接受性较低的青少年，会体验到较高的孤独感。弗曼等人曾

指出，青少年在亲密的友谊关系和一般的同伴群体中满足了不同的社会需求。爱、亲密和可靠的同盟更多的是从朋友关系中获得的。工具性或指导性帮助、抚慰、陪伴和增进自我价值既可以从朋友关系中获得，也可以从同伴群体中获得。而归属感或包容感只有在同伴群体中获得，无法在一对一的友谊关系中得到。

三、青少年同伴关系的发展及其特点

（一）青少年同伴关系的发展

个体步入青少年时期以后，随着生理发育的加快，青少年的心理也在快速发展，如社会认知能力逐渐提高，情绪情感更为细腻，对人际交往尤其是同伴交往的需求更为旺盛。在这一时期，青少年会重新建构自己的人际关系，他们对父母的依赖会逐渐降低，但对同伴的依赖会有所增加。比较心理学家欣德对青少年同伴关系的发展历程进行了详细分析，他根据社会性复杂程度将青少年的同伴关系发展分为互动的同伴经历、二元同伴经历、群体的同伴经历三个阶段。

同伴经历是青少年同伴关系发展的第一个阶段，它既包括婴儿最初的单向行为，也包括婴幼儿彼此的控制、模仿以及更为复杂的互惠、互补的角色游戏，还包括青少年初期个体逐渐增多的彼此间的互助、合作、攻击行为等。

二元同伴经历是青少年同伴关系发展的第二个阶段，这一阶段最显著的特征就是青少年开始建立友谊并关注友谊的发展。这一时期，青少年普遍认为朋友之间需要互相理解与支持，并在心理上产生了一种与同伴互相帮助，共享思想、情感、经验等的特征。这一时期，青少年的友谊也不再局限于同性之间，也开始向异性友谊发展。

群体的同伴经历是青少年同伴关系发展的第三个阶段，也是青少年同伴关系发展成熟的阶段。在这一时期，青少年的同伴规模逐渐扩大，同伴关系更为紧密，同伴经历最为丰富。

（二）青少年同伴关系发展的特点

1. 逐渐改变了团体式的交往方式

青少年在同伴交往方面的显著特点是团体性强，团体性的游戏互动能够给青少年带来身心的愉悦。进入青春期后，生理的巨变使青少年的心理受到强烈冲击，他们需要有人来倾听烦恼、交流思想并保守秘密，于是交际范围缩小，原先的团体慢慢解体。

2. 交友具有层次多、范围广的特点

随着自身兴趣爱好的增加，青少年的精神生活更加丰富多彩，因此需要结交更多的朋友以满足不同的需求。

另外，由于身体发育程度和兴趣的差异，童年期儿童的同伴群体中成员的年龄范围比较狭窄，大孩子和小孩子往往很难打成一片。相比之下，青少年的同伴群体中成员的年龄制约就小得多，并且他们有机会接触到来自不同地理区域的朋友并与之保持联系。

3. 对友谊的意义有了新的认识

童年期儿童的友谊通常建立在邻近的地理位置、拥有共同玩具的基础上，友谊保持时间往往很短暂。而对于青少年，他们开始从心理品质方面来寻找朋友，情感联系和个性的相似性成为友谊形成和维持的基础，他们希望从朋友那里得到理解和亲密的情感支持。

4. 性别意识逐渐形成

因为尚未形成性别意识，幼儿和童年期儿童之间的交往通常不受性别差异的影响，男女儿童常在一起游戏。进入青春期后，第二性征的出现使男女生渐渐意识到性别差异，并对对方开始产生兴趣。

5. 同伴小圈子开始出现

到青少年早期，与父母、兄弟姐妹和其他的社会化影响者相比，青少年花更多的时间与同伴在一起，特别是跟一小部分朋友在一起，我们称之为小圈子。早期的同伴小圈子往往在儿童晚期形成，一般包括四至八名同性别的成员，他们有相似的价值观和爱好。早期的同性别小圈子的成员一般不大稳定，儿童或青少年，尤其是男孩，通常不只属于一个小圈子。到了青少年中期，男孩小圈子和女孩小圈子之间开始有较多的交往，最终形成了跨性别的小圈子。小圈子一旦形成，他们就有不同的衣着规范、语调和行为，这些规则使一个小圈子与另外一个小圈子相区别，帮助小圈子的成员建立起一种稳定的归属感或者群体同一性。

第二节　同伴接纳的影响因素

在青少年的社会生活中，或许没有什么比同伴接纳更引人注意了。同伴接纳程度指的是青少年在同伴心目中值得交往和受到喜爱的程度。你可能觉得，有很多因素决定着一个人在同伴眼里的价值，有些因素是与特定的群体或环境有关的。例如坚毅、对抗性、善于灵活驾驶摩托车的能力也许会使你成为一个“地狱天使”，但是这些品质能否提高你在俱乐部里的地位就令人怀疑了。显然，不同的群体重视不同的品质，那些被群体接受的人拥有他们的同伴群体所重视的特征。但是，即使不考虑群体成员的年龄、性别和社会文化背景等因素，仍然有很多因素影响着一个人在不同群体里的社会地位。当我们分析哪些因素影响着一个人在同伴中的地位时，有些品质值得关注。

一、同伴接纳及其类型

纽科姆等通过社会测量法将青少年的同伴接纳分为以下几

种类型，成为同伴接纳最流行的分类形式。

(1)受欢迎的青少年。这类青少年通常都是友好的、令人愉快的、温厚的、幽默的，他们待人和善，乐于倾听，有自信但并不狂妄自大，能获得许多同伴积极的提名或评定，即被大多数同伴喜欢。

(2)被拒绝的青少年。这类青少年一般缺乏一定的社会技能，他们喜欢争论，总是忽略别人的感受，总是自私且好斗地反对别人的意见，容易给别人侵略性太强的感觉，因此常常被大多数同伴回避甚至厌恶。

(3)被忽视的青少年。这类青少年通常比较害羞或者性格太内向，并且拒绝参加集体活动，他们在社会人际学的评价中，既不是别人喜欢的人，也不是别人不喜欢的人，别人根本就很难记得他们是谁，因此很容易被忽视。他们并不像被拒绝的儿童那样树敌，但是他们也同样没有朋友。他们是被忽视的人，很少被自己的同伴们注意到。

(4)矛盾的青少年。这类青少年对不同的人，或者相同的人在不同的场合，不是非常喜欢他们就是非常讨厌他们，不像受欢迎或被拒绝的儿童那么一致，因此他们可能会被某些同伴喜爱，同时又被其他一些同伴看作具有破坏性而被厌恶、回避。

(5)一般的青少年。这类青少年被同伴接纳的程度处于一般情况，在同伴提名中没有获得极端的分数(最喜欢或最不喜欢)。他们的受欢迎或被拒绝程度均趋于中等。

通常情况下，同伴拒绝这一类别最为稳定，而被忽视和矛盾身份的个体稳定性很差，他们随着年龄的增大，总会被部分同伴接受。考察青少年这一特定时期的同伴关系，我们主要关注受欢迎和被拒绝的个体。

二、影响同伴接纳的因素

影响同伴接纳的因素很多，主要包括以下几个方面的内容。

（一）容貌的吸引力

有一句格言“美丽来自心灵”，但在现实生活中，容貌对人际具有十分密切的影响，这一点在青少年同伴接纳上也表现得十分明显。

在婴儿时期，儿童就开始显示出对身体外部特征的偏好，如3～6个月的婴儿对成人认为有吸引力的面孔注视的时间更长一些。12个月的时候，婴儿对“漂亮”的成人会表现出更多的积极情感，更愿意和他们玩。

在青少年早期和中期，青少年会对体貌特征不同的同伴有不同的预期，总是将那些看起来身体相貌好的青少年与积极的内在品质联系起来。例如，让青少年看一些照片，让他们对陌生人的个性进行猜测，他们往往会将积极的品质，如友好、聪明，更多地给予那些看起来比较“漂亮”的人。

为了研究这种预期与现实的符合程度，莱歌罗伊斯等人对3～5岁的幼儿进行了调查，结果发现：在5岁时，“漂亮”的幼儿的确具有许多人们所期望的优秀品质，而“不漂亮”的幼儿则表现出更多的攻击行为。这一结果虽然看似证明了人们的预期，但是事实却并不完全如此。“漂亮”与“不漂亮”的孩子所表现出的这种差异在2～3岁的时候并没有被观察到，只是到5岁的时候才显现。综合以前的论述，可以看出，这更可能是另一种形式的“皮格马利翁效应”，即青少年是按照别人对他的反应而反应的。

为什么会这样呢？一些理论家认为，父母、老师和其他儿童可能会通过向有吸引力的儿童巧妙地（或者并不巧妙地）传达期望，使他们相信自己聪明，能在学校里表现好，做出让人高兴的事，讨人喜欢，从而使有吸引力的儿童形成一种自我实现的预言。这种信息无疑会对儿童产生影响：有吸引力的儿童会变得越来越自信、友好、外向，而缺乏吸引力的儿童可能对他们收到的不太有利的反馈心生怨恨，变得逆反和攻击。这就是“美的就是好的”的社会刻板印象是怎样变成现实的。

(二)体型状况

体形(或体格)是影响青少年自我概念和受同伴欢迎程度的另一个身体特征。

学者 Staffieri 曾有一项研究,给 6～10 岁青少年看外胚型(瘦长)、内胚型(柔软、丰满、圆胖)和中胚型(运动型的、肌肉发达)的身体轮廓图(图 8-1)。先问他们喜欢哪种体形,然后给他们一张列有形容词的单子,让他们选择适合描述几种体形的形容词。最后,让他们列出班里最好的五个朋友的名字以及三个不喜欢的同学的名字。

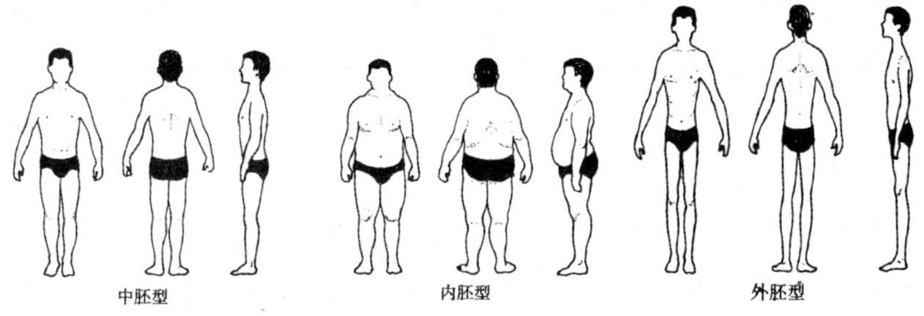

图 8-1　Staffieri 的研究中使用的三种体型

结果很明显。青少年不仅喜欢中胚型的身体轮廓,而且他们赋予这种体型积极的形容词:勇敢、强壮、灵活、乐于助人。相反,他们赋予外胚型和内胚型人物的形容词则没有这么积极。对于青少年,在体型和受欢迎程度之间有明确的关系:中胚型的青少年在班里最受欢迎,而内胚型的青少年最不受欢迎,会经常遭到同伴的嘲笑和排斥。

(三)行为特征

所有研究证实,青少年期普遍受欢迎的决定因素是社会能力。行为特征是个体社会能力的重要体现。受欢迎的青少年快乐、率真、热情、自信,给同伴以积极的肯定、适时的关注与帮助,能够悉心地倾听倾诉,彼此开诚布公地交流。

被拒绝的青少年不明智、冲动、霸道,具有攻击性、破坏性,总是希望主导活动和强制别人服从，不能够很好地与别人协作。但不是所有被拒绝的青少年都是攻击破坏型的，有10%～20%是属于退缩型的，他们胆怯、害羞、抑郁，这在很大程度上阻碍着正常的人际交往。

有争议的青少年的社会行为表现是积极与消极的混合物。他们可能有被拒斥青少年的攻击行为，也可能有受同伴欢迎的积极的亲社会行为。这类青少年的社会身份会随着时间和环境的变化而发生较大的变化。

被忽视的青少年由于与同伴的互动较少，常常被认为比较害羞。但是与被拒斥青少年不同，这类青少年并没有太多的社会焦虑，也不会因自己没有朋友而感到不开心。相反，当他们需要朋友时，他们会很快地投入到同伴活动中，建立起较好的关系。

（四）气质特点

青少年的某些气质特点与社会地位有关，而且毫无疑问会对社会地位产生影响。例如，那些易激惹、易冲动的困难型儿童在同伴关系中将处于不良的境地，这可能导致他们被拒绝。而那些行为比较抑制或慢热型的、比较消极被动的儿童有被同伴忽视甚至拒绝的危险。

（五）家庭教养方式

父母会影响儿童社交技能这一事实说明，许多被拒绝儿童所表现出来的长期的适应问题可能既源于不良的同伴关系，也源于混乱的家庭生活，家庭的教养方式对青少年的同伴接纳会产生十分明显的影响。一般来说，采用关爱、敏感和权威型教养方式的养育者，注重跟孩子讲道理而不是用强权来指导或控制儿童的行为，这样的父母教育出来的孩子多是安全依恋型的，成人和同伴都喜欢他们。相反，高度专制的或非参与型的父母主要靠权力作为控制手段，他们教育出来的孩子通常是不安全依恋类型的，乖戾、不合作、攻击性强，通常不被同伴喜欢。

（六）自我评价和他人评价

自我评价水平适中的青少年，要比自我评价水平过高或过低的青少年容易为同伴所接纳。那些自我评价过高的青少年，可能被别的青少年看作高傲自大或离群的人。此外，教师对一个青少年的态度会间接地影响到同伴对这个青少年的评价。社会心理学家认为，在同伴群体中的评价标准出现之前，教师是影响学生最强有力的人物。他对青少年各方面的接纳程度会通过一种复杂的方式影响其他学生对这个青少年的评价和认可。

第三节　同伴群体的形成及其社会化影响

当今时代，信息现代化的成果冲击着家庭作为政治、经济单位的重要性，完全拘囿于家庭环境中的社会化过程已经全然没有意义。个体的社会化历程不仅需要家庭背景下的动力源，更为重要的是要走入同伴经历中，青少年的社会化主要是在同伴团体中完成的。加入现行的年龄分组教育模式，同伴团体成为青少年社会性组织的重要特征，是青少年首要的生活背景。青少年期，同伴团体的结构、功能均发生重大的变化。

一、同伴群体的概念

“同伴”这个词通常意味着同龄人，一般说来，我们一提到同伴，就是指一群同样年龄的儿童或青少年。“群体”是一群以某种方式紧密相联的人，是一群拥有同一目标和规范的个体，是相互影响、共同活动、具有内聚力的一个集合体。结合起来，同伴群体就是一个有特定的社会—心理的团体，是指在社会化过程中尚未成熟的个体联合而成的团体，在年龄上没有严格的界限。

二、青少年同伴群体的形成

杜菲通过作品法(被试的日记)、问卷法和交谈法,对青少年群体的性质和发展进行了全面的、广泛的研究。他发现,青少年群体的形成要经过如下几个阶段。

第一,前群体阶段。其间,处于儿童期后期的个体一般愿意结交那些和他们家住得比较近的伙伴,因为他们是起初最容易接近的同伴。但是随着他们活动范围的加大,如上学等,他们可能会结交一些住得远些的同伴,但仍然与邻居们保持相当多的联系。

第二,小集团阶段。小集团是由同样年龄和成熟程度的低龄青少年组成的。杜菲认为这一阶段同性的小集团能给其成员与异性成员交往的新经历提供支持与保证。男孩和女孩是愿意交往的,但一般只是在他们各自的同性小集团提供支持的情况下。

第三,男女混合的小集团阶段。其间,同性的小集团内较高地位的成员开始了与异性个体之间的交往(包括约会)。这一阶段的青少年既可以是性别一致的同性小集团的成员,也可以是异性小集团的成员。虽然不再会受到第二阶段的那种同性小集团的高度支持,但仍然可以得到来自同性小集团的保护。

第四,相对健全的小集团阶段。其间,青少年的同伴群体发生了转变,并且出现了一批相互之间交往密切、发展健全的异性小集团。这时小集团形成了杜菲称为发展健全的群体。

第五,健全的同伴群体阶段。其间,青少年从群体形成之前开始的循环完成了,从儿童期晚期、青少年期早期的同性小集团到那种由几个异性的伙伴组成的、典型的成人式的小集团。那种对来自同性小集团的情感支持和安慰的需要已不复存在,因为个体已经形成了与异性交往关系所需的人际技能。

三、青少年同伴群体的发展变化

(一)性质变化

研究发现,在青少年期之前,儿童的同伴一般为同学或邻里的游戏团体或同一性别的小团体，这个团体一般不会有很严格的组织形式，团体成员也不稳定。随着年龄的增长，个体会对同伴群体建立一定的组织形式，如划分群体中的成员地位和职责分工等，从而在一定程度上发展了同伴群体的结构特征。随着认知能力从具体到抽象的发展，青少年开始明确认识自己隶属的群体环境以及在其中的相应地位，对群体的界定不再仅仅根据具体的行为表现等外在表象，而注意从中抽取典型特征，群体特征更加抽象。从友谊到友伴群再发展到群体，青少年涉入各种不同水平的同伴经历，它们相互交叉，而青少年也以极其复杂的形式参与其中。同时，发展中的青少年也能够逐渐消除刻板印象，克服群体影响，自由地转换群体，努力提高自己的地位。

（二）结构变化

同伴群体具有一定的组织结构，在这种群体结构中，各个成员的角色和地位是不同的。一般情况下，能够发动成功的攻击的、具有符合群体标准和满足群体目标的社会能力的个体处于支配者的地位，而能够协调他人行为并有效组织活动的个体一般处于追随者的地位。在青少年同伴群体的发展中，随着青少年的发展，同伴群体中那些有创造力、聪明、热情、受欢迎的、帮助集体活动制订计划的儿童或者那些有运动能力的、早熟的儿童可能在同伴群体中取得支配地位。与此相对，那些认为自己体力、能力不如支配者的儿童为了得到同伴的接纳，获得群体归属感和安全感，便成为追随者的角色。

随着青少年同伴群体中成员地位的变化，其群体结构也会发生一定的变化，即从性别单一化到性别的混合。青少年初期，个体的活动大都围绕单一性别的友伴群，青少年还没有涉入更广泛的社会活动，只是与有限的几个朋友进行日常的交谈和游戏。随着个体的发展，异性之间开始了交往，但这种交往不是在紧密友伴群内部，而是在更大的群体背景下。群体范围内两性参与的互动促进了异性关系的发展，从而使异性关系逐渐发展到友伴群内部。这时,友伴群的结构发生了彻底的变化,即性别混合。到青少年期末,男女关系发展到一对一的朋友,最终出现男女之间的爱慕。宽泛的团体结构开始瓦解,友伴群内部的密切联系逐渐减少,取而代之的是二元男女关系。不过,友伴群内部的联系仍然维持在特定水平上,并一直延续至成人生活中。

四、青少年的正式群体与小帮派

(一)青少年正式群体

正式群体也称官方群体,它是根据确定的目的、按照一定的原则和方法组织起来的社会群体。青少年正式群体有多种形式,除家庭外,他们参与的第一个正式群体就是学校,几乎所有的青少年都在学校里度过了最宝贵的青春期,而青少年的学校生活又是在具体的班级中得以体现的。班级是青少年经常在一起学习和生活的整体,是最常见、最重要、时间也最长的青少年正式群体,对青少年的成长具有深刻的影响。因此,此处将重点介绍班级对青少年的积极作用。

正式群体的特点是:成员间有大体一致的目标和行为规范,有正式而确定的组织形式和领导人员,有实现所属功能所必需的物质、经济、技术条件。在工作中,大家彼此配合、互相支持,往往带有规范化的成分,对于青少年学生来说,最重要的正式群体除了家庭外就是学校和班级。

以班级为例,它不仅是社会影响青少年个体与全体进入社会的通道之一,而且在班级内同学们互相影响、情感分享、传输社会信息,从而为青少年提供了社会化的渠道和机会,加快了青少年社会成熟的速度。此外,班级也是对青少年进行社会控制的重要环节。一个班级的班风会对青少年产生舆论引导作用,从各方面影响和熏陶着青少年,使青少年常常不知不觉地产生对集体、对社会的“归属感”,感受到群体的压力和社会的要求,在思想和行为上表现出与社会大多数成员的一致性,从而达到社会控制的目的。

（二）青少年小帮派

小帮派属于青少年非正式群体的一种，所谓的青少年非正式群体就是青少年由于兴趣、爱好和生活等方面的趋同性而结合成的一种群体，是青少年在相互交往过程中形成的没有明文规定和不经过正式审批，没有严格的组织形态，也没有固定的人数，青少年按照自己的兴自愿组成的群体。

青少年非正式群体有多种形式，其中多以小帮派的形式出现。小帮派也称“朋党”“小圈子”或“友伴群”，一般有三个或更多的成员，他们有相近的信仰（或相同的民族）、年龄相仿、性别相同、社会地位接近，有共同的环境和一些不成文的规则。小帮派常常以友谊为基础，是自愿组成的，而且不受成人及环境的指使与限制。

青少年小帮派通过小范围内个体间的亲密交往，可以积累丰富的人际交往经验，学会并实践许多社会技能，而这些社会技能在成人期的发展中极为重要。朋友间亲密的情感经历还能够为二元的友谊关系、男女间恋爱关系的发展提供一个基础模式。因此，发展社会能力和培养亲密感是小帮派对青少年产生的最重要的心理作用。

另外，小帮派内部存在较强的情感联系，青少年在遇到问题时可以获得情感上的支持，有时是直接的帮助。群体成员之间可以相互交流，疏导不良情绪，克服暂时的困难，并通过各种各样的群体活动（比如一起打球、爬山、跳舞等），使得群体内的青少年更容易形成开朗的性格和乐观的生活态度。

第四节　青少年的友谊关系

青少年的同伴关系是一个多层次、多侧面、多水平的网络结构，友谊是其中的一个重要层面，青少年的同伴团体经历发生变化的时候，友谊作为同伴关系的另一重要层面也在发展。

一、青少年友谊关系的发展

到了青少年阶段，儿童会逐渐放弃团体式的交往方式，交往范围缩小，逐渐稳定地与一两个朋友单独交往。这时同伴关系主要体现为更高级的友谊关系。初中生选择朋友的主要标准是，有共同的兴趣和追求、有共同的情感需要、性格相近、能相互理解等。朋友之间的关系通常十分密切，相对稳定持久。他们互相倾诉自己的“秘密”，并能保守秘密。对于小学生而言，还比较依恋父母，而初中生则非常依恋朋友。然而，友谊的发展并不是从青少年时期才开始的，早在幼儿时期，友谊就已经有所发展了。

根据美国学者塞尔曼的研究，从 3 岁起，人们的友谊就已经有了雏形，这一时期的友谊关系以临时玩伴关系为主，其间儿童还没有形成友谊概念，与他人的友谊只是暂时的游戏伙伴关系，具有很强的偶然性和不确定性。

从 4 岁开始，人们的友谊就开始进入单项帮助阶段，这一时期的儿童认为朋友要服从自己的愿望和要求，顺从自己的就是好朋友。

从 6 岁开始，人们的友谊关系发展为双向公平合作关系，这时期的儿童对友谊的双向互惠性质有了初步的了解，但还是做不到“同甘苦，共患难”，都是为了各自的利益服务，交往具有很强的功利性。

从 9 岁开始，人们的友谊关系发展成为亲密共享关系，这时期的青少年形成了真正的友谊关系，理解到朋友之间需要同甘共苦、互相信任、彼此忠诚。这时的朋友关系已经比较稳定，但会表现出占有欲，要求排他性。

从 12 岁开始，人们的友谊关系发展成为自主的相互依赖关系，这是友谊发展的最高阶段。这时的青少年已经非常善于设身处地地为朋友着想，友谊质量大为提高。

从其发展特点来看，青少年初期，个体对友谊的理解还是比较肤浅的，他们注重表面现象，注重共同的活动而非彼此内心感情和观念的交流，对他们而言友谊的中心任务是“彼此要好、互相帮助”。而到了青少年中期，友谊便不再意味着活动的共性，而是强调双方相互影响的感情上的依赖，友谊的主题是互相理解和亲密的情感支持，青少年尤其注重朋友的忠诚、可信赖和尊重。这一时期友谊的感情性以及感情的脆弱性也达到顶点。比奇洛等要儿童和青少年描述他们所期望的最好的朋友，结果表明（表8-1），友谊关系有着不同的功能，较迟出现友谊的内容。

表8-1　不同年龄/等级水平友谊的不同内容[①]

事件	等级水平							
	1	2	3	4	5	6	7	8
给朋友以帮助	5	12	14	7	14	25	33	35
共同活动	3	7	32	52	24	40	60	60
接近	7	5	9	12	12	20	38	32
有刺激作用的价值	2	3	12	23	30	51	52	61
有组织的游戏	2	0	15	26	9	10	17	20
人文背景/人数的相似性	0	3	7	35	15	15	10	23
评价	2	5	13	13	17	33	21	30
认可	3	0	5	9	9	18	18	38
钦佩	0	0	5	23	17	24	32	41
相互影响逐渐增加	2	7	4	10	10	17	32	34
忠诚和讲信用	0	0	2	5	10	20	40	34
真诚、坦率	0	3	0	2	5	12	10	32
接纳朋友	2	5	3	5	2	12	13	25
有亲密感	0	0	0	0	0	0	8	20
有共同利益/兴趣	0	0	5	7	0	5	30	18
有类似的态度、价值观念	0	0	0	0	2	3	10	8

注：每一等级水平，N=60；下标线的数字表明在此等级中，友谊的这一内容显著增加。

① 张文新.青少年发展心理学[M].济南：山东人民出版社，2002：187.

二、青少年友谊关系的意义

(一)为青少年提供了亲密交往的机会和情感支持

青少年期,朋友逐渐成为满足需要的重要来源,与朋友的互动经历决定着个体的心理发展状况。青少年早期,个体亲密感的需求日益强烈,促使他们寻求关系亲密的朋友。青年初期友谊对于个体最初真诚的爱体验非常重要,青少年愿意与亲密的朋友分享个人的秘密,拥有值得信赖的亲密朋友能够增强信任感、接纳感和相互理解感。而且成为他人的知己,可以有机会为他人提供帮助和支持,体验自我价值。另外,朋友之间的交流本身就是青少年很好的情绪调节方式之一。朋友间的交流为他们提供了充分地分享情感、释放压力、获得共鸣与认同的平台,分享朋友愉悦的情绪体验会令自己感到高兴,朋友的倾听也会令自己原本苦恼的心情获得宣泄并感到轻松快乐。

(二)对青少年定义自我有重要作用

通过与他人分享隐秘的感受和信念,青少年能更好地认识"自己是谁""我要成为什么样的人"这些与自我有关的问题。例如,有人指出,与亲密的朋友探讨新思想或意见,可能使自身的思想发生改变。同伴能够帮助青少年调节自己的情绪、提供情感支持、自信和认可,也有助于青少年的自我表露和自我探索。由于青少年友谊的强烈性和亲密性,朋友的背叛简直是灾难性的。被一个你曾经向其倾诉最隐秘感受的人羞辱或嘲笑,是一枚难以咽下的苦果。青少年会认为这种行为是对自我价值的贬低,可能会使自己形成消极感受。

(三)促进青少年社会能力的发展

友谊关系是一种"互惠均衡的亲密关系模式"。在儿童期,好朋友就是与之共同活动的游戏伙伴,因此儿童只要懂得如何与他人合作游戏以及如何顺利加入到活动中去就可以；而青少年的友谊关系更为亲密，这需要个体具备更强的社会能力，如何进行恰当的自我表露、如何为朋友提供情感慰藉和支持、如何有效协调与朋友的分歧等。这些能力势必需要青少年发展更复杂的观点采择、移情以及社会问题解决等技能。青少年友谊关系中的亲密体验还是以后确立男女恋慕关系的基础。

三、青少年友谊关系的特点

青少年随着身心的发展，他们对友谊的理解和要求也进一步提高。李淑湘等的研究发现，6～8 岁儿童只能认识到友谊特性中一些外在的、行为的特征；以后才能逐渐认识到那些内在的、情感性的特征。但是，原来那些外在的特征并没有随着儿童年龄的增长而被取代，而是与内在的、情感性的特性结合在一起，在认识中逐渐深化。朱瑜的研究发现，青少年开始用一些社会心理概念来对友谊进行描述，如自我袒露、信任、相似的价值观念等。

亲密性是青少年友谊的特点之一，青少年将亲密性看作友谊关系的核心。友谊关系的亲密性有诸多不同的界定，广义而言，包括任何增进关系密切程度的事情。但大多数研究将其定义为彼此坦露想法、分享秘密。青少年初期，个体对友谊的认识开始涉及亲密感、忠诚、相似的态度和价值观念等方面。他们比儿童能够更加深刻地理解亲密、忠诚等抽象概念，对他人的认知判断也更为复杂、准确，更多地涉及内部心理维度，不再仅仅受制于具体表象。在儿童期，朋友之间的互助、分享行为远不及一般友伴，这或许是因为朋友之间比一般友伴之间存在着更多的竞争。大约到四年级，个体对待朋友和一般友伴的态度没有差异；但到八年级，个体对朋友较对一般友伴更为慷慨和友好。在青少年期，个体力图帮助朋友解决各种私人问题，他们能够更深刻地体会朋友的感受，积极地给予帮助，并彼此坦露秘密。研究中还发现一个有趣的现象，在青少年中亲密朋友间往往有一些同步的生理反应，如参与同一活动，朋友彼此的行为和情绪情感状态往往雷同。

这可能是由于朋友之间亲密的情感联系诱发了相似的生化机制。

相似性是青少年促进友谊关系发展的心理因素。他们在结交朋友时更为注重彼此一致的兴趣、态度、价值观、个性特征等。女孩们更可能描述她们最好朋友为“像我一样敏感”或“和我一样值得信任”。一致性是青少年选择朋友的重要原则。例如，那些在较大的同伴群体中处于较低社交地位的个体(例如，被拒绝)可能会成为朋友。

此外，随着认知发展水平和相应的社交技能的提高，青少年的友谊也具有相对的稳定性。Barry 和 Wentze 以高中生作为被测试者，对他们互选友谊的稳定性进行了两年的追踪研究。结果表明，第 1 年是互选友谊，而第 2 年仍然是互选友谊的被测试者占 58.4%；第 1 年是互选友谊，而第 2 年指出不再是互选友谊的被测试者仅占 9.8%。长期稳定的友谊关系为青少年探索自我、锻炼社会能力乃至健康人格的发展都提供了一个必需的平台。

四、青少年的异性友谊

在儿童期后期和青少年前期，亲密的朋友一般是同性的，而同性友谊和同伴群体模式，有助于增强个体在青少年中期发展异性友谊所需的自信和社交技能。

青少年的同伴关系通常会经历由同性友伴群到异性友伴群再到男女恋爱关系的发展模式。青少年的异性关系具有以下不同的形式：同伴群体内的异性互动、异性友谊关系和异性恋爱关系。针对异性友谊已经进行了较为全面的研究以说明年龄和性别在青少年异性友谊的性质、构成以及适当性方面的差异。

根据布洛德里克的研究，10～11 岁的青少年的同性友谊仍然是普遍的，只有少数个体形成了不甚亲密的异性友谊。对异性的兴趣似乎还是单方面的、片面性的，而不是相互的。在某些情境下，与异性在一起还有合适不合适的问题。例如，与异性同伴坐在学校的食堂里就是不合适的，但与异性同伴一起去看电影就可以。一般来说，女孩比男孩更易跨过性别的障碍。

在12～13岁的青少年群体中，青少年对于在什么情境下与异性同伴在一起合适的允许程度有所降低。这时个体进行跨性别的选择时，女孩倾向于选择年龄较大的男孩，而男孩往往选择比自己小的女孩。

14～15岁的青少年开始打破性别的障碍。男孩和女孩都有异性朋友，而女孩的更多些。他们在小群体的情境下明显更偏好与异性同伴在一起，比如出去约会、散步，但在大群体的情境下，比如在学校食堂里仍然愿意与同性朋友在一起。

16～17岁的青少年对基本友谊模式进行了重组。这个年龄的青少年对异性的消极感受几乎全都消失了。大约50%的男孩和75%的女孩表现出跨性别界限的友谊模式。信赖和安全感似乎是这类异性友谊的重要特征，一般来说，这与成年期的异性友谊很相似。

第五节　同伴关系与青少年网络成瘾分析

同伴关系对青少年的重要作用主要在于青少年特别愿意接受来自同伴的影响。在现代网络环境下，青少年上网行为已经不可避免，其中由于同伴对游戏、影视等的热衷，很容易带动其他青少年参与网络活动，导致青少年网络成瘾问题的产生。

一、青少年的“同伴导向”

青少年对同伴有着很强的感受性，同时寻找同伴支持、指导，同伴一致性水平很高。首先，青少年特别愿意接受来自同伴的影响。青少年独特的同伴文化影响着个体的价值观、态度、行为习惯等的形成与发展，起到同伴导向的作用，从而会形成一种同伴文化，这种文化一经形成，便具有排他性，拒绝与自身共性不相容的特性，以维护自身的独特性和统一性。其次，任何团体都具有群体一致性要求，同伴团体要求青少年对其文化达成认同。最后，团体成员自身也有追求一致性的期望。同伴团体的存在使得青少年获得归属感，他以同伴文化作为自己个人特性的象征，依次构成并反映自我概念，而要归属特定的同伴团体，获得其中同伴文化对他所具有的意义，必然认同同伴文化。从众行为是青少年期“同伴导向”的突出表现。

二、青少年的上网状况及其特点

在现代信息社会中，网络日益成为青少年生活中不可忽视的一部分，网络对青少年的影响日益增大，网络在促进青少年快速成长发展的同时，也给他们的身心健康带来了诸多不良影响。如今社会学家、心理学家都越来越多地关注与研究青少年网络，越来越多的调查研究显示了青少年是互联网的主力军。根据中国互联网中心 2018 年发布的第 41 次《中国互联网络发展状况统计报告》显示，截至 2017 年 12 月，我国网民规模达 7.72 亿，其中 19 岁以下的青少年网民占 22.9%，约 1.77 亿人[①]。

纵观当前大多数青少年使用网络的行为表现，他们一般具有以下几个方面的特点：(1)上网的方式和地点多样；(2)平均上网时间每天至少花费半小时，并且其中 50%的青少年用户对上网时间不满足；(3)大多数父母会通过不同方式管制未成年人使用网络；(4)青少年用户大都浏览过成人网站或网址；(5)青少年主要通过朋友、同学、父母和亲戚等获取互联网知识，其次是有关的电脑书籍，很少靠学校课程和老师来获取有关的知识；(6)绝大部分青少年用户通过网络玩游戏和进行在线人际交流；(7)青少年用户上网的目的可大致分为四类，其中“信息寻求”(查阅有关知识的信息，查阅有关个人爱好的信息以及阅读新闻等)和“网络技术使用”(下载图片、声像资料或游戏等，网络游戏、下载工具或杀毒软件、学习电脑知识等)的平均使用频度最高，其次是“娱乐”(聊

---

① 中国互联网中心.中国互联网络发展状况统计报告[EB/OL]. http://www.cac.gov.cn/2018-01/31/c_1122347026.htm.

天、交友、娱乐、网络游戏等)，“实用”(参与网站组织的活动、制作和维护个人主页、在BBS上发表自己的意见，处理个人事物、学习功课或上网校等)的平均使用频度最低。

三、青少年网络成瘾问题分析

(一)网络成瘾的概念及其症状

“成瘾”主要是形容对某种药物的依赖程度。和成瘾具有相同含义的词汇大多和一些行为障碍有直接关系，诸如饮食、赌博、计算机及电子游戏等成瘾。“网络成瘾”也称“互联网成瘾障碍”或“病态网络使用”，表示在缺乏控制成瘾药物的情况下对网络失去理智的一种冲动行为，具体表现为对计算机、互联网过度使用，而给心理造成一定的伤害。

网络成瘾的青少年一般有如下症状：(1)上网活动成为他们生活的主要内容，其心理和行为被上网活动所支配。由于长时间上网，导致个体生物钟紊乱。(2)由于他们将网络当作情感宣泄的替代物，所以往往对网络如胶似漆，而对现实社会中的人显得十分冷漠。(3)有的网瘾者一开始就是因为人际交往出现了问题，有的是长期沉迷于网络而造成语言表达能力下降，使人际交往出现严重障碍。

(二)青少年网络成瘾与同伴引导

在青少年期，友谊随着青少年彼此之间交往的加深而产生，它给青少年提供了熟悉的伙伴，他们愿意在一起，并参加一些相互合作的活动。为了保持同伴的亲密性，在青少年需要服从同伴内部的认知特点、行为方式，在价值观、行为、爱好(如音乐、服装等)及反社会行为方面服从同伴团体，变得越来越明显。从同伴团体那里获取建议、听取意见、得到社会支持的这种日益突出的倾向，可能有助于青少年从事实上、情感上、社交上减少对父母的依赖。同伴也可能成为家庭冲突之后的避难所，成为青少年寻求更多独立的资源。可以说,在青少年阶段,孩子的视线开始从家庭转向外界,与同伴的关系、交往对他们的成长起着非常重要的作用,同伴之间的语言、活动已经形成了青少年群体中一种亚文化。追求自我独立,凡事要求按自己的想法和主张去做,同时与父母的冲突增加,更加寻求同伴的认同和支持。

这种对同伴关系的依赖可能会导致青少年消极行为的产生,如讲脏话、偷东西、搞破坏、取笑父母和老师等。被同伴拒绝的痛苦是刻骨铭心的,而为服从同伴做出的努力则可能会妨碍独立自主。而且,服从同伴的推动力可能会损害青少年早期的发展,特别是当同伴团体本身的价值观和目标有问题的时候。网络成瘾问题的产生就有这方面的因素。

具体来看,青少年心理的一个特点是独立性与依赖性的矛盾。他们渴望独立和标新立异,同时也渴望归属,从属于一定的团体。从心理学的角度看,从众也是个人满足自身需要的一种本能要求。社会心理学表明,当人的生理需要得到满足之后,安全需要的位置就上升。寻求独立的青少年更多需要的是一种认同、一种归属、一种心理的寄托与安全,从众不仅使个体有一种莫名的安全感,而且可以得到认同。在网络环境下,大多数人都在上网,青少年或者为了追求时髦,不让自己落伍,被排挤在群体之外;或者急于参与到一种先进文化(迅速变化的网络文化)中,于是,便不自觉地加大使用网络的频率,进而可能沉迷于网络的虚拟世界,产生网络成瘾问题。例如,某青少年的同伴大多沉迷于网络游戏,为保持与同伴群体的合群,该青少年也会参与到网络游戏中,进而可能沉迷于网络游戏不可自拔。可见,同伴对青少年网络成瘾的带动影响很大,必须予以警惕。

在这里需要注意的是,除了对同伴群体的服从会导致网络成瘾问题的产生之外,青少年的同伴关系疏离也会导致网络成瘾问题的产生。一般情况下,同伴沟通水平高、同伴依恋安全性高的青少年卷入网络成瘾问题的概率较小,但是如果他们上网主要是为了进行社交或娱乐,也有可能过度沉迷于网络不能自拔。这可能是他们上网的动机和目的不同而造成的。而同伴之间疏离水平较高的青少年不愿意把自己的烦恼告诉朋友，害怕遭到朋友的嘲笑，感到与朋友情感隔阂，渴望增进与朋友之间的情感但又因缺乏适当的社交技巧而感到孤独无助。而互联网的匿名性的特点使他们摆脱了很多现实交往的限制，地域、外貌等可能成为现实交往障碍的东西在互联网上被忽略，在网上，他们可以更自如和放松地进行自我表露和交流，也可以实践新的社交技巧，更容易建立网上人际关系。因此，与同伴之间疏离水平高的青少年更容易转向互联网寻求友谊和支持，更可能报告自己的学习和生活因过度使用互联网而受到影响，沉迷网络不可自拔。

（三）青少年网络成瘾的同伴辅导

人们通常愿意听取年龄相仿，知识背景、兴趣爱好相近的同伴、朋友的意见和建议，特别在一些敏感的问题上，对网络的讨论更是如此。青少年常常感到老师和家长的千叮咛万嘱咐，还不如同学或朋友的一句话，这种强有力的影响被称为同伴压力。同伴教育就是利用青少年的趋众趋势（即同伴之间亲身经历的相似性和面临问题的共同性和同伴压力的积极因素）对青少年进行教育的，通过同伴讲述自己的经历、体会、人事，引起共鸣，以达到教育的目的。

1. 同伴辅导的特点与优势

（1）相较于家长和教师，同伴之间的冲突较小，因此他们不像对成人一样，会产生抵抗的情绪，也更愿意听从同龄人的意见。这也是为什么我们在现实生活中，明明有些青少年明白成年人的意见是正确的，但不愿意按照成年人的意见行事的原因。

（2）同伴群体的年龄都差不多，相对成年人而言，他们有更多的共同语言，容易引起共鸣。

（3）同伴群体生活在同一个群体和环境中，这种教育和指导是随时随地的，并且同伴教育者的行为还具有榜样的作用。

(4)处于同一话语系统中的青少年会用他们自己的语言进行有效的沟通,这种沟通比成人的语言更能让青少年接受。

2.同伴辅导的特点

同伴辅导工作,有志愿服务工作的影子,但它绝不是志愿服务工作,后者是一种简单的无偿的公益服务行为。它类似传统的思想政治教育工作中所说的"互帮互助",但它与"互帮互助"又有着本质的区别。

从广义上来讲,无论互帮互助还是同伴辅导,都属于学生"自我教育、自我管理、自我服务"范畴,也就是所谓的"三自"行为的具体体现,这是它们的相同之处。它们的不同之处在于以下几个方面。

(1)互帮互助更多的是体现在相互熟悉的个体之间的互助行为;同伴辅导则更多的是体现在两个陌生的同辈人之间的一种支持。

(2)互帮互助是双向互动的帮助行为,是一种主观上相互奉献、客观上互相"索取"的行为;同伴辅导则是一种单向的关爱和支持行为,是一个个体对另一个个体的帮扶行为。

(3)互帮互助基本上不需要外力介入,或者说最多需要倡导即可运行起来的自觉行为,有一定的天然性;同伴辅导则是需要外力作为助推力,需要对同伴辅导员进行选拔、遴选,并要对他们进行岗前培训后,才能上岗开展工作。同伴辅导工作是一方主动行使,另一方被动接受的行为。

(4)互帮互助更多的是面对面开展,同伴辅导可以面对面支持(主要在学业辅导时),也可以通过现代科技手段,通过虚拟途径进行支持(主要是在情感支持时)。

(5)互帮互助可以即时开展,同伴辅导则需要辅导者和被辅导者事先约定好时间才能施行。

3.同伴辅导者的具体条件及同伴辅导的方法

一般来说,担任同伴辅导者需要具备以下几个方面的特征:

(1)具有责任心和自愿为同伴服务的精神;(2)在同伴中有一定的威信和影响力;(3)健谈、口齿清楚、有较好的语言表达能力;(4)本人是良好、合理行为的典范。

同伴辅导是当代青少年的学习、生活、交流的特点,可以通过多种渠道方式进行,如面对面谈话,组建网瘾戒除小团体,进行邮箱、电话、书面信件、短信、微信等不同方式的交流等,去帮助具有网络成瘾问题的青少年,一方面扩展了帮助的渠道,另一方面在很大程度上保护了部分青少年的隐私。同时,还可开展网络心理咨询平台的建设、广播情感交流栏目等相关类型的交流平台,可以加强、加大同伴辅导工作在青少年群体中的影响力度,既做了宣传作用,又从心理角度增加了青少年对同伴辅导的认同。

第九章 互联网时代青少年家庭关系发展研究

从个体出生起，家庭便赋予个体包括种族、阶级、宗教、经济状况、地区等在内的多种社会特征，而这一切又是通过父母产生作用的。当我们谈及“儿童”和“家庭”时，首先碰到的就是“教育”问题。家庭教育是一切教育之源，它在整个教育体系中与学校教育、社会教育“三足鼎立”，相辅相成。家庭还是个体一生中生活时间最长久的环境，因此家庭教育对于每个人来说，又是一种终身教育。父母是青少年的第一任教师，提供心理健康的第一课堂，家庭教育为青少年的心理发展奠定了基石。在互联网时代，人们上网聊天在很大程度上代替了口头交流，现代人彼此之间趋于异化，即使是在家庭成员之间也是一样。互联网的广泛使用使人们彼此联系更加方便，但是这种便利使人们失去了面对面交流的乐趣。青少年是使用互联网的主要群体，探讨互联网在青少年社会性发展过程中所起的作用，以及在此背景下青少年家庭关系发展问题，显得颇为重要。

第一节 家庭的功能及其影响

家庭是个体最初的生活环境，是个体接受“人之初”教育的场所。凡是出生在一定家庭并生活在一定家庭的人，都会深深打上家庭的烙印。家庭和家庭教育在社会生活中有着重要地位，对青少年的社会性发展起着重要作用。

一、家庭的功能

家庭的功能，也称家庭职能，指家庭对于人类生活和社会发展所起的作用。家庭产生以来，即对人类生存、繁衍和社会发展有着多方面的功能。其内容因社会形态的不同而不同，有些职能是共同的，为任何社会所共有，有些职能形式上相同，但内涵不同。一般来说，家庭有以下几种基本功能。

（一）家庭的根据地功能

有史以来，人类就以家庭为单位而生活着。但从历史的角度来看，家庭生活的内容并不完全一样。比如，在远古时代，家族成员始终在同一个地方共同起居。从中世纪到近代，人类的生活方式虽然发生了变化，但生活的主要场所仍然是家庭。如今，家庭仍然是生活的基础，但整个一天的全部生活并非全在家庭内进行。人们早晨离开家，白天在工作岗位劳动，晚上回家。儿童早晨上学，傍晚回家。因而，全家人终日以家为中心生活的时间，只是在节日或周末等休息日，其他大部分时间是在家庭以外度过的。但不管怎样，过去和现在，家庭都发挥着作为根据地的作用。

随着产业的发展，人们开始走出家门，并集合在一个地方劳动。随着教育和文化的发展，学校教育得到了迅速的发展。此外，随着科学技术的进步，地球相对地变小了，人们的活动范围扩大了。由于这些原因，人的劳动场所除了家庭之外即是社会。但人的栖身之所无论古代和今天，都是家庭。只要人类继续生存，作为根据地的家庭必将继续存在。

（二）家庭的初期学习功能

个体出生之后最初接触的是母亲，其次是家庭。个体最初的学习源泉，就是母亲和家庭。换句话说，个体出生后通过体验各种各样的东西，不断地学习新事物，学习的最初场所就是家庭。

学习一般是指在某种特定条件或变数的作用下，采取适合于学习目标的行动和态度并取得相对持久的改变。所谓特定的条件或变数,从个体的角度来说,就是刺激作用。这种刺激作用正是母亲的态度和行为、家庭和家庭成员的态度或行为。在我国,由于现在双职工家庭比较普遍,把那些不满周岁的幼儿寄托在托儿所的家庭逐渐增多。这样,托儿所里负责照料幼儿的保育员以及托儿所中的每事每物也都成了孩子重要的刺激源。

孩子不仅仅是受到母亲一个人的刺激作用,而是接受每个家庭成员的刺激,并对它们作出反应。在家里,有父母,有兄弟姊妹,有时还有祖父母。对孩子来说,一方面,接受年龄各不相同的人的刺激并对这些刺激作出反应;另一方面,孩子也给家庭成员以刺激,对受到这种刺激的家庭成员的行为和态度又作出反应。也可以说,孩子与家庭成员之间的相互交往已经形成。家庭就是这种家庭成员之间相互交往的场所。随着儿童的成长、发育,父母和家庭成员对孩子的学习来说,作为榜样的地方很多。从儿童的模仿学习来看,家庭对孩子的学习所给予的影响是巨大的。

(三)家庭的缓和紧张功能

人每天要和他人接触、交往,从这种意义上讲,人是社会性的存在。与别人的交往,必定伴随着情感和情绪。这种情感和情绪,不仅带来身体内部的变化,而且会化作表情,或作为一种姿势表现出来。人不可能经常过着紧张的生活,必要的休息和放松是必不可少的。家庭正是具备这种舒适、宽松要素的场所。也就是说,家庭中有着情感、情绪安定的基础。孩子首先通过接触母亲这一刺激而缓和紧张,然后这种作用才逐渐扩展到家庭其他成员。现代家庭的生活节奏越来越快,容易使家庭充满紧张气氛。如果忽视了家庭这个能够缓和儿童紧张的主要场所,儿童在学校、社会、家庭中就都会过着紧张的生活。要消除过度紧张,给予孩子刺激作用的母亲就要给孩子一定的空间。这不仅仅是经常与孩子一起玩某种游戏,对父母亲来说,应该树立这样的理念,即决定孩子成长发育的因素实际上存在于孩子自身。对父母而言,与孩子之间保持一种友谊至关重要。如果家庭不但不能缓和紧张，反而成为产生紧张的源泉，那就等于家庭的功能被破坏了。

（四）家庭的教育功能

家庭教育包括父母对子女的教育和家庭成员之间相互教育两种方式，而父母教育子女又是家庭教育的主要问题和问题的主要方面。家庭教育，尤其是父母的言行举止都会对儿童的心智发展产生深远的影响。家庭是儿童社会化的第一场所。社会化是人通过各种教育途径，学习社会知识、技能和规范，从而形成自觉遵守与维护社会秩序、价值观念和行为方式的过程。童年期是人的一生中社会化的关键时期，家庭教育担负着主要的社会化责任。家庭对儿童来说，实际上也是“社会性”的场所，它对儿童的健康成长直接或间接地起着重要的教育作用。

二、家庭的功能对青少年社会性发展的影响

家庭功能包括多个方面，下面重点讲家庭的教育功能对青少年社会性发展的影响

（一）家庭教育与青少年社会性发展的关系

基于一定家庭因素的家庭教育，对青少年社会性发展的成败起着举足轻重的作用。第一，家庭教育为青少年掌握适应社会生活的基本社会规范奠定基础。一个人从呱呱坠地起就生活在一定的社会之中，社会也对他提出各种各样的规范和要求。青少年对这些社会规范的获得，主要通过家庭的影响和传授，家庭是个人最先进入的人际群体和社会组织，也是青少年接受教育的启蒙学校。青少年起码的生活规范、程序和习惯是从家庭中学到的，青少年伦理道德规范的习得也依赖家庭。第二，家庭教育为青少年个性的形成和发展奠定基础。家庭是青少年个性实现社会化的主要场所，因为青少年个性的形成、社会行为的获得，其中最关键的几年是在家庭中度过的。第三，家庭教育为青少年良好思想

道德品质和独立自主能力的形成奠定基础。一方面，家庭劳动教育有助于培养儿青少年正确的劳动观念，形成良好的思想道德品质；另一方面，家庭劳动教育有助于锻炼和提高青少年的独立自主能力。

（二）家庭教育对青少年社会认知、社会情感与社会性行为发展的影响

青少年社会性发展包含了社会认知、社会情感与社会性行为三大方面内容。其中，青少年社会认知与社会情感因素在家庭教育对儿童社会性行为发展的影响过程中充当着中介作用。当然，这并不意味着儿童的社会性行为发展只是受社会认知、社会情感的影响，它还可能受其他因素的影响。青少年社会认知发展、社会情感发展与儿童的社会行为发展一起构成青少年社会性发展。

1. 家庭教育对青少年社会认知的影响

社会认知主要指个体对自我、他人和人际关系的认知，它以人和人的活动为对象，是对人和人的行为的认知。社会情感是个体情感的主导方面，是个体对现实世界的一种特殊反映形式，是个体对人和人的行为是否符合自身需要而产生的体验。在青少年社会性发展中，两者是交互起作用的。青少年社会认知发展是青少年认知发展和社会性发展两大领域的交叉区域，它以认知能力为基础，以社会性事件为对象；青少年社会情感发展是青少年情绪情感发展和社会性发展两大领域的交叉区域，它以情绪情感能力为基础，以社会性事件为对象。

青少年社会认知的发展是指青少年对自己、他人和社会的认识是如何随年龄而发生变化的过程。青少年的抽象思维与多维思维能力的发展使得他们在思考社会问题的时候更加心思缜密，能够思考可能的个人、社会与人际状况。与儿童相比，青少年对人际关系的看法更加成熟。青少年社会认知的发展包含诸多方面，其中最重要的发展是对自我—他人关系的认知或者人际理

解。皮亚杰认为,个体对自我—他人关系的认知有一个过程,其发展的基本趋势是从自我中心主义逐步过渡到能够采择他人的观点。随着年龄的增长,在社会互动的作用下,儿童的自我中心主义逐渐减少,相应地,其观点采择能力或人际理解能力逐渐增强。但是,到青少年阶段,个体在人际认知中又会表现出一种新形式的自我中心主义。美国发展心理学家塞尔曼认为,观点采择在儿童的社会认知发展中处于核心地位。通过观点采择,可以预测儿童对友谊、权威、同伴以及对自我进行推理的概念水平。同样,通过观点采择,也可以把青少年社会认知发展的不同方面联系在一起。人们通常将观点采择理解为"站在他人的立场上看问题",也就是能够区分他人的观点,认识到他人有某种或某些不同于自己的观点以及自己有了解这些观点的必要;推断他人的观点,在区分的基础上运用适宜的信息对他人的观点进行推理,这一过程需要自我控制。

观点采择的技巧是改善人际关系的润滑剂,人际关系好与坏,首先取决于个体对不同类型人际关系的理解,以及在此基础上发生的相应的行为。移情是一种特殊的观点采择能力。许多心理学家认为移情是青少年利他行为和其他亲社会行为的一个重要的中介因素,因为它通过使个体的亲社会性行为建立在自愿的基础上而成为助人行为的重要动机源泉。移情与利他行为的关系,要视测量移情的方式以及被试的年龄而定。有些研究向青少年讲述某人遭遇不幸的故事,然后要求他们报告自己的感受,以此作为移情能力的指标。研究者发现,青少年的移情能力与利他行为之间的相关是微乎其微的。如果由教师评定青少年对他人不幸的移情敏感性表现及面部表情,则能够较好地预测其利他行为。此外,移情能力与利他行为的相关会随着年龄的增长而增大。

2.家庭教育对青少年社会情感的影响

社会情感,是个体对社会、生活、人际接触和思考所引起的情感活动。与青少年社会认知一样,青少年社会情感涉及的研究范围很广,这里主要选取青少年情绪情感发展的源泉——青少年的依恋问题进行考察。

依恋,一般指个体对另一特定个体的长久持续的情感联结。如果说依恋是人的社会性的最基本的表现形式之一,那么,它是人的社会性的最早表现。青少年依恋的发展具有很大的个体差异和文化差异,但发展的模式基本一致。青少年的社会情绪情感,包含着主体与他人相互亲近的倾向,在此基础上,可以发展为同情和爱人的情感,成为社会性行为的内部动力,与之相联系的自尊感、羞愧等,则成为社会性行为的自我调节因素。

母爱与父爱不可替代。发展心理学研究表明:母亲的爱,早期表现为给孩子以食物和温暖需要的满足,这是青少年早期情绪和认识发展的基础。母子之间强烈的依恋为青少年以后情绪和社会性的健康发展奠定基础。作为一个母亲来说,这种母爱应随着子女的成长而发展。母爱是伟大的,而父爱也是崇高的。父亲与母亲都是青少年重要的依恋对象,在青少年早期社会性和情感发展中具有不可替代的作用。当然,除父母之外,祖父母、兄弟姊妹以及同伴等对青少年成长来说也是很重要的。因此,要更好地理解和促进青少年早期的情绪情感发展,必须考虑到青少年社会性网络的复杂性和多样性。

3.家庭教育对青少年社会性行为发展的影响

青少年社会认知与社会情感的发展是青少年社会性行为发展的直接影响因素,而它们最终又要通过社会性行为表现出来。青少年社会性行为发展的研究表明,青少年的亲社会行为不是与生俱来的,而是通过后天的教育和培养获得的。家庭教育因素,包括家庭环境、亲子关系、家长教育方式和观念等对青少年的社会性行为具有重要的影响。因此,要促进青少年社会性的发展,就必须尽可能促进青少年亲社会行为的发展,尽可能干预青少年反社会行为的发展,而要促进儿童亲社会行为的发展,就必须正确发挥家庭教育的作用。

第二节　家庭生活的多样性

现代家庭是如此多样化，以至于大多数青少年都生活在双职工家庭、单亲家庭或混合家庭中，这和人们通常所认为的那种典型家庭（父母二人、两个或多个孩子，一人挣钱养活全家）极为不同。下面我们就几种对青少年影响较大的家庭生活方式进行探讨。

一、单亲家庭

单亲家庭又称单亲，是父母中的某一方及一名或多名的子女构成，是由父母的死亡、离婚、未婚先育、分居及遗弃等原因造成。单亲家庭的形式古已有之，然而现代离婚率的快速增长直接导致单亲家庭的增加。单亲家庭所面临的问题有收入、住宅、丧失保护者的子女养育问题，家庭成员面对家庭变故所承受的心理、情绪压抑和矛盾。

20世纪六七十年代欧美国家的离婚高峰促成了大量离婚式单亲家庭的出现。中国从改革开放至今，由于快速增长的离婚率，离婚式单亲家庭比重逐渐上升，由此而引发了单身父母的心理状态、生理问题、生活状况，单亲家庭子女的心理成长及教育等一系列问题。单亲家庭青少年中比较突出的心理障碍，如自闭、自卑、焦虑、抑郁、妒忌、逆反等，这些问题越来越为社会学家、心理卫生学家等有关方面所关注。

二、收养家庭

如果夫妻一方没有生育能力，而又渴望天伦之乐，通常会设法收养一个孩子。绝大多数的养父母都能跟无血缘关系的养子女建立安全的情感联系；而且，用养育者的敏感性来预测依恋类型，对养子女和亲生子女而言是相同的。由此可见，对青少年的发展来说，成人做父母的渴望比他们和孩子的血缘关系重要得多。

不过，因为养父母与养子女没有共同的基因，所以养父母为养子女提供的成长环境，可能并不像亲生父母对亲生子女那样与其遗传倾向非常契合。无论如何，绝大多数被收养儿童都能适应得很好，而且在收养家庭中的成长远远好于看护中心，看护中心的看护者并不特别在意他们的现在和长远的未来。甚至对于那些来自社会经济地位较低群体的跨种族收养青少年，如果能在富于支持性、经济相对富裕的中产阶层家庭里成长，他们在智力和学习方面通常也会发展得很好，还会表现出健康的心理—社会适应模式。由此可见，对大多数养父母及其养子女来说，收养是相当令人满意的安排。

三、精子捐赠家庭

一些无生育能力的夫妻没有选择收养，而是选择通过精子捐赠得到孩子，在此方式下，有生育力的女性在匿名捐赠者提供的精子的帮助下受孕。以这种方式建立的家庭引发了许多担忧。例如，伯恩斯认为，这类夫妇无法生育造成的压力，可能会导致不正常的教养方式。另外，以这种方式孕育的孩子与其父亲没有任何基因关系，比起有血缘关系的父亲，这些父亲会对孩子比较疏远，不如有血缘关系的父亲关心孩子。其实，对精子捐赠青少年发展的担忧也没有太大的必要。苏珊·高洛姆伯克和她的同事在英格兰做了一项长达12年的追踪研究。他们把由精子捐赠家庭养育的青少年的发展进程与收养青少年、亲生父母养育的青少年进行了比较，结果发现，12岁时，与其收养同伴以及自然孕育的同伴相比，精子捐赠青少年并没有表现出更多的行为问题，在情绪、学习、同伴关系方面适应得同样良好。研究发现，与收养家庭的母亲以及自然受孕的母亲相比，精子捐赠青少年的母亲对孩子更疼爱，对孩子的需求也更敏感。另外，虽然精子捐赠家庭的父亲较少对青少年进行管束，但在其他方面的养育活动中参与得并不少，他们与孩子的关系和养父、生父与其孩子之间的关系同样亲密。

四、家庭冲突与离婚

当今的婚姻中有将近一半以离婚告终，因此也有将近一半的青少年会在单亲家庭中生活一段时间，通常是跟母亲生活。需要指出，离婚不是一种单一的生活事件，它代表的是整个家庭的一系列充满压力的经历，通常开始于分居前的婚姻冲突，包括随后生活发生的诸多变化。

（一）离婚之前：置身于婚姻冲突

离婚前的那段日子通常伴有频繁的家庭冲突，包括夫妻之间激烈的唇枪舌剑甚至身体暴力。婚姻冲突会给青少年带来非常负面的影响。越来越多的证据表明，这些青少年通常会变得非常抑郁，家中持续不断的冲突会使得青少年与同胞、同伴交往时更可能出现敌意和攻击行为。此外，长期处于父母冲突中会导致青少年出现各种适应问题，如焦虑、抑郁和外显品行障碍。父母冲突对青少年既有直接影响，如使他们情绪紧张，阻碍其行为的成熟；也有间接影响，如降低父母的接纳/敏感性和亲子关系质量。在处理父母冲突方面，具有安全依恋表征的青少年比具有不安全依恋表征的青少年表现略好，或许是因为他们较少感觉自己应该为父母的冲突负责，也不太担心父母会不再爱他们。但是，对青少年的发展而言，剑拔弩张的家庭环境绝不是健康的环境。许多家庭研究者相信，如果青少年生活的家庭中冲突不断，那么从长远来看，父母分居或离婚后孩子会成长得更好。不过，离婚本身也是一个令人不安的生活转折，往往会对所有家庭成员的幸福感造成影响。

（二）离婚之后：危机与家庭重组

大多数离异家庭都会经历一年或更长时间的危机期，在此期间，所有家庭成员的生活都将受到严重破坏。典型的情况是，父母双方都会经历情感和实际生活两方面的困难。大部分离异家庭是由母亲获得对某个孩子的监护权，虽然得以解脱，但她们会感到愤懑、抑郁、孤独、痛苦。海瑟琳顿等人发现，拥有监护权的母亲会被养育孩子的责任和自己对离婚的情绪反应击倒，变得急躁、缺乏耐心、对孩子的需求感觉迟钝，结果她们开始诉诸强制型的养育手段。事实上，离婚母亲往往会变得（至少对他们的孩子）敌意性更强、关爱更少。与此同时，没有监护权的父亲很可能向另一个方向变化，看望孩子时他们会变得有些过于放任和迁就。离异家庭的青少年往往因家庭破裂而焦虑、愤怒或抑郁，表现为爱发牢骚、喜欢争吵、不服管教、不讲礼貌。这一危机期内的亲子关系有一种恶性循环：孩子的痛苦情绪、问题行为与成人无效的教养方式相互激化，令所有人的生活都不愉快。

年龄较小、认知发展不成熟的青少年面对离婚时，他们的痛苦表现得最明显。他们还不懂为什么父母要离婚，当他们认为自己应该对家庭破裂负一定责任时，会产生负罪感。年长青少年能够较好地理解性格冲突与缺乏关爱导致父母选择离婚，也能较好地解决可能出现的忠诚冲突。但是，他们仍会对父母的离婚感到痛苦。

尽管不是普遍情况，但许多研究者报告，婚姻冲突和离婚对男孩的冲击比对女孩更强烈、更持久。在父母离婚之前，男孩表现出的外显行为问题就多于女孩。但是，需要指出的是，大多数早期研究关注的是由母亲做户主的家庭和容易测查的外显问题行为。后来的研究表明，如果父亲是监护人，男孩会发展得较好，离异家庭中的女孩比男孩体验到更多内隐的痛苦，她们通常会变得退缩、抑郁，而不是把愤怒、害怕或失望诉诸行动。更重要的是，来自离异家庭的女孩在青少年初期出现过早的性活动，其比例远远大于同龄人，而且她们在与男孩及成年后与男人的关系方面一直缺乏自信。可见，离婚对男孩、女孩都有深深的伤害。

（三）离婚的长期后效

大多数父母离异的青少年最终都能适应家庭的这一变故，并表现出健康的心理适应模式。但是，即便是适应良好的离异家庭青少年，也会表现出一些持久的后效。一项对离异家庭青少年的追踪研究发现，父母离异20多年后对其进行访谈时，他们对离婚事件给自己生活造成的影响仍然做出非常负面的评价。另一个有趣的长期后效是，相比来自非离异家庭的青少年，来自离异家庭的青少年更担心他们自己的婚姻不幸福。总之，离婚是一种最令人不安和痛苦的生活事件，没有哪个青少年对它有好的感受。不过，研究者一致发现，与那些依然处在双亲冲突频繁的家庭中的青少年相比，那些生活在稳定的单亲（或继亲属）家庭中的青少年通常适应得更好。另外，并非每个离异家庭都会遭遇上述所有困难。事实上，有些成人和青少年能够很好地应对这一转变，甚至还会从中获得心理上的成长。

五、再婚家庭

离婚之后3～5年内，超过一半的单亲家庭会经历又一个重大的变化：父母中拥有监护权的一方会再婚或与婚外伴侣同居，这样青少年开始拥有继父/母，或许还有新的同胞。再婚通常可以改善监护人的经济状况和生活状况，而且大多数刚刚再婚的成人报告，他们对自己的第二次婚姻是满意的。不过，重组家庭却给青少年带来了许多新的挑战，他们不但要适应一个不熟悉的成人的教养方式，还要适应继同胞（如果有的话）的行为，有监护权和没有监护权的双亲可能会减少对自己的关注。实际上，与离婚后的生活相比，监护人再婚后家庭角色的重新稳定通常需要更长的时间。在比较稳定的继父/母家庭中，青少年的成长情况又在一定程度上取决于其年龄、性别以及组建这个新家庭的是母亲还是父亲。

(一)生母/继父家庭

在经历一开始的家庭成员新角色形成过程中的破坏和混乱之后,男孩有一个继父通常相比女孩会获益更多。男孩与作为监护人的母亲相处时可能会经历一个强制性怪圈,和气与接纳性强的继父可以使他们从中解脱出来,所以这些继子的自尊会大大增强,逐渐克服他们在母亲再婚之前表现出的许多适应问题。与之相反,不管继父多么努力,继女依然冷漠、疏远。女孩通常把继父视为对自己与母亲关系的威胁,甚至还会因母亲再婚后对自己的关注减少而憎恨母亲。

(二)生父/继母家庭

现有的研究表明,继母走进一个新家造成的负面影响,比继父要大一些。这在一定程度上是因为下面三点原因。第一,能够获得监护权的父亲通常与孩子的关系非常亲密,而继母可能会对其造成破坏。第二,与继父相比,继母在监控和管束方面更积极。第三,从父亲监护的单亲家庭向父母双全的继母家庭的转变过程中,女孩相比于男孩的适应性更困难,特别是当亲生母亲与孩子仍然保持密切联系时。不过,在稳定的继父/母家庭中,她们对生活的适应一般会随时间的推移而改善。

(三)家庭构成与年龄

继父/母家庭的人员组成通常会影响青少年的适应情况。在复杂的继父/母家庭中,各种问题都比较多,这是一种真正的“混合”家庭,双方至少把一个亲生子女带到这个新家庭中。在这种复杂的组合中,父母都容易表现出嫡亲效应,对自己的亲生子女比对继子女表现出更多的疼爱、支持和投入。孩子们熟悉了这种差别对待之后,通常会做出消极反应,而且从长远来看,他们对待继亲属比对待血缘亲属要疏远,感情也较淡漠。如果父母双方一直都偏爱自己的亲生子女，要达到有效的共同抚育就会更为困难。相反，共同抚育在简单的继父/母家庭中比较容易做到，特别是当孩子进入青少年期之前家庭成员的角色就已经稳定下来时。

由于青少年早期要经历很多转变（如青春期的各种变化、升学、对自主的需求增强），所以他们似乎都更难适应父母的再婚。当然，许多早期青少年能很好地适应这一家庭转变，而且对于所有年龄段的继子女而言，继父/母家庭中的权威型教养方式均与更好地适应结果有关。不过，也有相当一部分青少年会脱离重组家庭，而且与来自非离异家庭的同龄人相比，来自继父/母家庭（尤其是复杂的继父/母家庭）的青少年出现学习问题、不当性行为和其他许多犯罪行为的比率更高。

六、双薪家庭

双薪家庭在中国通俗地叫“双职工家庭”。随着女性社会参与度的急速扩大，已婚女性的就业率猛增，双薪家庭大幅度增加。现实生活中夫妇双方就业给家庭带来诸多问题，主要是子女养育和家务劳动给夫妇带来的矛盾所引起。

根据国情和地域条件不同，双职工所面临的问题在程度上有一定差异，但类型上可分为生计维持型、非生计维持型、内外造型双薪家庭、自我实现型、休闲活动型等。后几种类型在经济较发达的国家相对多一些。

双职工家庭是当今社会最普遍的家庭组织形式之一。随着我国国民经济的发展和女性学历的增高以及现代社会分工的细分化，这种组织形式今后一定时期在社会上将占越来越大的比例。双职工家庭男女双方不仅要从事生产或工作保证家庭经济来源，还要承担家务劳动。多数双职工家庭中，夫妻二人的收入差异，可能会引起家庭内部权力重心的转移。因此，资金和支出成为须认真对待的问题，如果处理不好就会出现分歧和争论。

如今绝大多数美国母亲都已走出家门参加工作，这种做法不会而且通常也没有降低婴儿、学前儿童、青少年的情感安全，母亲就业没有妨碍青少年社会性或智力的发展。事实上，与那些母亲未就业的孩子相比，职业母亲的孩子（尤其是女孩）更独立、自尊更高，受教育水平和职业抱负更高，对男性和女性的刻板观念也较少。职业母亲的许多孩子之所以会有良好的发展结果，而且社会性发展比较成熟，其原因之一是母亲因工作而导致的家庭养育中的缺位，通常会使父亲在青少年生活中发挥更重要的角色。

不过，一些发展心理学家开始担忧这一现象：越来越多的双职工家庭的孩子成为自我照管（或挂钥匙）的青少年，放学后自己照管自己，成人的直接监督则很少甚至没有。所以，人们担心，这些孩子会受到伤害、被同伴带入歧途或出现其他不良的发展结果。考察这一问题的研究发现，自我照管的青少年比那些受到家人照料的孩子的焦虑程度高，学习成绩差，反社会行为也较多，但另一些研究并未得出这种结果。受到权威型教养，放学后被要求回家完成作业或做家务，通过电话受到远程监督的青少年，一般来讲责任感较强，适应良好。相反，无人监督、放学后在外“闲逛”的同龄人，更容易受同伴影响，卷入反社会或犯罪活动。由此看来，双职工父母可以采取一些措施，尽量减少孩子放学后自我照管的潜在危险。

第三节　青少年家庭系统的内部关系分析

家庭作为一个系统，存在特定的、相对稳定的交往与情感模式，具有相应的内在规则。家庭成员自身的变化是影响家庭系统的最重要因素之一，青少年期是人一生中一个充满发展与动荡的时期，这一时期的家庭系统通常经历着一系列重大复杂的变化，家庭内部各种要素和互动关系以及家庭的整体结构和功能呈现出独有的特征。家庭系统内部的有机结构是由大量错综复杂的关系构成的。现代家庭规模日益缩小，由父母和孩子两代人组成的核心家庭日益增多。青少年与父母和兄弟姐妹的关系在众多家庭关系中显得尤为重要。下面我们就青少年与父母的关系及其与兄弟姐妹的关系进行探讨。

一、青少年与父母的关系

青少年与父母的关系即表现为亲子关系。原是遗传学用语，指亲代和子代之间的生物血缘关系。亲子关系是个体一生中最早接触到的关系，包含亲子之间的关爱、情感和沟通。就亲子关系的形成来看，最重要的是血缘关系与法律关系两种。所谓血缘的亲子关系，就是指父母与自己亲生子女之间的关系。法律的亲子关系，除少数例外，一般是缺少血缘的关系，如领养子女。

（一）青少年亲子关系的特殊性

青少年的亲子关系具有一定的特殊性。对青少年来说，这个阶段是他们处于青春期生理、心理逐渐成熟的时期。对父母来说，人到中年，是工作压力、生活压力最大的时候。因此，青少年期和童年期的亲子关系有明显不同的特点，青少年出现强烈的逆反心理和矛盾性的情绪情感体验。他们渴望独立，渴望父母将自己看成大人而不是孩子，但还必须依赖父母的支持和帮助。因此，这个时期的亲子关系容易表现为紧张状态，与父母对立、冲突甚至感到有严重的“代沟”。不过，到了高中阶段后，青少年的成长发育逐渐稳定。这个阶段，青少年不仅要求父母给予物质上的满足，更重要的是要求父母给出精神上的关心和支持，特别是帮助他们顺利度过高考，为成功的人生奠定基础。

（二）青少年亲子冲突

亲子冲突是指亲子间由于认知、情感、行为、态度等不相容而产生的心理或外显行为的对抗状态。青少年亲子冲突是指青少年与父母之间公开的行为对抗或对立。它表现为争吵、分歧、争论甚至身体冲突等。青少年期是亲子冲突的高发期，人们普遍认为，孩子进入青少年期给家庭系统及家庭成员带来了很多变化，这对亲子关系产生了分裂性的影响。

概括有关研究的结果，青少年亲子冲突的特点主要表现为以下几点。第一，青少年亲子冲突的内容以学业、日常生活安排和家务为主。大致而言，青少年与父母冲突最多、最激烈的三个方面依次为学业、日常生活安排和做家务，而发生冲突最少、最弱的是隐私。第二，青少年亲子冲突的频率和强度呈“∩”形曲线发展。相关研究证明，青少年早期个体的亲子冲突水平将呈上升状态，然后在青少年中期相对持平，直到青少年离家之后冲突水平才会下降。国内学者方晓义等人在2003年对初中生和高中生亲子冲突的研究也发现，青少年亲子冲突在各方面均有不同程度的存在，但都处在一个相对较低的水平。随着年级升高，青少年亲子冲突的频度和强度呈“∩”形曲线发展，初二年级处于顶峰，升入高中后逐渐缓和。第三，母亲常常是青少年期亲子冲突的发起者。家庭中女性成员比男性成员在沟通中更积极主动。母亲更多是交谈的发起者，也往往是亲子冲突的发起者。青少年与母亲的冲突往往多于与父亲的冲突，尤其是言语和情绪方面的冲突。第四，青少年与父母冲突的主要形式是言语和情绪冲突。方晓义等人(2003)的研究发现，近50%和超过50%的青少年与父母存在言语和情绪方面的冲突，而与父母发生的身体冲突最少。第五，青少年在解决亲子冲突时使用最多的是回避策略，使用最少的是第三方干预策略。青少年使用回避策略可能是因为觉得自己无法说服父母改变他们已经决定的事情，不想因为与父母的冲突而伤害自己与父母的感情。

亲子冲突对青少年心理发展的影响，既有消极的一面，也有积极的一面。研究表明，亲子冲突是构成青少年心理压力的重要来源，还会导致青少年各种行为问题。不过，对于大多数青少年来说，低水平的亲子冲突并不会影响到正常的亲子关系，反而是他们在个体化进程中的正常表现。青少年早期亲子冲突的增长也是青少年逐渐获得与父母同等交往地位的一种手段。许多学者认为，冲突能刺激父母和青少年去重新构想或更改他们对彼此行为的期望。合理处理这些冲突可能是青少年逐渐获得他们成人关系中需要的社会和认知技能的一种有效途径。同时，父母在这一过程中会逐渐给予青少年更大的自主性和尊重。

（三）青少年亲子沟通

家庭中的亲子沟通是指家庭中父母—子女之间交换资料、信息、观点、意见、情感和态度，以达到共同的了解、信任与互相合作的目的。亲子沟通是建立良好亲子关系的前提。但是，研究发现，很多父母与青少年的亲子沟通经常会出现一些问题，导致沟通不畅，亲子冲突不断，亲子关系质量由此受到影响。

在亲子沟通中，家长占据主导地位，因此，良好的亲子沟通需要为人父母者把握平等、真诚、积极、发展、一致的原则。其中，发展的原则要求父母在与孩子的沟通中要以发展、成长的眼光来看待他们。青少年期是一个快速发展与成长的时期，出现的有些问题可能是发展中的问题，父母不必大惊小怪，那样反而使亲子关系紧张起来。比如，青少年有打架斗殴现象，父母应该结合孩子的成长过程来看待这一问题。如果这个现象是从童年期持续过来的，父母应当引起注意，或许这个孩子有一定的攻击性。但是，如果孩子只是在青少年期出现攻击性则不必大惊小怪，其会自然消失。一致的原则包括三个方面：第一，父母管教孩子的原则或做出的决定必须前后一致，切勿随时改变自己的意思。第二，父母的行为必须与对孩子的要求一致。如果要求孩子诚实而当父母的却撒谎，显然会引起孩子的不满。第三，家庭成员的态度要一致。父母双方对待孩子的要求应该一致，否则容易使孩子对不同的家长有不同的沟通方式，并产生不必要的冲突。

在掌握和遵循以上亲子沟通的几个原则基础之上，良好的亲子沟通还需要一些更为具体的技巧。父母方面，应该注意倾听、关注、换位思考、鼓励和肯定，注意语气和声调。父母不要总是用责备的口吻说："不要这样……""你是怎么做的？""怎么会……"多使用和善、建议的语气说："你能说说看……""你的想法是……"这样有助于沟通的气氛,也让沟通变得更能令人接受。台湾学者吴澄波指出,与青少年沟通有三句箴言:"关于……我想听听你的看法。""你的意思是说……是不是?""关于这点,你要不要听听我的意见?"父母与子女沟通时应尽量使用直接的表达和简洁的说法,不要绕来绕去,弄得子女很烦,或者不理解。说话的内容要具体,而且是说现在的事,否则孩子提不起足够的兴趣来交流。总之,父母要做孩子的朋友。青少年已经有了自己独立的想法和需要,父母一定要尊重其作为一个准大人的心理需求,平等、民主、朋友式地与其沟通,否则,子女要么不对父母敞开心扉,要么沟通不畅、冲突不断。亲子沟通是父母和青少年双方的沟通,而不是单方的沟通。对青少年本人来说,应该学会遇事多与父母讨论,并就如何行动达成协议。

二、青少年与兄弟姐妹的关系

(一)青少年兄弟姐妹间关系的特征

青少年与兄弟姐妹间的关系是家庭主要关系之一。兄弟姐妹间的关系似乎比亲子关系更具竞争性和冲突性,一般来讲,家庭中的哥哥姐姐更居统治地位、更有侵占性。大多数实证研究确实表明,兄弟姐妹之间的冲突比与朋友和其他同伴之间发生的冲突要更多。在青少年期,同诸如亲子、伙伴、师生、恋人等关系相比,青少年兄弟姐妹间的竞争冲突仍处在一个较高的水平。但是有证据显示,就兄弟姐妹关系本身而言,青少年期的冲突水平实际上要比儿童期低。在儿童期,年长的哥哥姐姐通常扮演照顾者和发号施令者的角色,这种权利的不均衡常常会导致冲突。比如说,如果哥哥或姐姐强迫弟弟或妹妹遵从他们的要求,他们之间不可避免会发生冲突。但随着年龄的增长,弟弟妹妹身体和心理也逐渐趋向成熟,与幼儿期相比,他们与哥哥姐姐在力量对比上的差异已大大缩小。而且当进入青春期后,青少年会不断学习如何平等待人,这使他们能够更有技巧地处理自己与兄弟姐妹间的分歧，避免冲突发生。同时，与年龄相差很大的兄弟姐妹相比，年龄相仿的兄弟姐妹间的关系更为温和与亲密。

总之，青少年兄弟姐妹间一方面存在着相当程度的冲突，另一方面也积累了深厚的感情。随着年龄的增长，他们之间的分享、教导、帮助、友谊等亲密温和的关系也在不断发展。

（二）兄弟姐妹间的差异

大多数研究表明，在许多关于个体自身特征的标准测试中，如智力测验和人格测验等，兄弟姐妹之间的相似性并不高，甚至有的研究者认为，他们之间的差异同两个随机抽取的人之间的差异是一样的。兄弟姐妹之间存在如此大的差异，主要是因为他们之间存在差异的基因。其实，还有环境影响的原因。行为遗传学提出，环境的影响有两种，一是共享的环境影响，另一种是非共享的环境影响，也就是对兄弟姐妹们产生不同影响、造成了他们之间差异的环境因素。研究表明，在青少年期，非共享环境影响是强大的，而共享环境影响相对平和。兄弟姐妹在相同的家庭中，却又会处于不同的“小环境”中，原因主要有以下四点。

第一，青少年自身的原因。这一方面可能因为子女自身的特征有别，很多研究发现，父母对待漂亮的孩子和长相平平的孩子、容易带的孩子和难抚养的孩子、健康的孩子和体弱的孩子的方式是很不一样的。另一方面可能因为不同的孩子会用不同的方式来解释共同的环境。

第二，不同关系的影响。这种影响包括父母特征与子女特征的相互匹配。例如，也许孩子的气质、性别等个人特征并不符合父母的期望与偏好，这会影响到父母对待孩子的方式。

第三，父母自身的原因。父母会由于自己的原因对孩子区别对待。比如说，某个孩子可能是个计划之外的孩子，或者说父母很可能在主观上认为第一个孩子比较难带，第二个孩子相比之下比较容易带，所以会用不同的方式对待他们。

第四，家庭背景的影响。由于出生次序不同，青少年在家庭中的经历会有所不同。比如说，每个头生的孩子都会在至少一年的时间中成为父母全部注意力的对象。然后他的这种地位会因弟妹的出生而失去，他会开始与需要父母更多注意的弟妹竞争，而对年幼的弟妹而言，他的哥哥姐姐在很长时间里都会比他更强壮、更有知识。而且，头生子女一般是被父母无经验地抚养大，而随后出生的孩子可能获得更有经验的、更好的照顾。对处在不同地位的兄弟姐妹，家庭环境对于他们来讲自然是有所不同的。

总之，那些与母亲关系亲密、与兄弟姐妹友好相处、并且在家庭决策中有较大影响力的青少年，其心理发展更加健康，具有更高的自我能力感和自我价值感。

第四节　家庭应激与青少年的发展

在青少年的成长过程中，家庭系统可能会经历某些重大变故，对本身正经历复杂变化的青少年产生重大影响，造成应激状态。导致青少年家庭应激的事件复杂多样，博特雷思等人经研究认为，家庭具体应激事件包括迁入新居、父母亲调动工作、父母间或父母与亲戚间的矛盾、亲友死亡、父母亲事业上陷入困境、父母遇到经济困难、父母与从前的配偶发生争执、父母离婚或分居等。一些精神病学家认为，父母陷入严重的婚姻危机、父母亲精神异常、父母亲有违法犯罪行为等为重要的家庭应激事件。在众多导致青少年家庭应激的事件中，父母婚姻变故和家庭经济压力一直是研究的热点问题。

一、婚姻变故与青少年的发展

从2002年开始，中国的离婚率就一路走高。2002年，中国粗离婚率仅有0.90‰，2003年达到1.05‰，到2010年突破2‰。当前数据显示，2015年粗离婚率为2.8‰，这也是2002年的3倍多。最新数据显示,2017 上半年全国各级民政部门和婚姻登记机构共依法办理结婚登记 558 万对,比去年下降 7.5%;依法办理离婚登记 185.6 万对,比去年同期上升 10.3%。近年来,中国离婚走高已是不争的事实。离婚已经成为不可忽视的社会问题。父母离婚作为一个重要家庭应激事件无疑会对青少年的发展产生重要影响。

(一)父母离婚对青少年的影响

对父母离婚的许多研究表明,父母离婚后的 1~2 年对青少年和儿童来说是一个社会性和情感分裂期。离婚常常伴随着经济、住所、学校等的改变,以及家庭成员和家庭关系的重新组合等,而青少年此时又处于应付自身各种转折与发展的时期,因此他们要承受更大的压力。

与其他年龄阶段的儿童相比,青少年对父母离婚的适应和反应具有不同的特点。艾勒斯坦和凯利研究发现,不同年龄子女对离婚的适应和反应是不同的:儿童一般会表现出倒退行为、易怒、有攻击性、自我责备、迷惑、害怕等,而青少年一般表现出失落感、拒绝、无助、孤独、羞耻、愤怒与忠诚的矛盾。

离婚给子女带来的负面影响是多方面的。离婚与子女的短期发展障碍、情绪低落、行为障碍等均有相关。离婚后的头两年,他们会表现出更多的反社会、不正常的冲动行为,在社会性关系方面有更多的困难,在学校里出现更多的行为问题。研究显示,离婚对不同的青少年的短期负面影响程度是不同的。通常来讲,男孩、年龄较小的孩子、困难型气质的孩子、在家庭外得不到其他成人支持的孩子、在青少年期前父母离婚的孩子,他们更容易受到离婚负面影响。

(二)父母离婚对青少年的延迟影响

研究者对离婚对子女的长期影响(2~3 年以上)也进行了研究,发现尽管离婚对子女的短期负面影响在两年之后基本消失。但是,当子女开始进入青少年期时,离婚的影响开始又一次显现出来。心理学家对离婚的这种延迟影响做了多种可能的解释,有两种比较具有代表性。第一,离婚给孩子带来的适应困难会通过各种途径表现出来,孩子出现的某些偏差和问题直到青少年期才会表面化。比如说,心理学家认为,离婚家庭中父母监控程度较低的状况会导致青少年更容易出现问题行为。第二,青少年面临着特殊的发展任务,在这些新任务的完成过程中会暴露出新的问题。例如,青少年期是个体首度尝试建立亲密的两性关系的时期。如果父母的离婚或者早先不和睦的家庭气氛影响到了孩子对关系和责任的看法,那么到了青少年期个体开始正式与异性进行交往约会时,这种影响就会表现出来。也就是说,这种最初的建立亲密两性关系的努力会唤醒青少年潜伏多年的心理创伤。

二、家庭经济压力对青少年的影响

近年来,心理学家热衷于研究父母失业和家庭收入丧失这一重要家庭应激事件对青少年健康发展的影响,以及这种影响的发生机制。这种研究重点十分符合我国当前的社会需要。随着我国经济的持续增长,经济与社会发展所面临的矛盾和问题也将日益明显。目前中国城镇失业率,包括登记失业、下岗职工和其他类型的失业,2018 年 4 月 17 日,国家统计局发布数据,2018 年1 月至 3 月份,全国城镇调查失业率分别为 5.0%、5.0%和5.1%,分别比上年同月下降 0.2、0.4 和 0.1 个百分点;31 个大城市城镇调查失业率分别为 4.9%、4.8%和 4.9%,分别比上年同月下降0.1、0.2 和 0.1 个百分点。即便如此,我国贫富差距仍在进一步拉大。随着失业及低收入人群的增大,加强对失业及低收入家庭中青少年的心理发展问题的研究十分必要。

（一）家庭经济压力对青少年的消极影响

大多数心理学家认为，较之普通家庭中的青少年，那些家庭遭受严重经济损失或者长期生活在贫困中的青少年出现心理障碍和问题行为的危险要更大。有的研究还认为，家庭经济压力对青少年的影响存在性别差异。对于女孩来说，经济困难可能会使她们更成熟，对家庭有更高的责任感。比如说当母亲工作或找工作时，她们会更多地分担母亲的家务。但是她们也更容易对自己将来的职业形成悲观的预期。男孩对于家庭经济压力的反应与女孩截然相反。父亲如果失业，就很可能失去儿子的尊重，儿子还会更多地对父亲的权威进行挑战。这种混乱会导致男孩的无责任心以及更多的问题行为。

（二）经济压力对青少年影响的机制

经济压力对家长的精神健康和婚姻关系产生了消极作用。这使得父母容易对子女采取不恰当的教养方式，继而导致子女出现发展问题。

社会学家兰德·康格和格伦·埃利德在80年代美国农业危机时对农民家庭进行了一系列研究，并在此基础上提出了经济压力影响青少年心理发展的模式（图9-1）。经济衰退会引起失业和家庭收入的损失。经济压力引发了父母的挫折感，恶化了父母的婚姻生活，而且父母和青少年发生在经济方面的争执也增多了。这些情况使得父母变得更加易怒，并影响到他们的教养质量。

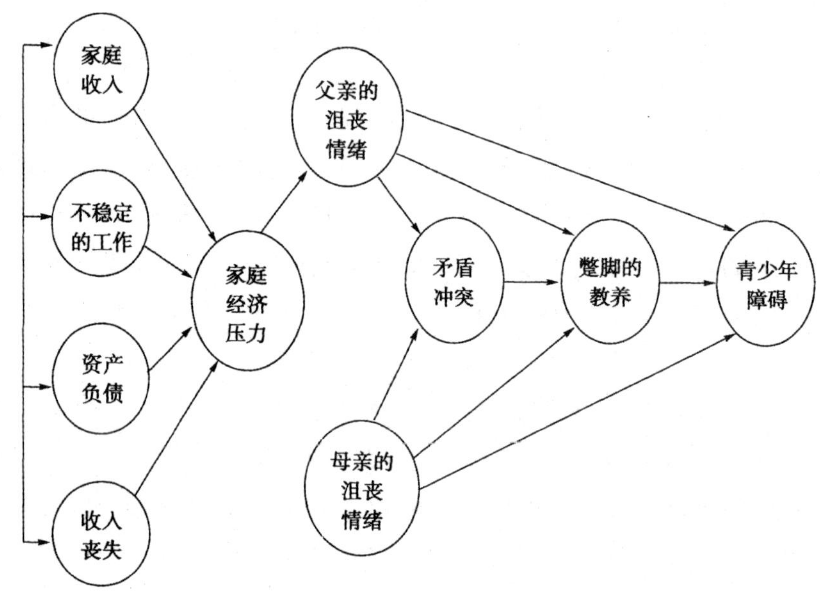

图 9-1 经济压力影响青少年心理发展的模式[①]

(三)长期贫穷对青少年的影响

对家庭经济的研究大多数涉及的是家庭经济来源的突然丧失对青少年的影响,但现实中有很多青少年曾在很长一段时期内或一直生活在贫困之中。一般来说,长期的贫穷和暂时性的经济紧张对青少年的影响是相似的,它会降低父母的效能感,使得父母的挫折沮丧感更强,更容易发生婚姻冲突,对子女的要求和变化不敏感。这些都对青少年的适应有消极影响,使得青少年焦虑、沮丧,出现较多的行为问题,学业成就也较低。有关研究结果还显示,如果采用适当的措施,贫穷家庭的家长可以保护他们的孩子较少地受到贫穷生活的负面影响。首先,社会各界应更多地为贫穷家庭提供经济上的援助和精神上的支持。其次,贫穷家庭的家长应该采取正确的方式对子女加强管理。心理学家建议可以采取鼓励策略和约束策略。鼓励策略要求家长对子女采用恰

① 张文新.青少年发展心理学[M].济南:山东人民出版社,2002:160.

当的教养方式，以及要求青少年积极参加家庭外有益的活动。约束策略目的是降低贫穷环境对青少年健康发展造成的危险。研究显示，鼓励策略和适度的约束策略对青少年的发展起着积极的作用。

第五节　家庭关系与青少年网络成瘾分析

青少年正逐步摆脱对父母的依恋，转向于对同伴的依恋的过程中，当他们产生依恋焦虑时，可能会感到恐惧、孤独和不安，渴望得到一种情感上的安慰和支持。互联网的匿名性、便利性和逃避现实性正好给青少年提供了一个可以自由与人交流的空间，但也不可避免出现网络成瘾的问题。以下就家庭关系与青少年网络成瘾问题进行探讨。

一、互联网时代青少年家庭关系的变化

网络时代所体现的互联网文化具有运行速度的快捷性、传播信息的同步性、人际交往的非权威性、知识传递的网络化等特征，这些特征对亲子关系产生了很大的影响，使亲子关系出现一些新特点和新问题。第一，家庭关系简化，亲子互动不同以往。随着计划生育政策的实施，独生子女大量出现，家庭关系愈来愈简化。第二，互联网实现文化的平等与共享，父母的文化权威逐渐动摇，传统的文化传递模式发生了革命性的变化。第三，生活节奏加快，导致亲子关系冷漠。在社会转型时期，人们生活方式发生了巨大改变，生活节奏大大加快，家庭成员各自忙碌，相应地，家庭观念却越来越淡漠，亲子之间的感情交流日渐减少，从而使亲子之间的沟通出现障碍。第四，互联网倡导自主性学习，青少年利用互联网学习的途径大大拓宽，使其对父母文化教育的依赖性越来越小。第五，互联

网改变了传统代际关系，有助于亲子之间平等的沟通与对话。在传统的社会文化中，父母通常作为对知识经验的垄断者，占据着文化权威的地位，处于社会文化的“中心”。而青少年属于未成年人，是社会文化中的受教育者，处于社会文化的“边缘”。这使两代人之间产生很大的隔阂。而互联网提供给人们的是开放的多元的价值观，从而为代际沟通提供了一个平等对话的渠道。

二、青少年网络成瘾的家庭关系原因

青少年家庭关系中的母子疏离、父子疏离，可导致青少年网络成瘾。

（一）母子疏离可致青少年网络成瘾

研究发现，“母子信任和母子沟通两个维度与使用互联网信息服务之间的相关到了显著水平”[①]。为了更好地说明母子依恋状况及青少年互联网使用状况等因素与病理性互联网使用之间的关系，这里采用结构方程模型对数据与假设模型的拟合程度进行了验证（图 9-2）。该模型具体的拟合指数表明该模型与数据的拟合程度良好。以母子依恋来预测青少年互联网服务使用偏好和 PIU，母子依恋可以解释青少年 PIU28.9%的变异。与母亲疏离程度高的青少年更倾向于依赖互联网的娱乐和社交服务。与母亲沟通水平好的青少年会把互联网当作是生活和学习的工具，获取信息搜索资料的有效途径，不会过多地卷入病理性互联网使用。

① 雷雳.鼠标上的青春舞蹈：青少年互联网心理学[M].上海：华东师范大学出版社，2010：109.

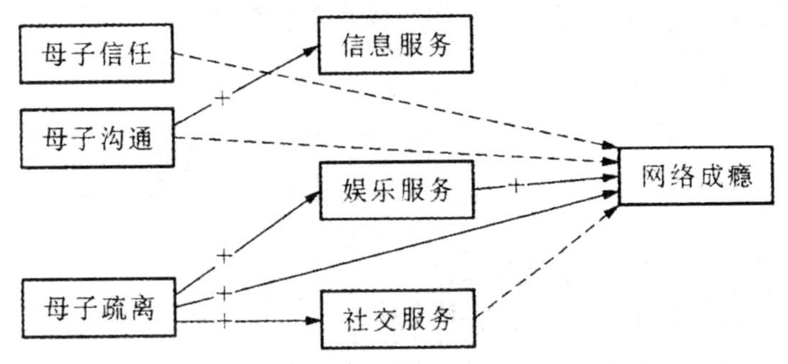

图 9-2　青少年母子依恋与其互联网使用的关系[①]

(二)父子疏离可致青少年网络成瘾

研究发现,父子信任、父子沟通和父子疏离三个维度与使用互联网信息服务之间的相关都达到了显著水平。为了更好地说明父子依恋状况及青少年互联网使用状况等因素与病理性互联网使用之间的关系,这里采用结构方程模型对数据与假设模型的拟合程度进行了验证(图 9-3)。该模型具体的拟合指数表明模型与数据的拟合程度良好。以父子依恋来预测青少年互联网服务使用偏好和 PIU,父子依恋可以解释青少年 PIU26.1%的变异。父亲通常被认为比母亲更经常与孩子玩体力游戏,而感觉与父亲疏离的青少年可能缺乏社交技巧和恰当的应对策略,他们通常更容易形成网上人际关系,发展亲密感。

总之,父母教养方式对青少年网络成瘾有影响。在父母教养方式上,网络成瘾青少年感受不到来自父母亲的关心和支持,觉得孤独寂寞,可能会到网络寻求精神依靠。

① 雷雳.鼠标上的青春舞蹈:青少年互联网心理学[M].上海:华东师范大学出版社,2010:110.

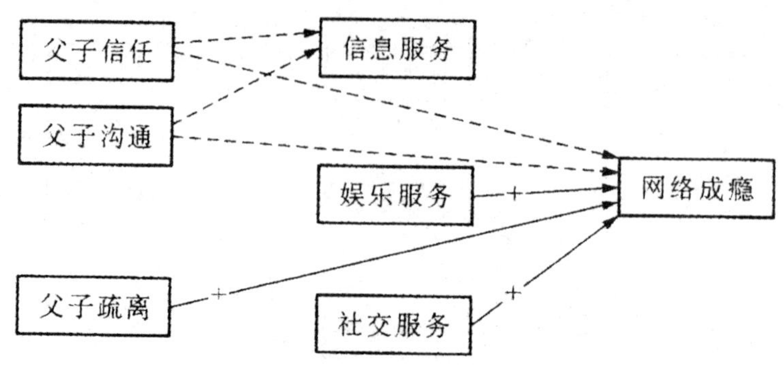

图 9-3 青少年父子依恋与互联网使用的关系①

三、青少年网络成瘾的家庭防治

家庭是青少年最基本的社会化环境，青少年网络成瘾难以控制的最大因素就是家庭关系不协调、教育方式的不恰当。对青少年进行科学合理的家庭教育，不断改善其形成网络成瘾的主要环境，保护社区青少年不被不良网络信息干扰，是目前家庭教育最有效的防御手段。对此，家庭在青少年网络成瘾防治中发挥该有的作用，可从以下几点入手。

（一）树立正确的网络运用观，提升家庭教育指导效果

目前，部分青少年不能正确运用现代信息技术，家长也有各种各样的认知缺陷。父母应该学习一些信息技术与网络监管知识，减少不良的网络信息对青少年产生的直接影响。有的家庭管理过于放松，家长不能辩证地认识网络技术，对孩子上网不加把控，最终孩子沉迷于网络游戏或网上聊天等。有的家长由于害怕孩子上网成瘾，不敢让孩子接触计算机，更不允许涉足网络。为了更好地监督青少年的上网行为，家长应该不断熟悉网络、利用网络。所以，家长非常有必要学习一些互联网及计算机技术，以正确引导孩子使用计算机和互联网。父母应和孩子一起上网操

① 雷雳. 鼠标上的青春舞蹈：青少年互联网心理学[M]. 上海：华东师范大学出版社，2010：111.

作，观察其运用互联网的方式和方法，及时发现孩子在互联网应用方面存在的问题，以有效纠正其不良上网行为。家长应不断帮助孩子树立正确的上网观念并培养其良好的上网习惯，积极引导青少年合理分配上网时间，培养其形成良好、文明的上网习惯。

（二）深化情感交流

父母作为青少年生活的管理者，与青少年相处时间较长，关系较为密切，应加强自己在青少年与互联网交互作用中的主导地位。家长应创造良好的家庭氛围，把握沟通的技巧，满足青少年的精神需求，鼓励青少年参与有意义的社会活动，培养其责任感和自信心。这样有望减缓孩子的上网欲望，避免青少年因生活中缺少温情与关爱而沉迷于互联网。

（三）强化家庭引导

家长是青少年社会化过程中的“重要他人”，家长对于网络的认识如何，对青少年网络经验的形成和改变具有直接影响。而能够发挥这种影响的前提就是，家长应关注、了解、学习网络基本知识和技术，与青少年共同成长，同时指导青少年应该怎样分辨、判断、选择信息，怎样在网上进行自我保护，并逐渐使青少年从他律转化为自律。

（四）不断关注青少年的实际需求

青少年的人生观、价值观及道德观必须从小就开始培养。只有有了正确的人生观、价值观和道德观，才能正确对待自己不同学习阶段所表现出来的不同层次的需求。家长要根据实际情况，根据不同时期特定心理因素，尊重孩子各种层次的需求，可以适当地满足其合理的需求。但是，决不能对其各种需求一味地满足。尤其是对孩子上网的需求，家长要根据孩子所处的学习阶段，以及学习任务的轻重，予以合理地满足。

第十章 互联网时代青少年网络行为发展研究

如今，随着互联网的推广和普及，互联网时代彻底到来。在这样的社会背景下，青少年的行为不同于以前，开始出现了网络行为，有的甚至成了日常生活中非常重要的一部分。网络给青少年的发展带来了挑战，也带来了冲击。为了促进青少年社会性的良性发展，就要重视媒体传播对青少年发展的影响，正确看待青少年的网络行为，增强其网上亲社会行为，抑制其网上偏差行为。本章就重点围绕这些内容进行相应的研究。

第一节 青少年行为概述

青少年行为一般认为有正常行为和偏差行为之分。在青少年的社会性发展中，亲社会行为和偏差行为是研究的热点问题。尤其是要阐述青少年网上亲社会行为和网上偏差行为，那么就应当对亲社会行为和偏差行为的基本内容有所认知。

一、亲社会行为

（一）亲社会行为的概念

亲社会行为一般是指对行为者本身并无明显好处，而给行为的指向对象带来利益的一类行为。所谓"亲社会"是合乎社会道德标准的意思，它与"反社会"，即违反社会道德标准是相对的。亲社会行为囊括了一切积极的、有社会责任感的行为。

在亲社会行为中，有一类可以称为利他行为。利他行为是最高意义上的亲社会行为，真正的利他行为是不带私利地关注他人的幸福，即人们平时常说的“无私奉献”。“利他行为”这个概念不仅强调结果上的利他，而且强调利他动机。一般来讲，利他行为是指关心他人的利益而不考虑自己利益的行为，它是一种不期待任何报答的、自觉自愿的、有益于他人的行为。然而，亲社会行为的产生既可能是由利他主义引起的，也可能不是由利他主义引起的，而是包含了一定的目的性或企图，如为了获得社会赞许、获得报酬或避免惩罚等目的才去帮助别人。当然，现在也有很多学者将亲社会行为与利他行为混用，

所有对他人或社会有益的行为，如谦让、帮助、合作、捐赠等都是亲社会行为或是利他行为。

（二）亲社会行为的发展

一岁以内的婴儿就有了亲社会行为的萌芽。有研究者对出生不到两天的婴儿进行实验，发现移情能力似乎是天生就有的。在与母亲和抚养者的互动过程中，婴儿逐渐学会使用社会参照系，注意与他们自身安全有关的抚养者的情感反应，比如婴儿在面对不确定的情境时，会根据照料者的情绪信息来进行解释，照料者的情绪会影响婴儿接下来的行为，而且他人的悲伤表情和行为也会让婴儿自己变得忧虑，似乎他们能够做到共情或移情。皮亚杰认为，8～12个月的婴儿有同情行为、利他行为和分享倾向，但这些行为特征并不明确，不够稳定。

在出生后的第二年，婴儿开始安慰他人，而且其帮助行为发生的频率也随年龄增加。研究表明，儿童关心他人、对他人痛苦的情感反应和试图帮助他人的利他行为，在儿童出生后的第二年就出现了，他们很小就感觉到自己对他人负有责任。14个月的婴儿能对其兄妹表示关心，并知道如何使他们高兴，使他们喜欢自己，并以自己特有的方式向他们提供注意、同情、关心、分享和帮助。对于18～30个月的婴儿研究发现，行为上的帮助、情感上的支持以及将自己的东西无偿赠予他人这三种不同难度的亲社会

行为都会出现。儿童亲社会行为的发展与其社会认知能力的提高有关。比如,儿童的情绪理解能力以及心理理论的发展水平能够促进亲社会行为的形成。此外,父母的榜样示范及利他价值观的教育也起到了非常重要的作用。瑞哥德对 18 个月和 30 个月的婴儿在父母和陌生人做家务时的表现进行了研究。结果发现,半数以上的 18 个月儿童和所有 30 个月的儿童帮助成人做了大部分家务。这与儿童对成人及其所从事的活动很感兴趣、喜欢模仿、富有创造性的特点是分不开的。两岁的时候,儿童的合作行为也开始发生并迅速发展起来。合作行为是指两个或两个以上的个体为达到共同的目标而一起工作的行为。研究发现,当合作者停止一起进行的任务时,18～24 个月的儿童都会与合作者进行接触,并与其交流,尝试使其回到任务中。这说明面对一致的目标时,18～24 个月的儿童已经能够与他人进行合作,并且想要维持合作关系。相比两岁的儿童,3 岁儿童已经能够对他人受到的伤害表现出同情和支持,出现打抱不平的行为。

到了幼儿期,儿童的认知能力和思维水平的发展达到一个新的阶段。皮亚杰认为这一时期儿童的显著特点是思维的"自我中心性"。尽管许多研究者认为皮亚杰低估了幼儿的认知能力,但从亲社会行为的利益取向这一角度来说,幼儿区分自我和他人的认知能力是较低的,他们还不能很好地区分"自我—他人"维度,儿童都是根据自己的经验,如把自己喜爱的玩具送给他人等方式去安慰处于困境中的人们,这是因为他们还不能像年长儿童那样区分出自我和他人的认知状态。这表明幼儿亲社会行为的产生与对周围环境和他人的认知水平有一定的联系。父母在儿童的亲社会行为的形成上起着重要的引导作用。

进入小学后,儿童的社会生活环境发生了重要改变。随着同伴交往在时间和数量上的增加,其亲社会行为的特点和行为方式也相应发生了变化。儿童指向成人的亲社会行为是带有服从、赞同和避免惩罚性质的,而指向同伴的亲社会行为更多的是合作、互惠互利和对他人需求的敏感性。实际上这一阶段,亲社会行为的工具性特点逐渐减少，他人取向的行为动机逐渐发展并占主导地位，具体表现在以下两点：一是随着年龄的增长，儿童的利他观念和实际的利他行为之间的一致性增加；二是从亲社会行为的动机来看，小学阶段儿童追求奖励取向的动机在降低，而他人取向动机逐渐增多。总体上，亲社会行为的发展越来越符合社会利益取向和道德规范，这与幼儿期有质的差别。

在青少年期，亲社会行为变得多样而复杂，我们很难从总体上对青少年的行为发展状况进行描述。张庆鹏等研究者采用焦点群体访谈法，以焦点小组讨论的方式，让青少年报告了他们所认同的亲社会行为。研究发现，青少年报告的 1 000 多项亲社会行为可大致分为 43 类。这 43 类亲社会行为不仅包括传统意义上的亲社会行为，如助人、安慰、分享、合作、同情、利他等，还包括另一些涉及协调交往关系、个人特质、维护公众利益和亲情养育等行为。进一步总结概括这些亲社会行为，他们发现，青少年认同的亲社会行为主要包括利他性亲社会行为（比如帮助他人）、特质性亲社会行为（比如与人为善、为朋友保守秘密等）、关系性亲社会行为（比如回报他人、跟朋友互相倾吐心事等）和遵规公益性亲社会行为（比如孝敬父母、尊敬师长、遵守社会规范等）四大类。

进入成人期以后，个体各方面的发展都已趋于成熟、稳定，也基本完成了社会化过程，掌握了比较完整的社会认知技能，所以亲社会行为更为多样，也更高级。比如，不少人的社会公益的价值所在，开始关注社会公益，并真正去实践。

（三）青少年亲社会行为的影响因素

影响一个人亲社会行为的因素有很多，以下我们从内外两个方面来探讨其中的一些主要因素。

1. 外部因素

（1）旁观者效应。社会心理学家曾经通过分析 1964 年美国纽约一名妇女遭到袭击的案例，认为当有其他人存在时，人们不大可能去帮助别人，旁观者越多，助人的可能性越小，帮助的延迟时间越长。研究者在这一观点的基础上通过一系列实验提出了“旁观者效应”的概念。所谓旁观者效应，就是指个体在面对紧急事态时，单个人与同他人在一起时的反应不一样。他人在场会抑制或激发个体的利他行为。这其中一个重要原因是，他人在场分散了帮助的责任，人们也很容易等待别人去帮助或相互推诿。例如，如果有两个旁观者，每个人就承担50%的责任，如果有100个旁观者，每人只承担1%的责任，即旁观者共同承担责任。

(2)行为情境的模糊性。行为情境的模糊性会影响个体亲社会行为的发生。也就是说，当个体在不能确认什么事情正在发生，是否需要自己提供助人行为时，往往会退缩。任何增加情境模糊性的因素都会抑制旁观者采取有效的利他行为。例如，一个清洁工扛着一架梯子、拿着一个水桶经过被试者房间的窗口，不久，被试者听到一个重物撞击地面的声音，所有被试者都跑去看，工人躺在地上，抱着脚踝，呻吟不止。但只有很少的被试者去帮助这个工人。在另一个设计情境中，工人还叫喊着要他人去帮助他，结果大部分被试者都去帮助他。显然，这个工人要求人们帮助他，是减少了情境的模糊性。

(3)榜样的示范作用。榜样行为会引发旁观者的亲社会行为。研究表明，成人的榜样行为会增加儿童的助人行为，而且还可以增加儿童对于规范和正确行为的认知理解。研究者做过实验，发现通过榜样学习，儿童的分享行为增加了。很多时候，榜样形象激发了儿童效仿的需要，儿童把榜样在具体情境中体现的助人原则、规范与自己的行为相对照，从而增强了学习者与榜样的相似性，因而亲社会行为得到发展。

2.内部因素

(1)认知因素。当一个人对他人需求的敏感性比较高时，他帮助人的概率就大。另外，社会观点采择(信息收集的过程)能力也是影响青少年亲社会行为的重要认知因素，具有该能力的青少年能充分理解他人的需要，更可能做出亲社会行为。此外，青少年对社会行为的结果理解得越清楚，对道德规范和行为准则把握得越清楚，也能做出更多亲社会行为。

（2）人格特征。心理学家通过相关研究发现，人们确实存在着一种利他人格，它是一组与亲社会行为相关的性格变量的综合体。一般有着强烈赞同需要的个体，会比这方面需要较弱的个体更有可能提供帮助。此外，有着强烈的公正世界信念的个体、富有爱心和道德感的个体，更可能自愿提供帮助。

（3）情绪状态。积极的心境下，个体更可能回忆起积极的思想、情感和经验，这些正性情绪能增加人们助人的意愿，从而激发个体的亲社会行为。尤其是自豪和感激两种正性情绪会大大增加个体的亲社会行为。至于消极情绪，其既可能阻碍亲社会行为的发生，也可能促进亲社会行为的发生。比如，内疚感有时候会增加人们亲社会行为的出现频率，有时反而会减少。

二、偏差行为

（一）偏差行为的概念

偏差行为也叫偏离行为或是越轨行为，指的是违犯社会规范的行为，如违犯交通规则、吸毒、酗酒等。它是人们在遵守社会规范的过程中出现的一种社会现象。越轨往往不只是指一个人干了什么，而且还指别人对待这个人的方式和态度。埃里克森认为："越轨不是任何特殊行为的固有特性，它是与这种行为有直接或间接关系的人加给这种行为的一种属性。"

青少年偏差行为就是个体在青春期出现的偏离或违背社会规范的行为。关于具体怎么样的行为属于偏差行为，不同社会、不同民族、不同时期的判断标准都不同。一般情况下，主要是个体对社会文化背景不能很好地做出适应，出现适应问题，导致心理、生理发生变化，最后导致行为偏差。

（二）青少年偏差行为产生的原因

青少年偏差行为产生的原因既有外部原因，也有内部原因。

1. 外部原因

首先，家庭原因。如果一个家庭的家庭结构不全、教育方式不当，或者是家庭成员的感情淡漠，那么青少年就容易出现偏差行为。

其次，学校原因。如果学校的管理体制薄弱，不注重人文素质教育，也不关注校园文化建设，处于这样的学校中，青少年就相对容易出现偏差行为。

再次，同辈群体。青少年偏差行为的形成很可能受到了同辈群体的影响，当同辈群体中出现较多的抽烟、酗酒、打架、赌博、盗窃、诈骗等行为时，青少年很容易受影响，也去做相同的事。

最后，社会原因。社会上的一些不良风气，以及媒体所传播的不良内容也是导致青少年出现偏差行为的重要原因。

2. 内部原因

首先，自身素质。通常素质水平越高，偏差行为出现的次数也就越少。因为素质高的人比较冷静、理性，思维能力强一些，会判断偏差行为带给自己的不良后果。青少年的偏差行为，多半是因为认知能力水平低，法律意识淡漠，是非界限模糊，对违法犯罪行为的严重后果没有明确的意识。

其次，生理原因。有些学者通过研究人体中的 XYY 染色体来证明，身体或体质方面的因素决定了一些人要成为偏差行为者。这种染色体类型常在暴力罪犯体内显示出来，在正常人中则极少见。

最后，心理原因。心理学上认为人的偏差行为倾向是心理过程的结果。当个体在社会化的过程中，有了固着、自我和超自我的缺陷或者产生防御机制时，就容易产生偏差行为。

(三)青少年偏差行为的表现

青少年偏差行为主要表现在以下几个方面。

(1)外向型偏差行为。这主要指违反规范的行为或反社会的行为。概括一点主要指违纪行为、违德行为、犯罪行为、成瘾行为等。具体地,比如抽烟、赌博、打架、离家出走、与父母发生冲突、网络成瘾等。

(2)内向型偏差行为。这主要指情绪困扰或非社会行为。比如,恐惧、忧郁、精神紧张、自残等。青少年不能有效地解决挫折或内在的心理冲突、焦虑等就容易导致心理或情绪方面的困扰行为。

(3)学业适应问题行为。这主要指由非智力因素所造成的学业问题行为,包括违纪行为和不恰当的行为,如厌学、旷课、考试作弊、不做作业、不专心听课等。

第二节　媒体传播对青少年发展的影响

媒体作为信息的传播方式,对青少年的成长与生活产生着非常大的影响。尤其在当今的新媒体时代下,新媒体传播更是以其直观、生动、便捷、共生互动等特点对青少年的发展产生了非同小可的影响。这种影响既有积极的影响,也有消极的影响。本节主要就电视和电脑对青少年发展的影响进行相应的分析与论述。

一、电视对青少年发展的影响分析

(一)电视对青少年发展的积极影响

首先,电视是一种教育手段,教育性的电视节目能增加青少年的亲社会行为。许多电视节目,尤其像《芝麻街》和《罗杰斯先生的邻居》这样在公共电视频道上播出的电视节目,是专门用于宣传合作、分享和安抚悲伤同伴这类亲社会行为的。对研究文献的概略回顾发现,那些经常观看亲社会电视节目的年幼儿童确实表现出更多的亲社会倾向。但是,需要强调一点,如果缺乏长期性,这些节目的教育意义可能很小,除非有一个成人对播出的节目进行指导,并鼓励儿童去练习和实施他们学习到的这些亲社会课程。当节目中没有那些吸引年幼儿童注意力的暴力行为时,儿童更可能加工和实施其中的亲社会课程。虽然存在这些限制,亲社会电视节目的正面效应显然大大超过负面作用,暴力电视节目可以增加攻击性,而亲社会性电视节目能在更大程度上促进亲社会行为的发生,特别是成人鼓励儿童关注那些强调解决人际冲突的建设性手段的情节时。

其次,电视有助于青少年的学习和认知发展。青少年能够通过看电视逐步学会社会推理。电视确实也能够帮助青少年发展潜能。1968 年,美国政府和许多私人基金提供资金创建了儿童电视工作坊(CTW),这个组织负责生产能够引起儿童的兴趣、促进智力发展的电视节目。CTW 的首个产品《芝麻街》成为世界上最流行的儿童连续剧,大约一半的美国学前儿童每周平均收看 3 次,它还在世界上近 50 个国家播出。《芝麻街》的收视对象是 3～5 岁的儿童,试图培养他们重要的认知技能,比如记忆、再认和区分数字及字母,对物体进行排序和分类,解决简单的问题等。结果,事实证明《芝麻街》达到了它的目的。《芝麻街》的成功鼓舞了 CTW 和其他非商业制作人去制作教给儿童阅读技能(《电力公司》)、数学(《兴趣魔方》)、逻辑推理(《想一想》)、科学(《接触 3－2－1》)和社会调查研究(《蓝色大理石》)这类主题的节目。它们确实对青少年的学习和认知发展发挥了一定的积极作用。

(二)电视对青少年生活方式的影响

从某些方面来看,电视已经改变了青少年的生活方式和家庭生活的特点。一项早期研究发现,买电视以后,大部分家庭改变了他们的作息模式和吃饭时间。家里有电视还会减少父母与子女进行与电视无关的娱乐活动的时间，如游戏和家庭郊游。大部分父母至少偶尔会把电视作为“电子保姆”来使用。虽然家庭成员一起看电视的时候可能拥有许多亲密接触的时间，但是评论家认为，这种家庭成员的互动方式对年轻一代并不是很有意义，特别是当大人让他们在非广告时段安静地坐好、闭上嘴的时候。布朗芬布伦纳曾经指出：虽然电视导致的行为确实存在危害，但电视的主要危害在于，它导致的行为并没有它阻碍的行为那么多，这些受阻的行为包括交谈、游戏、家庭节日和争论，而孩子的许多学习正是通过这些活动进行的，他的性格特点也通过这些活动形成。青少年看电视过多会延缓他们变为成人的进程。

电视使青少年用看电视替代了像听广播、看连环画和看电影之类的娱乐活动。只要看电视的时间不是过长，青少年就不会表现出明显的认知不足或学业不良，与同伴游戏和交往的时间也不会变少。确切来说，适当地看电视既不会损害年轻人的头脑，也不会削弱他们的社会性发展。但是，如果看得时间过长，或者说观看的内容不适宜，则不利于他们的发展。

（三）电视暴力对青少年攻击行为的影响

过多接触电视暴力在很大程度上会鼓励观众表现出攻击行为或参与其他形式的反社会行为。一些社会学习理论家就媒体暴力可能增强儿童的攻击性或反社会倾向提出了几种解释。首先，生理学证据证明，儿童看到别人搏斗时会产生情绪唤醒，这种唤醒也可以解释为愤怒，并在儿童随后遇到暗示某种攻击性的情境中促成攻击行为的发生。其次，电视上饰演暴力分子的演员起到了攻击性榜样的作用，教给儿童一系列他们不知道或从未想过的暴力行为。罗伯特·莱伯特和乔伊斯·斯普拉弗金给出了一些生动的解释，以说明儿童在观看了电视中不同寻常的攻击行为之后是怎样学习和实施这些攻击行为的。很多孩子看了电视后做出的一些行为并没有恶意，更多的是一个由好奇心驱使的试验，以了解它是否真的像电视中演的那样。

如果剧中的其他人对某一角色的攻击行为表示赞同，电视暴力可能减弱儿童对攻击性的抑制。当警探哈里的暴力行为因他制服了卑劣的罪犯而获得表扬的时候，攻击被社会赞誉为“合理化”，于是传递了一个信息：攻击性的问题解决方式是可以接受的，甚至可以被社会宽恕。在这种情况下，电视暴力会增强孩子的攻击性。

关于电视暴力对孩子攻击行为的影响，一些研究者做过专门的实验，有实验室的实验，也有现场的实验。前者向儿童呈现暴力电视节目，然后给他们一次表现攻击行为的机会。共进行了18项类似的实验室研究，其中16项发现，儿童观看了电视暴力镜头之后会变得更具攻击性。虽然早期的实验研究得出了一致的结果，但是实验结论却受到批评，因为实验中人为的看电视经历促使儿童把全部的注意都集中到那些经过编辑、充满暴力情节的节目片断上，紧接着呈现一个为儿童量身定做的机会，让他们在一个非典型的实验室环境中表现攻击行为。在实验室环境中，观看不同寻常的暴力节目之后，即刻面临的任务“鼓励”了被试者去表现攻击行为。现场实验是一种用于评估电视暴力对观众行为影响的更好的方法，因为它把相关研究的自然主义取向与较严密的实验控制结合在一起。换句话说，一个控制良好的现场实验，能够查明现实生活中接触暴力电视节目是否增加了自然情境中攻击行为发生的概率。例如，在一个以比利时青少年罪犯为被试的现场实验中，实验者规定在一周时间里，让一半罪犯每晚都观看不同的暴力电影，如《雌雄大盗》《十二金刚》，另外一半观看无暴力的影片，如《丽莉》《美国丽人》。与自身攻击性的基础水平相比，那些观看暴力电影的罪犯表现出更多的身体攻击行为，而那些观看非暴力电影的罪犯则并非如此。

到了今天，暴力电视节目与自然情境中的攻击行为之间的正相关关系已经得到反复证实。看电视暴力节目确实能够增加青少年的攻击行为。

电视暴力的攻击性诱发作用存在于男孩和女孩之中；当暴力

呈现出合理性的时候其作用最强；对降低观众的暴力敏感度、产生丑陋世界观念、鼓励重度观看者的攻击习惯和反社会行为都具有足够的影响力。需要注意，电视暴力只是影响青少年敌意和反社会行为的诸多影响因素之一，还无法和“在一个专制的家庭环境中成长”或者“认同不同寻常的、具有反社会倾向的同伴”这样的因素的影响力相提并论。但是，观看大量电视暴力节目能否对某个人产生有益身心健康的长期效应是很难说的，而它的危害则是主要的。

（四）电视对青少年健康的影响

看电视是一件活动量很少的事情，与身体活动性游戏或家务劳动相比，它不大可能帮助青少年消耗多余能量。因此，过多看电视可能会间接地伤害青少年的健康和幸福。有人预测，每天看电视 5 小时以上就非常有可能患肥胖症。看电视还会造成不良的饮食习惯。青少年不但会在看电视的时候选择吃快餐，而且他们看到的广告中含有大量的脂肪、糖和较少的营养成分的高热量食品时，也控制不住自己想吃，长此以往，很不利于自己的身体发展。

总的来说，电视这一媒体，既能造福青少年，又能给青少年带来危害。所以，减轻青少年看电视的危害是很重要的。家长可注意使用以下一些策略。

第一，限制看电视。父母要给孩子订立清晰的规则，限定他们看电视的时间。不让他们把它当作“电子保姆”来使用，也不要把不让看电视当作一种惩罚方式，因为这种做法反而会增强它的吸引力。

第二，鼓励恰当地看。鼓励青少年看适合他们的教育类节目或者亲社会节目。利用缆线或者卫星系统和新型电视系统存在的锁定功能，限制他们接触具有较多暴力或性内容的电视频道。

第三，帮助青少年解释与评价电视信息。家长和青少年一起看电视，要指出他们可能漏掉的细微之处，如说攻击者的反社会动机以及由他们的暴力行为可能导致作恶者自己遭受的不幸结果。

第四，权威性的父母教养。父母既要合理、理性地限制孩子看电视，同时还要注意采用温和的态度。这样青少年对于父母的控制会具有更加积极的反应。

二、电脑对青少年发展的影响分析

电脑作为一种新兴媒介，也是一种能影响青少年学习和生活方式的现代技术。随着社会经济的迅猛发展，当前电脑已经得到大范围普及，很多家庭也都允许孩子操作电脑。但是电脑对孩子到底有着怎样的影响，这是人们值得关注的问题。

(一)电脑对青少年发展的积极影响

大多数教育者认为，电脑作为课堂教学的一种有效补充，对青少年的教育有积极影响，是一种帮助青少年学得更多、更快乐地学习的工具。曾经就有教育测量机构(ETS)在13 000名四年级和八年级的学生中对电脑使用与数学成绩进行了大规模的评估，评估结果表明计算机辅助教学(CAI)能够(但不总是能够)提高学习成绩。当然，研究者也发现当电脑主要被用于激发学生从事应用性活动和模拟活动的兴趣时，数学成绩会改进，但是当电脑主要被用于重复练习的时候，就会产生负面影响。

人们还发现，在一个经过良好培训的教师的指导下，教会学生计算机编程，可以培养学生的掌握动机和自我效能感，也可以促进学生新异思维模式的发展。因为计算机编程促进了学生对自己思维的思考，从而与元认知知识的获得有机联系起来。当前，越来越多的高中教师和大学教授为他们的课程制作了网页，发起对教材的在线讨论。这种讨论能够引导学生对教材做更具批判性和更深入的思考。

使用电脑进行学习是对课堂指导的一种有效补充，同时也是教会青少年合作的途径。为了解决学习上的问题,青少年可能会寻求合作解决方案;如果与同伴进行合作的话,会在解决问题之后更愿意继续保持合作。合作双方对于怎样解决问题未能达成一致的时候可能产生矛盾冲突;但是合作双方在面临一个困难的编程任务时表现出的浓厚兴趣,往往会超越分歧,使冲突以友好方式解决。所以,电脑会促进同伴互动,使交往更有趣、更富有挑战性,进而促进社会技能的发展。

(二)电脑对青少年发展的消极影响

首先,电脑游戏,尤其是暴力游戏会对青少年产生不利影响。电脑游戏会以其独特的吸引力吸引青少年过度玩电脑,大大影响他们的学习。而暴力视频游戏会诱发青少年的攻击性,导致他们的攻击行为。这种暴力视频游戏的危害性比暴力电视节目的危害性更大,因为暴力游戏玩家积极主动地参与了攻击行为的计划和实施,并且他们这种成功的、符号化的暴力会不断被强化。

其次,互联网的迅猛发展使得在线服务激增,而青少年未经监督地接触互联网,会给他们带来不可想象的消极影响。比如,过度上网导致青少年的视力下降、生物钟紊乱、睡眠障碍、食欲不振、免疫功能减弱、体重减轻、体能下降等;网络中频繁的角色转换会使青少年的人格统一性受到影响和破坏,知、情、意的和谐统一出现动摇,容易使青少年出现人格分裂倾向及自我同一性的混乱,导致双重人格及多重人格的极端性表现,甚至发生心理疾患;网络人际关系的虚拟性、不确定性、多维性,使得青少年的道德认知、道德意识失去了稳定的基础,很容易引发伦理道德的社会问题;长时间进行网络交往,还会使青少年逐渐丧失与人交往的技巧,容易造成人际情感的逐渐萎缩和淡化,使个人心灵封闭。

由此看来,电脑与电视一样,对青少年成长的影响既可能是积极的,也可能是消极的,关键在于如何使用它们。如果年轻人主要使用电脑来在线讨论不良话题,浪费学习时间,或者回避现实、沉迷于游戏的话,那么结果可能是消极的。但是,对于那些使用电脑进行学习、创造,或与朋友在电脑上进行合作的青少年,电脑具有积极的影响。

第三节　青少年网上亲社会行为分析

一、网上亲社会行为的概念

亲社会行为就是倾向于帮助他人或使另一个人或另一个群体得益,而行为者不期望得到外在奖赏的行为。这种行为经常表现为行为者要付出某些代价、自我牺牲或冒险。网上亲社会行为则是指在互联网中发生的亲社会行为。

根据彭庆红和樊富珉的观点,构成网上亲社会行为的要素主要包括以下几个:借助网络媒体;出于助人的目的;没有明显的自私动机;自愿而非强迫的行为。

与现实中的亲社会行为相比,网上亲社会行为的表现形式是独特的,具体包括无偿提供信息咨询;免费提供资源共享;提供精神安慰或道义支持;无偿进行技术或方法指导;提供虚拟资源援助;宣传与发动社会救助;提供网络管理义务服务等。

二、网上亲社会行为的特点

网上亲社会行为与现实中的亲社会行为相比,还是有其自身的一些独特特点的。

(一)网上亲社会行为具有广泛性

与现实生活中的亲社会行为相比,网上亲社会行为出现的频率更高。这与网络环境的特殊特点有较大关系,如网络的匿名状态可以使助人者摆脱现实社会中种种复杂的人际困扰等,从仁爱之心等直接动机出发去助人。网络环境中参与者构成的多样性与内容的丰富性，都有利于求助者依赖于网络来寻求帮助。此外，由于互联网是一个空前自由、平等、开放的系统，所以网上亲社会行为的参与面具有广泛性，基本不受到地域、民族、时间等的限制。

（二）网上亲社会行为具有公开性

除了网民身份信息匿名外，网络亲社会行为过程都公开地反映在网络上，网民们都可以看到。这其实为求助者和助人者都提供了方便。比如，在论坛上，其他人可以通过查看求助和回复来确定该求助信息是否已经得到最好的回答，有同样问题的人也可以从中得到答案而无须再次求助。

（三）网上亲社会行为具有即时性

网络亲社会行为从求助信号的发出到利他行为反馈的过程基本上可以同步进行。这得益于网络交往的交互性和即时性，以及超越时空的特征。

（四）网上亲社会行为具有非物质性

网络空间具有虚拟性，人们使用网络进行交流和交往的过程都是通过信息传递来实现的。网上亲社会行为自然也就带有了非物质性，助人者和求助者之间传递更多的是信息，而不是物质。此外，网络环境对亲社会行为的激励机制也是非物质性的。

三、青少年的网上亲社会行为及其相关建议

网上亲社会行为是青少年道德发展水平和道德品质的一种重要体现。从相关调查研究来看，青少年的网上亲社会行为整体的水平是较高的，表现令人欣慰。而且在紧急、高情绪唤醒、有人求助的网络情境下，青少年更容易产生亲社会行为。从青少年所做的亲社会行为来看，由于他们的功利色彩较淡，所以在网上助人的时候并不期待对方有所回报。

亲社会行为大多时候被分为紧急型、利他型、情绪型、依从型、匿名型、公开型这几种。对于青少年来说，在现实中，他们的利他型和紧急型亲社会行为最多，而在网络环境中，青少年的紧急型和匿名型亲社会行为最多。这与网络环境的匿名性和开放性有较大关系，青少年大多在帮助人的时候不愿意显露自己的真实身份。

研究者在研究中发现，网络道德与青少年的亲社会行为有紧密的联系。所谓网络道德，就是指以善恶为标准，通过社会舆论、内心信念和传统习惯来评价人们的上网行为，调节网络时空中人与人之间以及个人与社会之间关系的行为规范。从青少年的上网情况来看，青少年的网络道德基本上是积极的。大多数青少年都认同互联网应该是一个文明的场所，且需要一定的网络道德准则来规范网民的行为；而对于网络环境中符合道德规范的行为，青少年表现出积极的情感反应，对于消极的网络行为如欺骗、过激等，则表现出消极的情感反应；并且在网络道德意向上，大多数青少年都表示愿意在使用互联网时遵守道德规范，表现了良好的网络道德行为。

考察青少年的网络道德与网上亲社会行为的关系可以发现，青少年使用网络的时间越长，网络道德越消极，网上亲社会行为越少。显然，网络道德与网上亲社会行为呈正相关，网络道德越积极，网上亲社会行为越多。尤其是对网络道德的正确认知、对道德行为的积极情感，以及对不道德行为的消极情感，可以促进青少年的网上亲社会行为。

由于青少年的网络道德与其网上亲社会行为有重要的联系，所以，增加青少年网上亲社会行为的关键就是提升青少年的网络道德。至于提升青少年网络道德，以下给出三大建议。

第一，学校和社会要不断加强对青少年的道德认知和情感教育，提高他们的认知水平，促使其产生更积极的网络道德情感体验，培养他们积极的网络道德意向。这里所说的网络道德意向，强调更多的是不做违反道德规范的行为倾向。

第二，学校要加强中学生的道德教育，多开展集体活动和专题讨论，提高其道德认知和道德情感的积极水平，从而促使其在网络中做出理性的亲社会行为。同时也要充分了解青少年在网络空间所表现出来的亲社会行为的类型、特点，针对具体的类型与特点做出有效的指导与教育。

第三，社会各界要积极构建健康的网络文化，营造有规范约束的网络道德氛围，争取给青少年提供一个良好的互联网使用环境，从而增强他们网络道德的积极性，进而增加网上亲社会行为。

第四节 青少年网上偏差行为分析

青少年正处于人生观、价值观形成又尚未确立的时期，思想极易受到其他负面现象的影响和冲击，本身就容易出现各种问题行为，而在混乱的网络环境下，更可能表现出一些过激、欺骗等网上偏差行为。本节就对青少年的网上偏差行为进行一定的探讨。

一、网上偏差行为的概念

偏差行为就是违反规范的行为。那么，网上偏差行为又是什么呢？虽然有很多证据表明网上偏差行为确实存在，但是如何界定网上偏差行为却总是存在争议。到目前为止，网上偏差行为也没有一个公认的定义，判断某种行为是否是网上偏差行为的唯一标准就是通过把这种行为结果和与之类似的现实偏差行为进行类比，然后再确定这种行为是否属于网上偏差行为。通过一些研究者的努力，现在也有一些人对网上偏差行为的概念给出了解释。所以，一定要给网上偏差行为一个界定的话，可以这样表述：网上偏差行为就是指个体不能适应正常的互联网生活而产生的、有违甚至破坏互联网用户期望的行为。

二、网上偏差行为的主要表现形式

(一)网上过激行为

网上过激行为是网上偏差行为中最典型的一种表现形式。所谓网上过激行为,主要指能激怒人的口语和书面语言,后来也被用于表示互联网上的消极或反社会行为。例如,某个人用亵渎、淫秽或侮辱性词语伤害某人或某个团体,那么其行为就属于网上过激行为。

在互联网心理学研究领域,网上骚扰、网络暴力和网络欺负行为和网上过激行为的意义比较相近。我们据此可以对网上过激行为有个大致的了解。网上骚扰是在网上对他人故意的、明显的攻击,如对他人进行粗鲁的、下流的评价或者故意使别人尴尬;或者发送令人讨厌的、恐吓的或者骂人的邮件;也或者是在公共信息论坛上张贴私人信息,从而导致各种各样的令人厌烦的网上和实际生活中的骚扰。网络暴力是指个体对他人或者社会团体有害的暴力网络活动。网络暴力不会在受害者身体方面有直接的表现,但是受害者却可以感受到这种活动的暴力性,并导致长期的心理创伤。网络欺负行为包括个人或团体通过使用信息和交流技术,如通过电子邮件、手机、文本信息等张贴伤害他人和诽谤他人帖子等方式进行的以伤害他人为目的的、蓄意的、重复的和敌意的行为。一般来说,网络欺负行为的内涵更丰富,它不仅包括通过互联网对他人的伤害行为,也包括通过手机短信等方式对他人的伤害行为。一般来说,青少年最容易出现的就是网络欺负行为,网上骚扰和网络暴力则相对较少。

(二)网上欺骗行为

有些人为了获得期望的结果或者达到某个状态和个人的目的,会进行网上欺骗。网上欺骗也是网上偏差行为的一种重要表现形式。有的欺骗是完全的欺骗,给他人造成错误的印象,比如改变自己的性别。还有一些欺骗行为是高技巧性地对自己网上身份的操作，这和现实生活中自我表露的不断调整有直接关系。欺骗不仅体现在网恋或者个人对个人的网上接触中，也会发生在论坛、聊天工具中。

（三）网络侵犯行为

网络侵犯是指黑客侵犯其他互联网用户的私人空间。比如，早期的“乌托邦”就是黑客中重要的一种类型。他们主要运用自己的知识对他们的目标（可能是个人，也可能是一个组织）造成伤害。黑客大多时候被分为四种：一是蓄意传播病毒的黑客，这些病毒通过网络传播，使电脑的某种或某些功能瘫痪，从而给用户造成恐慌。但是如果付钱给他们的话，这些病毒就可以消灭。二是蓄意的操纵数据，如网页，按照黑客们的希望，这些网页就会代表某个个人或机构，但是这些网页却不是真正的个人或机构的网页。三是网络间谍，这类黑客通过计算机网络破译代号和密码，他们的主要目的就是获取一些机密信息或内容。四是网络恐怖主义，这些黑客采用各种方式对某个部门进行攻击，结果令整个部门处于停滞状态，从而破坏商务活动甚至是全部的经济活动。

（四）网络盗窃行为

网络盗窃有两种情形：一是指对“智力财产”的挪用，如复制或复录音乐或音像制品并在网上传播。二是指对于虚拟财富或者对虚拟身份的盗窃，如盗取 QQ 号、微信号，盗取网络游戏财富等。

（五）网络色情行为

互联网上的色情内容有很多形式：色情图片、色情动画短片、色情电影、色情有声故事、色情文本故事等。一些互联网色情资料是免费的，任何互联网用户都可以得到这些资料，这使得网上色情行为更加容易。青少年色情活动显然是违法的，不符合社会规范。

三、青少年的网上偏差行为状况分析

在青少年的网上偏差行为中，网上过激行为、色情、欺骗是最突出的。青少年的网上偏激行为主要表现为骂人、说脏话、散布谣言伤害他人等。网络色情活动则表现为浏览很多色情网站或色情图片。网上欺骗主要表现为改变自己的性别和编造自己的经历，如女性在网上把自己说成是男性，去体验更多的权力感；男性把自己说成是女性，试图获得更多的关注。

导致青少年网上偏差行为的因素有很多，既有网上的因素，也有网下的因素。概括而言主要有四个因素：一是互联网环境因素，主要指互联网的匿名性容易使青少年产生网上偏差行为，网络规范不完善和管理不严也是重要原因。二是与互联网有关的个体因素，主要指青少年的互联网使用动机与网络伦理道德观，有的青少年觉得网上偏差行为可以发泄自己的不良情绪，也有的觉得好玩，也有的出于好奇心去做。三是个体因素，心理健康出现问题的青少年很容易做出网上偏差行为，尤其是自制力差、自卑的青少年。四是现实因素，那些缺少他人关心、不善于与人交往导致人际关系不良、压力过大的青少年就容易出现网上偏差行为。

就青少年网上偏差行为的总体情况来看，问题还不是很严重。经常表现出网上过激行为、网络色情行为和网络欺骗行为的青少年仅占非常少的一部分，大多数青少年是偶尔出现网上偏差行为，或是从未出现过网上偏差行为。当然，即使是少量的网上偏差行为还是值得关注并给予指导的。

从性别方面来看，青少年的网上偏差行为，男生的数量明显多于女生。尤其是男生的网上过激行为（包括攻击性、易怒和冲突）和网络色情行为发生频率显著高于女生。在现实生活中，男生比女生更容易表现出攻击性行为，跟别人发生矛盾冲突也更多，女生则相对温和，表达敌意的方式也更含蓄。表现在网络环境中，同样是男生的过激行为比女生多。

四、青少年网上偏差行为的对策

在互联网时代，对于青少年的网上偏差行为一定要重视起来，避免对他们的社会性发展形成较大的阻碍。关于青少年网上偏差行为，可以有以下几个方面的对策。

（一）改善网络环境

良好的网络环境培育健全的人格，恶劣的网络环境造就有缺陷的人格。为了保障青少年网络心理的健康发展，还需要社会、学校等多方共同关注青少年的成长，优化网络环境，为青少年提供一个良好的发展平台。具体可加快网络信息控制技术研究，净化网络信息，从技术上保证青少年免受互联网上非法内容的侵害，为网络心理健康发展提供技术保证；积极传播优秀传统文化与先进文化；适应网络时代特点，改进学校教育与管理，如制定青少年上网行为规范及上网违章行为处罚条例，加强法规制度的宣传教育。

（二）提高青少年的心理素质

为了减少青少年网上偏差行为，要不断加强青少年良好心理素质的养成、培养和调适，完善他们的心理素质结构，增强心理免疫和防御能力，塑造良好的网络心理品质。同时积极预防青少年心理问题产生，引导青少年建立积极的自我概念，为青少年营造一个能够更加健康发展的良好环境。

当然，学校也可以开展网上心理咨询，来促进学生心理素质的提高。开展网络咨询应从以下各方面入手。可以利用网络快捷、保密性好、传播面广的优势，开设网上心理咨询，如设立心理咨询网站，传播心理知识，进行网上行为训练的指导，开设在线心理咨询。同时要开展青少年上网心理、网络人际交往、网络心理障碍、虚拟与现实的人际关系等问题的应用课题研究，寻找一套可操作的、有效性强的网络心理问题咨询治疗方案。

（三）加强青少年的网络道德教育

积极的网络道德能够减少青少年的网上偏差行为，因此家庭和学校都要注意加强青少年的网络道德教育，提升他们的网络道德水平。关于道德教育，前文已经提及，这里不再赘述。

参考文献

[1]赵春黎,朱海东,史祥森.青少年心理发展与教育[M].北京:清华大学出版社,2017.

[2]余国良,辛自强.社会性发展(第2版)[M].北京:中国人民大学出版社,2013.

[3]司继伟.青少年社会心理学[M].北京:中国轻工业出版社,2010.

[4]何先友.青少年发展与教育心理学(第2版)[M].北京:高等教育出版社,2016.

[5]雷雳.鼠标上的青春舞蹈:青少年互联网心理学[M].上海:华东师范大学出版社,2010.

[6]佟怡.社区青少年事务管理理论与实践[M].北京:北京理工大学出版社,2016.

[7][美]戴维·谢弗.社会性与人格发展(第5版)[M].陈会昌,译.北京:人民邮电出版社,2012.

[8]汤福球,舒晓丽.社会变迁中的青少年心理辅导[M].北京:北京邮电大学出版社,2012.

[9]张文新.青少年发展心理学[M].济南:山东人民出版社,2002.

[10]王振宏.青少年心理发展与教育[M].西安:陕西师范大学出版社,2012.

[11]桑标.当代儿童发展心理学[M].上海:上海教育出版社,2003.

[12]陈钟林,金小红.青少年社会工作[M].武汉:华中师范大学出版社,2014.

[13]吴增强,张建国.青少年网络成瘾预防与干预[M].上

海:上海世纪出版股份有限公司,2007.

[14]陈光磊,黄济民.青少年网络心理[M].北京:中国传媒大学出版社,2008.

[15]章苏静,金科.亲子关系与儿童网瘾防治策略[M].济南:山东教育出版社,2014.

[16]郑维廉.青少年心理咨询手册[M].上海:上海人民出版社,1997.

[17]张大均,郭成.青少年心理健康教育[M].重庆:重庆出版社,2006.

[18]边玉芳,等.青少年心理危机干预[M].上海:华东师范大学出版社,2010.

[19]张清,刘蕾.青少年发展与教育心理学[M].北京:北京大学出版社,2017.

[20]王燮辞.青少年心理危机干预概论[M].成都:四川大学出版社,2011.

[21]谢朝群,等.网络交际中不礼貌话语的建构模式及其语用机制[M].北京:外语教学与研究出版社,2015.

[22]郭成,等.健康心理学[M].杭州:浙江教育出版社,2016.

[23]刘晓红.学前儿童社会教育[M].郑州:郑州大学出版社,2014.

[24]关月玲.青少年道德的培养[M].咸阳:西北农林科技大学出版社,2013.

[25]李长江.建设行业职业道德及法律法规[M].北京:江苏凤凰科学技术出版社,2016.

[26]于晶利,杨奎臣.青少年社会工作实务[M].上海:格致出版社;上海人民出版社,2012.

[27]邹强.中国当代家庭教育变迁研究[M].天津:天津大学出版社,2011.

[28]方建移,何伟强.家庭教育与儿童社会性发展[M].杭州:浙江教育出版社,2005.

[29]覃德清.中国文化学[M].桂林:广西师范大学出版社,2015.

[30]李哥,等.学前教育学[M].北京:航空工业出版社,2014.

[31]全昌国.社会福利学概论[M].北京:线装书局,2015.

[32]朱振宗.谈青少年道德教育(修订本)[M].西安:陕西人民出版社,1980.

[33]国家社科基金重大项目课题组.当代中国公民道德发展(下册)[M].南京:江苏人民出版社,2015.

[34]卢家楣.青少年心理与辅导[M].上海:上海教育出版社,1999.

[35]周宗奎.儿童青少年发展心理学[M].武汉:华中师范大学出版社,2011.

[36]孙时进.社会心理学导论[M].上海:复旦大学出版社,2011.

[37]管健.社会心理学[M].天津:南开大学出版社,2011.

[38]全国13所高等院校《社会心理学》编写组.社会心理学(第5版)[M].天津:南开大学出版社,2016.

[39]林崇德.中小学生心理学[M].北京:中国轻工业出版社,2013.

[40][美]费尔德曼.发展心理学:探索人生发展的轨迹[M].苏彦捷,等译.北京:机械工业出版社,2011.

[41]郑雪.积极心理学[M].北京:北京师范大学出版社,2014.

[42]贺金波.网络成瘾的发生机制和防治[M].武汉:华中师范大学出版社,2015.

[43]沈健,周雪妃.护理心理学[M].南京:东南大学出版社,2015.

[44][美]金·盖尔·多金,菲利普·赖斯.青春期心理学:青少年的成长、发展和面临的问题[M].王晓丽,王俊,译.北京:机械工业出版社,2016.

[45]郑霞.数字博物馆研究[M].杭州:浙江大学出版社,2016.

[46]孙秀丽.青少年网络生活——空间、自我与行为研究[M].北京:中国政法大学出版社,2015.

[47]魏爱华,张万霞.试析当前青少年价值取向的特点[J].中学教学参考,2018(3).

[48]周子涵.网络媒体对当代青少年价值取向的影响[J].新媒体研究,2017(20).

[49]中国互联网中心.中国互联网络发展状况统计报告[EB/OL]. http://www.cac.gov.cn/2018-01/31/c_1122347026.htm.